碳达峰碳中和
能源电力智库观察

英大传媒投资集团有限公司　组编

中国电力出版社
CHINA ELECTRIC POWER PRESS

内 容 提 要

自碳达峰碳中和目标提出以来，围绕碳达峰碳中和的各类信息达到前所未有的关注度，但信息较为分散，臃肿庞杂。本书去芜存菁，分类整理，以媒体的视角切入，以智库的角色分析，聚焦"双碳"政策、专家观点、年度要闻、媒体榜单等内容，重点关注电力能源发展在"双碳"目标实现的过程中所承担的重要角色。

本书共分为 5 章。第 1 章为电百视点，从传媒智库的视角梳理碳达峰碳中和目标发展脉络，分析国内外各行业的发展趋势。第 2 章为智库观察，为各领域专家就中国"双碳"政策、国外碳中和技术、"双碳"智库研究进展、中国 ESG 投资等进行的专题介绍。第 3 章为实践案例，介绍了我国初见成效的案例应用。第 4 章为"双碳"大事记，包括政府要闻、行业动态、资本市场、学术交流、海外资讯。第 5 章为媒体影响力榜单，总结 2021 年以来"双碳"领域影响力排名靠前的网站、公众号和视频号。

本书可供政府部门企业和智库工作人员使用，也可供关心环境保护、能源发展的社会大众，以及大中专院校相关专业师生学习参考。

图书在版编目（CIP）数据

碳达峰碳中和能源电力智库观察／英大传媒投资集团有限公司组编. —北京：中国电力出版社，2022.5

ISBN 978-7-5198-6693-8

Ⅰ.①碳… Ⅱ.①英… Ⅲ.①电力工业－低碳经济－经济发展－研究－中国 Ⅳ.① F426.61

中国版本图书馆 CIP 数据核字（2022）第 065148 号

出版发行：中国电力出版社

地　　址：北京市东城区北京站西街 19 号（邮政编码 100005）

网　　址：http://www.cepp.sgcc.com.cn

责任编辑：马淑范（010-63412397）

责任校对：黄蓓　常燕昆

装帧设计：赵丽媛

责任印制：杨晓东

印　　刷：北京瑞禾彩色印刷有限公司

版　　次：2022 年 5 月第一版

印　　次：2022 年 5 月北京第一次印刷

开　　本：710 毫米 ×1000 毫米　16 开本

印　　张：18.25

字　　数：200 千字

定　　价：128.00 元

序

2020年9月22日，习近平总书记在第75届联合国大会上发表重要讲话，提出"中国将提高国家自主贡献力度，采取更加有力的政策和措施，二氧化碳排放力争于2030年前达到峰值，努力争取2060年前实现碳中和"。碳达峰碳中和目标，充分展现了我国坚持绿色高质量发展的坚定信心和坚强决心。推动"双碳"目标的实现，是全面贯彻落实新发展理念、保障我国能源供给安全、引领经济社会绿色低碳转型、推动新一轮产业与工业技术革命的内在要求和必然选择。

能源电力是实现"双碳"目标的关键领域和主战场。国家电网有限公司作为关系国计民生和国家能源安全的国有特大型骨干企业，承担着保障安全、经济、清洁、可持续电力供应的重要使命。2021年3月，国家电网有限公司率先发布《碳达峰碳中和行动方案》，成为首个发布行动方案的中央企业。紧接着，公司又制定了《构建以新能源为主体的新型电力系统行动方案（2021—2030年）》，提出了一系列科学务实的举措，并大力推进落地实施，充分发挥了引领者、推动者、先行者的作用，体现了国之重器的责任担当。

新型智库是新闻出版单位转型升级的目标和方向。党的十八大以来，以习近平同志为核心的党中央对中国特色新型智库建设作出了重要部署。2015年，中共中央办公厅、国务院办公厅印发《关于加强中国特色新型智库建设的意见》，明确了新型智库建设的指导思想、整体要求及工作目标、重要措施。2018年，原国家新闻出版广电总局印发《关于加快新闻出版行业智库建设的指导意见》，进一步明确要"重点建设一批具有较高知名度的行业智库"，"鼓励主流新闻出版单位建设媒体型智库"。2019年，中共中央办公厅、国务院办公厅印发《关于加强和改进出版工作的意见》，提出建设出版强国的战略目标。同时，中共中央印发的《中国共产党宣传工作条例》也对出版工作提出了更高要求。建设出版强国，完成新时代党中央赋予新闻出版工作的新职责、新任务，需要建设具有行业特色的高端智库。

英大传媒投资集团作为国家电网有限公司旗下唯一的传媒产业单位，始终坚持正确的政治方向、舆论导向和价值取向，守正创新、担当作为。当前，集团已经明确了"五五三"的工作总基调，正在紧紧围绕"融入大局、服务系统、支撑总部"的工作定位，加快推进深度融合发展和业务转型。建设企业高端智库，充分发挥传媒智库资政建言、辅助决策的功能，是集团转型增效、服务公司"一体四翼"高质量发展和"一流新型传媒集团"建设的目标和路径之一。结合"双碳"这样的行业热点开展重要信息分析研究，出版《碳达峰碳中和能源电力智库观察》也是集团充分发挥新闻出版工作独特的价值和作用，从智库视角积极发出传媒声音，高质量完成公司党组赋予我们的职责使命的举措之一。希望本书的出版，能够为致力于帮助国家实现碳达峰碳中和目标的企业、智库咨询机构和个人提供参考、借鉴。

前言

自2020年9月我国碳达峰碳中和目标提出以来，我国社会各界积极响应，纷纷明确各自实现"双碳"目标的方法、路径，制定各自时间表和路线图。推动碳达峰碳中和目标的实现，对我国来说既是挑战更是机遇，可以引导国内产业升级、能源转型，促进技术进步，也事关财政金融和社会资本的动向。可以预见，在未来相当长一段时期，"双碳"话题都是全社会关注的热点。

为更好地对外传递媒体声音，英大传媒投资集团有限公司充分发挥自身媒介传播优势和出版力量，依托"中国电力百科网"平台优势，持续关注"双碳"领域时事热点动态，以"权威数据、兼顾内外、侧重能源"为筛选原则，从海量公开信息中追踪、遴选重要内容，加以分类整理。目前，共形成"电百早知道"新闻快讯、《"2030碳达峰 2060碳中和"要情研报》月度情报专刊、"双碳"重要信息数据库3大产品。其中，"电百早知道"新闻快讯全年在电百网移动端、用户群、微博等平台发布信息300余条，累计阅读量超过63万人次，服务用户超过4万人。《"2030碳达峰 2060碳中和"要情研报》发布7期，推送重要信息500余条，涵盖政府要闻、行业动态、资本市场、学术交流、海外资讯以及智库研究等6方面内容。"双碳"重要信息数据库积累信息近2000条，具备数据搜集、信息检索、词云实时更新等功能，"双碳"热点一目了然。《碳达峰碳中和能源电力智库观察》一书正是在此基础上，邀请众多智库学者联合编写而成。

本书共分为5章。第1章为电百视点，基于我们自身建设传媒智库的视角，梳理"双碳"目标发展脉络，从产业转型升级、绿色金融、国外"双碳"经验与启示等多个侧面，介绍"双碳"目标下国内外各行业的发展趋势。第2章为智库观察，团队邀请中国科学院文献情报中心、落基山研究所、国网能源研究院有限公司等智库专家，就我国"双碳"政策、国外碳中和技术、"双碳"智库研究进展、中国ESG投资等专题进行探讨。第3章为实践案例，针对湖南、江苏海岛微电网、岸电储能、零碳县等主题进行分享。第4章为"双碳"大事记，是对全年"双碳"信息的梳理和汇总。第5章为媒体影响力榜单，总结年度"双碳"影响力排名靠前的网站、公众号和视频号，评选出独立网站10家、微信公众号10家、视频号6家。本书所有内容可在中国电力百科网"双碳"重要信息数据库中查找。

实现碳达峰碳中和目标是一个长期的过程，需要日拱一卒，久久为功，中间也必定会有政策完善和技术迭代。在本书收资和形成过程中虽然注重汇聚各方所长，但难免有疏漏之处，还请读者谅解，不妥之处敬请批评指正。

编者

2022年5月

目录

序
前言

1 电百视点

1.1 "双碳"目标提出的背景、意义及实施路径 ············ 2

1.2 "双碳"目标下的能源产业升级 ······················ 14

1.3 "双碳"目标下的绿色金融 ························· 36

1.4 国外"双碳"工作的经验与启示 ··················· 48

2 智库观察

2.1 碳中和,一场悄然兴起的经济社会大变革
——中国"双碳"政策统述与解读 ················· 60

2.2 全球碳中和元年,中国正式领跑世界能源转型 ··· 67

2.3 国际碳中和战略行动及其关注的科技问题 ········ 75

2.4 氢能发展现状及关注热点 ····················· 81

2.5 CCUS技术 ·································· 92

2.6 碳中和元年以来智库"双碳"研究新进展 ········ 103

2.7 "双碳"引领下中国ESG投资发展现状 ·············· 111

2.8 碳中和背景下的能源系统研究 ················· 124

2.9 数据中心"双碳"之路 ······················ 136

2.10 其他智库研究概览 ····················· 147

3 实践案例

3.1 基于"双碳"目标下湖南省能源发展路径研究 … 166

3.2 构建新型电力系统背景下的基层供电公司工作
实践 ………………………………………………… 180

4 "双碳"大事记

4.1 政府要闻 ………………………………………… 186

4.2 行业动态 ………………………………………… 205

4.3 资本市场 ………………………………………… 223

4.4 学术交流 ………………………………………… 239

4.5 海外资讯 ………………………………………… 254

5 媒体影响力榜单

5.1 电百智库榜单说明 ……………………………… 260

5.2 年度"双碳"影响力网站 ……………………… 263

5.3 年度"双碳"影响力微信公众号 ……………… 267

5.4 年度"双碳"影响力视频号 …………………… 277

参考文献 …………………………………………… 279

1

电百视点

1.1 "双碳"目标提出的背景、意义及实施路径

当前，世界正在经历百年未有之大变局。随着温室气体浓度的不断增加，全球气候变化、自然灾害和各种不确定性风险持续增加，频发的极端气候事件威胁到人类的生存和发展。生态环境问题已经成为全人类面临的重大而紧迫的全球性挑战。

为了应对这一挑战，提出碳达峰碳中和目标。碳达峰是指二氧化碳排放量在某个时间点达到峰值，在此之后碳排放逐步回落。碳中和是指一定时间内直接和间接的二氧化碳温室气体排放和吸收达到平衡，实现二氧化碳"净零排放"，从而使温室气体排放量大幅降低。

实现碳达峰碳中和是全球范围内广泛而又深刻的系统性变革，涉及政治、经济和社会方方面面。"双碳"目标的提出，不仅驱动世界各国开启一场轰轰烈烈的跨国跨界、相互协作的能源和产业调整，也必将为我国经济社会的可持续发展带来影响深远的变革。

1.1.1 临危机：气候变化严峻形势千年未见

纵观人类历史的发展，人类文明的每一次重大飞跃都伴随着能源使用的改进与更替。工业革命以来，煤炭、石油、天然气等化石能源为全球经济社会发展和文明进步发挥了史无前例的作用。以煤为燃料的蒸汽机的发明和使用，使人类进入"蒸汽时代"，大大提高了社会生产力；以石油为动力的内燃机的出现，带动了交通运输业的革命，拉近了人们之间的距离，使人们的交流更加便利；法拉第电磁感应定律的横空出世，使机械能转化为电能成为可能，电力开始成为新能源，电灯、电话、电报等相继问世，从此，人类社会由"蒸汽时代"进入"电气时代"；而爱因斯坦相对论的提出，为和平利用原子能技术奠定了理论基础，核电也逐步开始服务于人类社会。

然而，工业文明也带来了一系列严重的负面效应，导致人与自然的矛盾越来越尖锐。特别是化石燃料释放出的大量二氧化碳和人类生产消

费活动释放的大量温室气体导致全球气候异变，不仅给人类自身的生存和发展带来严峻挑战，而且还严重威胁整个地球的生物安全和整体生态平衡。

2021年8月，联合国政府间气候变化专门委员会发布了第六次评估报告第一工作组报告《气候变化2021：自然科学基础》。报告称，假设在五种不同减排力度下，到2040年地球平均气温都将达到1.5℃的增温。在最好的情况下，如果全球在2050年实现零排放，全球变暖预计将在21世纪中叶达到峰值，升温1.6℃。在最糟糕的情况下，到21世纪中叶，很可能达到2.4℃，到2100年可能升温高达5.7℃。该报告指出，除非立即、迅速和大规模地减少温室气体排放，否则将无法把升温限制在1.5℃或2℃以内。

气候变暖带来的危害是灾难性的。当全球升温1.5℃时，热浪将增加，暖季将延长；全球升温2℃时，极端高温将更频繁地达到农业生产和人体健康的临界耐受阈值。在未来几十年或几个世纪里，所有地区的气候变化都将加剧。欧洲和亚洲发生洪水的频率会增加，美国西部和非洲出现干旱的频率会增加，冰川、冰盖和多年冻土融化都将不可逆转，全球海洋变暖、酸化和缺氧现象将会持续数百年至数千年。

同一时期，中国气象局也正式发布了《中国气候变化蓝皮书（2021）》，为世界带来了中国和全球气候变化状态的最新监测信息。报告指出，全球气候系统变暖仍在持续，极端天气气候事件风险进一步加剧。2020年，全球平均温度较工业化前（1850~1900年平均值）高出1.2℃，是有完整气象观测记录以来的三个最暖年份之一。

报告显示，我国是全球气候变化的敏感区和影响显著区，升温速率明显高于同期全球平均水平。1951~2020年，我国地表年平均气温呈显著上升趋势，升温速率为0.26℃/10年，近20年是20世纪初以来的最暖时期。1980~2020年，我国气候风险水平趋于上升，高温、强降水等极端事件增多增强。我国沿海海平面上升速率为3.4毫米/年，高于同期全球平均水平。青藏高原多年冻土退化明显，青海瓦里关全球大气本底站二氧化碳浓度逐年上升，参见图1-1。

2022年2月，联合国政府间气候变化专门委员会发布了第六次评估报告第二工作组报告《气候变化2022：影响、适应和脆弱性》。该报告

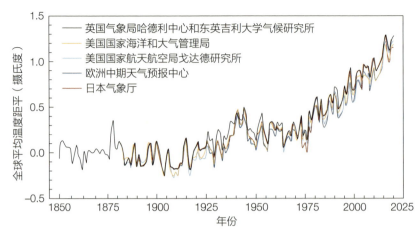

图1-1　1850～2025年全球平均温度距平（相对于1850～1900年平均值）

阐述了气候变化的影响和风险，以及气候韧性发展等内容，指出在目前的升温水平下，气候韧性发展已面临挑战。全球目前有33亿～36亿人正处于对气候变化"高度脆弱"的状态。报告警告称，全球变暖造成的气候危害不可逆转，各国必须立即行动起来，"拖延意味着死亡"。

　　全球气候变化的严峻形势已经对人类社会的永续发展提出了巨大的挑战，如何应对并化解这一事关人类生存命运的危机，实现人与自然和谐共生，是时代赋予人类的一个关键命题。

1.1.2　迎变局：从资源依赖走向绿色转型

　　自从认识到气候变化已经成为与粮食安全、环境污染同等严峻的全球性挑战，并将对自然生态系统、人类生存和国际秩序产生深远影响以来，国际社会对于共同应对全球气候变化，共同构建人与自然生命共同体，已经取得共识。从《京都议定书》到《巴黎协定》，从发达国家减排到全面减排，从资源依赖到绿色低碳转型，新的气候变化治理时代已经开启。

1.　全球气候治理回顾

　　早在1988年，世界气象组织和联合国环境规划署就建立了政府间气候变化专门委员会（IPCC），对气候变化科学知识的现状，气候变化

　碳达峰碳中和能源电力智库观察

对社会、经济的潜在影响，以及如何适应和减缓气候变化的可能对策进行评估。

1990年，IPCC（联合国政府间气候变化专门委员会）发布第一次评估报告，提供了过去100年全球平均温度上升值、海平面升高值以及温室气体的增加量等数据，从科学上为全球开展气候治理奠定了基础。此报告推动了后续国际公约的产生，全球开始就应对气候变化进行多边协作和全面谈判。

1992年，联合国环境与发展大会通过了旨在控制温室气体排放、应对全球气候变暖的第一份框架性国际文件《联合国气候变化框架公约》（简称《公约》）。《公约》确定了"共同但有区别的责任"原则，要求发达国家先采取措施控制温室气体的排放，并逐步为发展中国家提供资金和先进技术；发展中国家在发达国家的帮助下，采取对应的措施减缓或适应气候变化。自此，控制和减缓温室气体排放已成为国际社会应对气候变化的优先主题。

1997年，在《公约》第三次缔约方大会上，按照《公约》的原则形成了《京都议定书》，安排发达国家率先减排。《京都议定书》是国际上首次以法规的形式限制温室气体排放的文件，于2005年2月正式生效。这一文件对减排温室气体的种类、主要发达国家的减排时间表和额度等作出了具体规定，并建立了旨在减排温室气体的三个灵活合作机制——国际排放贸易机制、联合履行机制和清洁发展机制。

由于美国等发达国家拒绝签署《京都议定书》，《公约》的实施并未取得显著成效。为了挽救全球合作应对气候变化的大局，2007年12月，联合国气候变化大会通过名为"巴厘路线图"的决议，开始了发达国家绝对减排、发展国家相对减排的制度安排。

2015年，第二份有法律约束力的气候协议——《巴黎协定》正式通过，成为2020年之后全球应对气候变化的行动指南。各方就到21世纪末将全球温升控制在工业化前2℃之内达成了共识，并努力做到升温在1.5℃之内，并且在21世纪下半叶，实现温室气体净零排放。《巴黎协定》是人类有史以来第一次以有约束力协定的形式将全世界大部分国家纳入对抗全球变暖这一共同事业的尝试，也是多边气候谈判进程中的一个重要里程碑。

2. 我国应对气候变化的政策溯源

早在1992年，我国就已完成了《中国温室气体排放问题与控制策略》方面的课题研究，提出减排温室气体的三项主要措施：提高能源效率、发展可再生能源、增加森林碳汇。2007年发布的《中国应对气候变化国家方案》是我国第一部全面应对气候变化的政策性文件，将严格控制温室气体排放作为重要任务。在2011年国务院印发的《"十二五"控制温室气体排放工作方案》中，我国首次提出"十二五"期间碳强度下降17%的约束性目标，并取得了积极成效。

2013年，国家启动关于2050年中国低碳发展宏观战略研究，提出了2030年国家应对气候变化的总体目标，以及21世纪中叶低碳发展的宏观战略愿景和技术路径。同年，发布第一部专门针对适应气候变化的战略规划《国家适应气候变化战略》，从国家层面来看，应对气候变化的各项制度、政策更加系统化。

2016年，国家低排放发展战略研究启动，基本形成了21世纪中叶的国家低排放总体战略。同年，在联合国宣布应对气候变化《巴黎协定》生效当天，国务院正式印发《"十三五"控制温室气体排放工作方案》，全面部署未来五年我国控制温室气体排放和深化低碳发展的各项工作任务，将控制二氧化碳排放作为核心工作，把低碳发展作为我国经济社会发展的重大战略和生态文明建设的重要途径。

3. "双碳"目标的提出

2020年9月，习近平主席在第七十五届联合国大会一般性辩论上正式宣布，中国将提高国家自主贡献力度，采取更加有力的政策和措施，二氧化碳排放力争于2030年前达到峰值，努力争取2060年前实现碳中和。12月，在联合国和有关国家共同举办的"气候雄心峰会"上，习近平主席进一步提出，到2030年，中国单位国内生产总值二氧化碳排放将比2005年下降65%以上，非化石能源占一次能源消费比重将达到25%左右，森林蓄积量将比2005年增加60亿立方米，风电、太阳能发电总装机容量将达到12亿千瓦以上。中国在全球应对气候变化最紧要的关头提出碳达峰碳中和（简称"双碳"）目标，特别是2060年实现碳中和的目标，极大地提振了全球应对气候变化的信心。

　　碳达峰被认为是一个经济体绿色低碳转型过程中的标志性事件。根据国家发展和改革委员会（简称"国家发展改革委"）负责人的表述，"碳达峰"指二氧化碳排放量达到历史最高值，经历平台期后持续下降的过程，是二氧化碳排放量由增转降的历史拐点。根据政府间气候变化专门委员会提供的定义来看，"碳中和"是指在全球范围内，人类活动生产的二氧化碳排放量与吸收量在一定时期内达到平衡。

　　2021年10月，习近平主席在《生物多样性公约》第十五次缔约方大会领导人峰会发表主旨讲话时指出，为推动实现碳达峰碳中和目标，中国将陆续发布重点领域和行业碳达峰实施方案及一系列支撑保障措施，构建起碳达峰碳中和"1+N"政策体系。之后，碳达峰碳中和顶层设计文件出台实施，国务院印发《关于完整准确全面贯彻新发展理念做好碳达峰碳中和工作的意见》（简称《意见》）和《2030年前碳达峰行动方案》（简称《方案》），标志着我国双碳"1+N"政策体系中最为核心的部分已经完成，"双碳"行动迈入了实质性落实阶段。

　　《意见》作为"1"，在碳达峰碳中和"1+N"政策体系中发挥统领作用，为碳达峰碳中和这项重大工作进行了系统谋划和总体部署；《意见》将与《方案》共同构成贯穿碳达峰碳中和两个阶段的顶层设计。"N"则包括能源、工业、交通运输、城乡建设等分领域分行业的碳达峰实施方案，以及科技支撑、能源保障、碳汇能力、财政金融价格政策、标准计量体系、督察考核等保障方案。一系列文件将构建起目标明确、分工合理、措施有力、衔接有序的碳达峰碳中和政策体系。

　　至此，我国"双碳"目标已清晰：到2025年，非化石能源消费比重达到20%左右，单位国内生产总值能源消耗比2020年下降13.5%，单位国内生产总值二氧化碳排放比2020年下降18%，为实现碳达峰奠定坚实基础。到2030年，非化石能源消费比重达到25%左右，单位国内生产总值二氧化碳排放比2005年下降65%以上，顺利实现2030年前碳达峰目标。到2060年，非化石能源消费比重达到80%以上，碳中和目标顺利实现。

1.1.3　开新局：碳达峰碳中和纳入经济社会发展全局

围绕碳达峰碳中和"1+N"的顶层设计，中央及各部委积极推出各项支持政策，现阶段重点在节能降碳、碳税及绿色金融、"双碳"技术创新研发、碳标准定制等方面发力，通过推动一系列实现碳达峰碳中和目标的重要政策工具，把碳达峰碳中和纳入经济社会发展全局。

1. 节能降碳

实现"双碳"目标的关键在于碳减排，"双碳"目标提出后，我国陆续出台了多项措施管理碳排放，尤其是高耗能、高排放（简称"两高"）建设项目及重点领域。

首先，坚决遏制高耗能高排放项目盲目发展。2021年5月，生态环境部印发《关于加强高耗能、高排放建设项目生态环境源头防控的指导意见》，提出推进"两高"行业减污降碳协同控制，将碳排放影响评价纳入环境影响评价体系。鼓励有条件的地区、企业探索实施减污降碳协同治理和碳捕集、封存、综合利用工程试点示范。同年9月，国家发展改革委及其他部门先后印发了《完善能源消费强度和总量双控制度方案》《关于严格能效约束推动重点领域节能降碳的若干意见》，对应时间点提出了重点领域节能降碳的目标：到2025年，能耗双控制度更加健全，行业整体能效水平明显提升，碳排放强度明显下降。到2030年，能耗双控制度进一步完善，重点行业能效基准水平和标杆水平进一步提高，行业整体能效水平和碳排放强度达到国际先进水平。到2035年，能源资源优化配置、全面节约制度更加成熟和定型，有力支撑碳排放达峰后稳中有降目标实现。钢铁工业是实现绿色低碳发展的重要领域，2022年2月，工业和信息化部、国家发展和改革委员会、生态环境部发布《关于促进钢铁工业高质量发展的指导意见》。意见提出，力争到2025年，钢铁工业基本形成布局结构合理、资源供应稳定、技术装备先进、质量品牌突出、智能化水平高、全球竞争力强、绿色低碳可持续的高质量发展格局。严禁新增钢铁产能。坚决遏制钢铁冶炼项目盲目建设，严格落实产能置换、项目备案、环评、排污许可、能评等法律法规、政策规定，不得以机械加工、铸造、铁合金等名义新增钢铁产能。

其次，根据各地实际分类施策，提升统计监测能力，开展试点园区建设和重点领域督察。2021年6月，国家机关事务管理局、国家发展改革委编制了《"十四五"公共机构节约能源资源工作规划》，要求编制公共机构碳排放核算指南，组织开展公共机构碳排放量统计，开展公共机构绿色低碳试点，结合实际深化公共机构参与碳排放权交易试点。7月，生态环境部印发《关于开展重点行业建设项目碳排放环境影响评价试点的通知》，组织在河北省、吉林省、浙江省等地开展电力、钢铁、建材等重点行业建设项目碳排放环境影响评价试点。10月，生态环境部发布《关于做好全国碳排放权交易市场数据质量监督管理相关工作的通知》，要求迅速开展企业碳排放数据质量自查工作，对发电行业重点排放单位及相关服务机构开展全面核实。

最后，推动建立全国统一的碳排放交易市场。我国《碳排放权交易管理办法（试行）》自2021年2月1日起施行，明确了有关全国碳市场的各项定义，对重点排放单位纳入标准、配额总量设定与分配、交易主体、核查方式、报告与信息披露、监管和违约惩罚等方面进行了全面规定。3月，生态环境部起草《碳排放权交易管理暂行条例（草案修改稿）》，并公开征集意见。5月，生态环境部印发《碳排放权登记管理规则（试行）》《碳排放权交易管理规则（试行）》和《碳排放权结算管理规则（试行）》，进一步规范全国碳排放权登记、交易、结算活动，保护全国碳排放权交易市场各参与方合法权益。6月，上海环境能源交易所发布《关于全国碳排放交易相关事项的公告》，全国碳排放交易机构负责组织开展全国碳排放权集中统一交易。7月16日，全国碳排放权交易市场在北京、上海、武汉三地同步开启，标志着全球最大体量的碳排放权交易市场正式开始启动。截至2022年3月11日，全国碳市场碳排放配额（CEA）累计成交量1.89亿吨，累计成交额81.80亿元。

2. 碳税及绿色金融

财政政策是宏观调控的主要手段，税收政策将会构建一套有利于实现双碳目标的政策体系，引导和推动各级政府和市场主体积极参与具体行动。碳排放交易示意图如图1-2所示。

完成"双碳"目标离不开财税政策支持。自"双碳"目标提出以来，

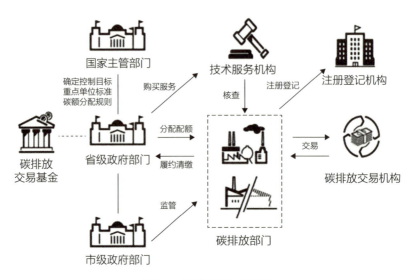

图1-2 碳排放交易示意图
资料来源：安永会计师事务所。根据《碳排放权交易管理暂行条例（草案修改稿）》整理。

我国已有多份政策文件提及推动碳税制度落地。2021年4月，中国人民银行启动建立全国性碳核算体系。8月，财政部表示正牵头起草《关于财政支持做好碳达峰碳中和工作的指导意见》，拟充实完善一系列财税支持政策，积极构建有力促进绿色低碳发展的财税政策体系。2022年1月21日，国家发展改革委等七部门联合印发《促进绿色消费实施方案》，提到"更好发挥税收对市场主体绿色低碳发展的促进作用"，再一次明确了国家通过财税工具，促进绿色低碳发展的工作思路。

为支持绿色低碳转型发展，绿色金融不断发力，在助力国家和地区绿色发展中发挥了重要作用。"双碳"目标提出以来，多项绿色金融政策和标准的制定取得突破性进展。2021年3月，中国银行间市场交易商协会发布《关于明确碳中和债相关机制的通知》，我国成为世界上首个将"碳中和"贴标绿色债券并且成功发行碳中和债的国家。4月，《绿色债券支持项目目录（2021年版）》正式发布，首次统一了绿色债券相关管理部门对绿色项目的界定标准。6月，中国人民银行发布《银行业金融机构绿色金融评价方案》，将绿色信贷、绿色债券正式纳入业务评价体系，并将评价结果纳入中国人民银行金融机构评级等人民银行政策和审慎管理工具。11月，中国人民银行创设碳减排支持工具这一结构性货币政策工具，采取"先贷后借"的直达机制，以减少碳排放为导向，重点支持清洁能源、节能环保和碳减排技术三个碳减排领域，引导金融机构向碳减排重点领域内的各类企业一视同仁地提供碳减排贷款，贷款利率应与同期限档次贷款市场报价利率（LPR）大致持平；同月，中国人民银行推出支持煤炭清洁高效利用专项再贷款，金融支持绿色转型再添有力抓手。2022年1月，中国人民银行发放第一批碳减排支持工具资金855亿元，支持金融机构已发放符合要求的碳减排贷款1425亿元，共2817家企业，带动减少排碳约2876万吨。

3."双碳"技术创新

科技创新是同时实现经济社会发展和碳达峰碳中和目标的关键，我国高度重视碳达峰碳中和科技创新工作。2021年3月，科技部成立碳达峰与碳中和科技工作领导小组，并部署了三项工作：一是抓紧研究形成《碳达峰碳中和科技创新行动方案》，就低碳技术研发、实验室建设、人才培养和国际合作等措施开展部署，以全面系统地推进科技创新支撑引领碳达峰碳中和目标实现。二是加快推进《碳中和技术发展路线图》编制，从零碳电力、零碳非电能源、原料燃料与工艺工程替代、CCUS（碳捕获、利用与封存）及碳汇，以及集成耦合与优化技术等方面，提出我国碳中和技术选择、发展路径和有关部署的建议。三是推动设立"碳中和关键技术研究与示范"重点专项。"十四五"期间，科技部将加强碳达峰碳中和科技创新部署，统筹推进可再生能源、氢能、储能与智能电网、循环经济、绿色建筑等领域国家重点研发计划重点专项，继续加强可再生能源、氢能、煤炭清洁高效利用技术等相关技术的研发部署。

2021年9月，生态环境部印发《关于推进国家生态工业示范园区碳达峰碳中和相关工作的通知》，在面向各国家生态工业示范园区部署的工作中提到，要推动低碳技术创新应用转化，开展能源替代技术，碳捕集、利用与封存技术（Carbon Capture，Utilization and Storage，简称CCUS）、工艺降碳技术，低碳管理技术等有利于促进碳达峰的关键技术的研究和开发。

在2022年1月召开的"2022年全国科技工作会议"上，明确提出

"实施科技支撑碳达峰碳中和行动，加快推动绿色低碳转型"。科技界也在积极行动，如中国科学院正在抓紧研制"中国碳中和框架路线图"。

4．标准体系建设

标准体系建设是碳达峰碳中和工作的关键基础设施之一。2021年10月，中共中央、国务院正式印发《国家标准化发展纲要》，其中明确提出，要完善绿色发展标准化保障——建立健全碳达峰碳中和标准。加快节能标准更新升级，抓紧修订一批有关能耗限额、产品设备能效的强制性国家标准，提升重点产品能耗限额要求，扩大能耗限额标准覆盖范围，完善能源核算、检测认证、评估、审计等配套标准。加快完善地区、行业、企业、产品等碳排放核查核算标准。完善可再生能源标准，研究制定生态碳汇、碳捕集、利用与封存标准。实施碳达峰碳中和标准化提升工程。

2021年12月，工业和信息化部（简称"工信部"）印发《2021年碳达峰碳中和专项行业标准制修订项目计划》，针对石化化工、钢铁、有色、建材、稀土、轻工、纺织、电子和通信等9大行业，计划开展共计110项标准的制修订，这是该部门首次公开印发年度碳达峰碳中和专项行业标准制修订项目计划。同时，国家标准化管理委员会等十部委联合印发《"十四五"推动高质量发展的国家标准体系建设规划》，提出要加快制定温室气体排放核算、报告和核查，温室气体减排效果评估、温室气体管理信息披露方面的标准；推动碳排放管理体系、碳足迹、碳汇、碳中和、碳排放权交易、气候投融资等重点标准制定；完善碳捕集、利用与封存，低碳技术评价等标准，发挥标准对低碳前沿技术的引领和规范作用；加快制定能效、能效限额、能源管理、能源基础、节能监测控制、节能优化运行、综合能源等技能标准；研制煤炭、石油、天然气等石化能源清洁高效利用标准和产供储体系建设标准；加强太阳能、风能、生物质能、氢能、核电、分布式发电、微电网、储能等新兴领域标准研制等。2021年12月底，由北京林业大学、中国质量认证中心、中国林业科学研究院等单位共同起草的我国首个林业碳汇国家标准GB/T 41198—2021《林业碳汇项目审定和核证指南》发布，并实施。这项标准确定了审定和核证林业碳汇项目的基本原则，提供了林业碳汇项目审定和核证的术语、程序、内容和方法等方面的指导和建议。

2022年1月5日，国内首部CCUS领域团体标准T/CSES 41—2021《二氧化碳捕集利用与封存术语》发布。该标准的发布将推动国内CCUS领域名词使用的科学性和规范性，同时将加快与国际标准接轨步伐。

1.2 "双碳"目标下的能源产业升级

以"低碳化、无碳化"理念为核心的新一轮能源革命在全球范围蓬勃兴起，正在推动世界能源发展由高碳能源向低碳能源、由化石能源向非化石能源演进。这场革命普遍认为会经历三个阶段：第一阶段是"增速替代"，化石能源和新能源绝对数量同时增长，但是新能源增速大于化石能源；第二阶段是"增量替代"，新能源在增长的绝对数量上高于化石能源；第三阶段是"主体替代"，即新能源最终成为主体能源。

我国能源转型正处于新的历史起点，既要短时间内实现碳达峰碳中和目标，又要确保能源转型过程"顺滑、平稳"，保证能源供应的绝对安全。总体思路就是不断推进能源变革，紧抓能源高效利用与产业低碳转型，切实提高能源利用效率，尤其是煤炭高效清洁化利用，同时，坚定不移地开展产业转型，是实现生态文明建设、推动经济社会高质量发展的关键。

1.2.1 我国能源消费和碳排放现状

我国作为全球最大的能源消费国和二氧化碳排放国，单位国内生产总值（GDP）能耗与碳排放量远高于发达国家。2020年，我国能源消费总量为49.8亿吨标准煤，能源相关的二氧化碳排放量约99亿吨，占全球总排放量的30.9%，比美国（13.9%）、印度（7.2%）和俄罗斯（4.5%）的总和还要多，居全球第一。同时，2020年我国单位GDP能耗为3.4吨标准煤/万美元，单位GDP碳排放量为6.7吨二氧化碳/万美元，均远高于世界平均水平及美国、日本、德国、法国、英国等发达国家。

2017年以来，我国能源消费总量稳步增长，同时能源生产总量逐年追赶，增速明显，如图1-3所示。

指标 ⇕	2017年 ⇕	2018年 ⇕	2019年 ⇕	2020年 ⇕	2021年 ⇕
能源生产总量（万吨标准煤）	358867.49	378859.32	397317.00	408000.00	433000.00
能源消费总量（万吨标准煤）	455826.92	471925.15	487488.00	498000.00	524000.00

图1-3　我国能源生产总量及消费总量对比（2017～2021年）

细分来看，我国一次能源生产总量与能源消费总量2017～2021年相关数据[1]如图1-4、图1-5所示。

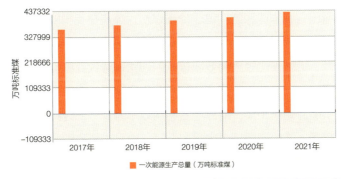

指标 ⇕	2017年 ⇕	2018年 ⇕	2019年 ⇕	2020年 ⇕	2021年 ⇕
一次能源生产总量（万吨标准煤）	358867	378859	397317	408000	433000
原煤占一次能源生产总量的比重（%）	69.6	69.2	68.5	67.6	
原油占一次能源生产总量的比重（%）	7.6	7.2	6.9	6.8	
天然气占一次能源生产总量的比重（%）	5.4	5.4	5.6	6.0	
一次电力及其他能源占一次能源生产总量的比重（%）	17.4	18.2	19.0	19.6	

图1-4　我国一次能源生产总量2017～2021年相关数据

❶ 数据来源："国家数据"网站（https://data.stats.gov.cn/），中华人民共和国国家统计局。

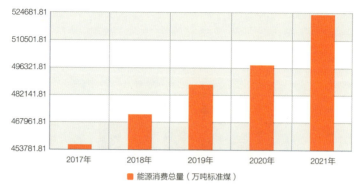

指标 ⇕	2017年 ⇕	2018年 ⇕	2019年 ⇕	2020年 ⇕	2021年 ⇕
能源消费总量（万吨标准煤）	455827	471925	487488	498000	524000
煤炭占能源消费总量的比重（%）	60.6	59.0	57.7	56.8	56.0
石油占能源消费总量的比重（%）	18.9	18.9	19.0	18.9	
天然气占能源消费总量的比重（%）	6.9	7.6	8.0	8.4	
一次电力及其他能源占能源总量的比重（%）	13.6	14.5	15.3	15.9	

图1-5 我国能源消费总量2017～2021年相关数据

可以看出，我国能源结构过于倚重煤炭。煤炭在我国能源生产和消费总量当中的比重均超过55%，而煤炭转化为电能或其他能源形式的转化效率较低，这种占比较大而效率较低的现状是导致我国能源效率偏低的主要原因之一。此外，我国高耗能产业比重较高，资源禀赋和生产力布局拉长了能源输送距离，能源综合利用效率偏低、部分行业落后低效产能数量较多、能源消费技术水平较低等，也是导致我国能源效率偏低的重要原因。

1. 我国一次能源消费结构变化

2020年，我国一次能源消费总量占全球能源消费总量的26.1%。从能源消费结构来看，近十年我国化石能源在一次能源消费比重由2011年的92.0%下降至2020年的84.1%，与2020年的全球（83.1%）、美国（81.7%）、日本（87%）基本相当，略高于德国（75.6%）。但我国能源消费仍有56.8%来源于煤炭，所占比例远高于全球平均水平（27.2%）、数倍于美国（10.5%）和德国（15.2%）。2020年，作为清洁能源的天然气，我国消费比重仅占8.4%，远低于美国、日本和德国。近年来，我国清洁能源产业不断发展壮大，清洁能源消费量占能源消费总量的比重持续增长。2021年，天然气、水电、核电、风电、太阳能发电等清洁能源消费量占能源消费总量的25.5%。

2. 我国电力结构现状

电力是经济社会发展的"晴雨表"。电力在整体能源消费结构中所占的比重最大，是人类生产生活重要的能源基础，在未来的能源格局中，电力的中心位置将进一步凸显。2021年全社会用电量83128亿千瓦时，同比增长10.3%，两年平均增长7.1%❶，参见图1-6。

图1-6 我国2020—2021年全社会用电量变化曲线

分产业看，第一产业用电量1023亿千瓦时，同比增长16.4%；第二产业用电量56131亿千瓦时，同比增长9.1%；第三产业用电量14231亿千瓦时，同比增长17.8%；城乡居民生活用电量11743亿千瓦时，同比增长7.3%。

值得关注的高载能行业用电情况，化工行业用电量5097亿千瓦时，同比增长6.9%，增速比上年同期提高4.5个百分点；建材行业用电量4211亿千瓦时，同比增长7.4%，增速比上年同期提高3.7个百分点；黑色金属冶炼行业用电量6361亿千瓦时，同比增长6.7%，增速比上年同期提高2.8个百分点；有色金属冶炼行业用电量7002亿千瓦时，同比增长5.4%，增速比上年同期回落0.1个百分点，参见图1-7。

---

❶ 数据来源：中国电力企业联合会。

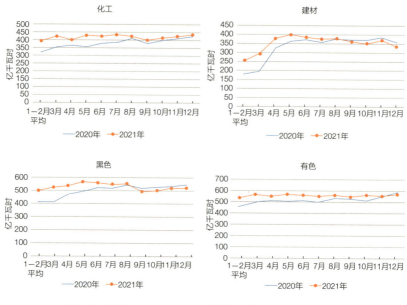

图1-7　我国2020—2021年高载能行业用电情况变化曲线

　　我国电源结构以煤电为主，截至2020年底，煤电装机容量、发电量分别达到10.95亿千瓦、4.5亿千瓦时，占全国电源总装机容量、总发电量的49.1%、64.7%。2021年全国发电装机容量23.77亿千瓦，比上年增长7.9%❶。其中，火电13.0亿千瓦，同比增长4.1%，燃煤发电11.1亿千瓦，同比增长2.8%。同时，我国也是全球煤电装机容量第一大国，煤电装机容量和发电量均占全球总量的一半以上。

　　煤电是我国碳排放的主要来源之一。我国能源生产碳排放占能源活动碳排放的47%，其中煤电碳排放占能源活动碳排放的40%左右，且近10年仍以年均5%的速度增长。电力行业率先达峰是实现碳达峰的关键。同时，我国煤电还面临着机组容量大、服役时间短、提前退役资产损失大等问题，煤电退出任务艰巨。尤其是在"双碳"目标下，绿色、稳定的电力供应和存储，将直接影响区域经济发展的进程。

---

❶　数据来源：中国电力企业联合会。

碳达峰碳中和能源电力智库观察

3. 碳排放现状

我国碳排放量从2000年以后呈快速增长之势，根据英国石油公司（BP）发布的《世界能源统计年鉴2021》显示，2010—2020年，我国碳排放量由81.5亿吨上升到99亿吨。2020年尽管受到疫情影响，但碳排放量仍同比增长0.6%，是全球少数几个碳排放增加的国家之一，参见图1-8。

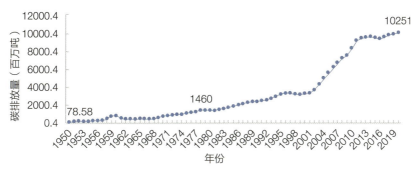

图1-8　1950—2019年中国碳排放量走势图
资料来源：前瞻产业研究院整理。

对比全世界来看，2020年全球能源相关碳排放为316.7亿吨，中国、美国、欧盟能源相关碳排放分别为98.9亿吨、42.8亿吨、23.0亿吨，我国已经成为全世界碳排放量最多的国家，碳排放量占全球碳排放量比重达31.22%。

碳排放强度方面，2020年全球二氧化碳排放强度为3.9吨/万美元，中国为8.4吨/万美元，美国为2.4吨/万美元，德国为1.5吨/万美元，英国为1.1吨/万美元，我国的碳排放强度在主要国家中处于较高水平。从碳排放来源来看，根据国际碳行动伙伴组织统计数据，2020年我国来自能源领域的碳排放占全国碳排放量的77%，工业生产过程碳排放量占14%，农业领域占7%，废弃物碳排放量占2%，参见图1-9。

2022年1月24日，国务院印发《"十四五"节能减排综合工作方案》，提出主要目标：到2025年，全国单位国内生产总值能源消耗比2020年下降13.5%，能源消费总量得到合理控制，化学需氧量、氨氮、氮氧化物、挥发性有机物排放总量比2020年分别下降8%、8%、

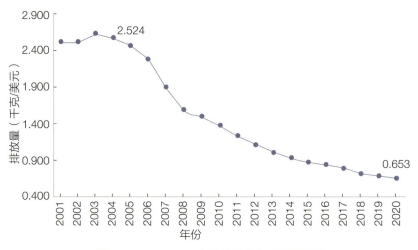

图1-9　2001—2020年我国单位GDP碳排放量

资料来源：前瞻产业研究院整理。

10%以上、10%以上。节能减排政策机制更加健全，重点行业能源利用效率和主要污染物排放控制水平基本达到国际先进水平，经济社会发展绿色转型取得显著成效。

1.2.2　新能源发电发展现状及趋势

1．发展现状

国际能源署2021年10月13日发布《2021年世界能源展望》（WEO-2021）报告，密切关注当前全球气候变化，在介绍全球能源转型现状的同时，对未来能源发展前景进行了预测，旨在为2021年11月的第26届联合国气候变化大会提供重要指南，并就净零排放与1.5摄氏度温控目标的实现向与会国提出有关能源转型措施的建议。

报告指出，目前，在全球能源领域，风能和太阳能等可再生能源的规模持续快速扩大，清洁能源技术快速发展，一种电气化、高效化、互联化和清洁化的能源经济正在形成。然而，2021年，全球煤炭消费量仍在大幅增长，能源产业本身维持现状的强大惯性抵消了能源转型的速度。因此当前能源转型依然面临巨大压力。

目前的数据显示，能源产业本身维持现状的强大惯性抵消了能源转型的速度。在2020年新冠肺炎疫情引发经济衰退后，经济复苏虽然迅速但不均衡，这给当前能源系统的部分领域带来了巨大压力，导致天然气、煤炭和电力的市场价格大幅上涨。尽管可再生能源和电力实现了较大发展，但在2021年，煤炭和石油的使用量正在大幅反弹。这也在很大程度上导致2021年全球碳排放的年增长量达到历史第二位。

2020年，尽管受疫情影响全球经济下滑，但风能和太阳能光伏等可再生能源的新增装机容量实现了20年来的最大增幅，电动汽车销售量也创下了新的历史纪录。新能源经济将朝着电气化、高效化、互联化和清洁化的方向继续发展。政策支持和技术创新的良性循环，带动了新能源经济的崛起，而成本的降低则进一步推动其发展。电力的可靠性和可负担性对人们生活各方面起到关键作用。当前电力占能源终端消费的20%，按照净零排放情景，到2050年，电力将占全球终端能源消费的50%左右。清洁技术已成为电力和各种能源终端应用的首选技术，在大多数地区，太阳能光伏或风能已成为最便宜的新能源发电来源。根据目前世界各国已公布的能源发展战略及相关政策进行发展预测，预计到2025年，新能源将取代燃煤机组成为主要发电电源，到2040年，全球新能源发电量占比接近28%。

2022年1月27日，中国电力企业联合会发布《2021—2022年度全国电力供需形势分析预测报告》。报告指出，截至2021年底，全国全口径发电装机容量23.8亿千瓦，同比增长7.9%；全国规模以上工业企业发电量8.11万亿千瓦时，同比增长8.1%。

2021年，全国新增发电装机容量17629万千瓦，其中，新增非化石能源发电装机容量13809万千瓦，占新增发电装机总容量的比重为78.3%，同比提高5.2个百分点。2021年是国家财政补贴海上风电新并网项目的最后一年，全国全年新增并网海上风电1690万千瓦，创历年新高。

截至2021年底，全国水电装机容量3.9亿千瓦，同比增长5.6%；其中，常规水电3.5亿千瓦，抽水蓄能3639万千瓦。核电5326万千瓦，同比增长6.8%。风电3.3亿千瓦，同比增长16.6%。其中，陆上风电3.0亿千瓦，海上风电2639万千瓦。太阳能发电装机3.1亿千瓦，同比增长20.9%；其中，集中式光伏发电2.0亿千瓦，分布式光伏发电1.1亿千瓦，光热发电57万千瓦。全口径非化石能源发电装机容量11.2亿千瓦，同比增长13.4%，占总装机容量比重为47.0%，同比提高2.3个百分点，历史上首次超过煤电装机比重。

2021年，受汛期主要流域降水偏少等因素影响，全国规模以上工业企业水电发电量同比下降2.5%；受电力消费快速增长、水电发电量负增长影响，全国规模以上工业企业火电发电量同比增长8.4%。核电发电量同比增长11.3%。全口径并网太阳能发电、风电发电量同比分别增长25.2%和40.5%。全口径非化石能源发电量2.90万亿千瓦时，同比增长12.0%；占全口径总发电量的比重为34.6%，同比提高0.7个百分点。全口径煤电发电量5.03万亿千瓦时，同比增长8.6%，占全口径总发电量的比重为60.0%，同比降低0.7个百分点。无论从装机规模看还是从发电量看，煤电仍然是我国当前电力供应的最主要电源，也是保障我国电力安全稳定供应的基础电源。

2．趋势展望

我国碳达峰碳中和目标的提出为新能源的发展创造了广阔的发展空间。预计"十四五"期间，我国新能源将呈现大规模、高比例、市场化、高质量发展新特征。

（1）大规模发展，"十四五"期间新能源发电年均装机规模将大幅度提升，总装机规模将进一步扩大，加快占据发电装机主体地位。

（2）高比例发展，"十四五"期间可再生能源在能源和电力消费增量中的比重将进一步提高。

（3）市场化发展，"十四五"期间风电和光伏发电将全面摆脱对财政补贴的依赖，实现自我发展、自主发展。

（4）高质量发展，"十四五"期间新能源替代行动深入实施，新能源发电总量和消纳责任权重进一步提高，新能源占比逐渐提高的新型电力系统逐步构建。

1.2.3 新型电力系统

电力是能源转型的中心环节、碳减排的关键领域。2020年，我国全社会碳排放约106亿吨，其中，电力行业碳排放约46亿吨。电力行业低碳转型对实现"双碳"目标具有全局性意义。

按照全国电网运行与控制标准化技术委员会审核通过的最新电力百科词条解释，新型电力系统是以新能源为供给主体、以确保能源电力安全为基本前提、以满足经济社会发展电力需求为首要目标，以坚强智能电网为枢纽平台，以源网荷储互动与多能互补为支撑，具有清洁低碳、安全可控、灵活高效、智能友好、开放互动基本特征的电力系统。

1. 新发展阶段

电力系统从诞生至今，发展大致经历三个阶段。

第一个阶段"简单电力系统"：从19世纪末到20世纪中期，最早采用直流电技术，通过100～400伏直流线路供电，后来逐步发展到交流电技术，输电电压逐步达到220千伏。

第二个阶段"大型互联系统"：从第二次世界大战到20世纪末，系统出现大机组、超高压、远距离、大容量输电。电网逐步形成交流400、500、750千伏，直流±400、±500、±600千伏主干网架。

第三个阶段"智能电网"：从20世纪末至今，电源以大型集中式和分布式电源相结合，电网架构以骨干网架和灵活微电网相结合，调度、控制、保护以及用电等方面的智能化水平显著提升，进一步提高了电力系统清洁、高效、经济水平，达到更高安全性和可靠性的要求。

从目前普遍共识来看，新型电力系统与传统电力系统相比发生了重大变化。

（1）电源变成了以新能源为主体，发电方式特性发生了变化。

（2）电网接入大量分布式能源后，电网负荷特性发生变化。

（3）由于储能的大规模应用，电网配置电能由传统的"发输变配用"单向流动，转变为电能在发、用电之间的双向或者多向（多用户和多电源）流动。

（4）在供需关系上用户可以从电网接收电能，也可以余量上网向电网供电，供需角色转换发生了变化。按照电力系统分阶段分析来看，构建以新能源为主体的新型电力系统标志着我国电力系统进入新发展阶段。

2．面临的问题

从宏观角度看，构建以新能源为主体的新型电力系统必须要考虑并解决的问题包括以下几点。

（1）要有足够的安全性。我国已转向高质量发展阶段，国民经济和社会发展对电力的新需求不断增加，经济长期向好，电气化水平将不断提升。根据国网能源研究院有限公司的预测数据，到2060年，电能占终端用能比重将达到62%～70%，我国人均用电量将超过12000千瓦时，逐步缩小与发达国家的差距。未来电能将渗透到经济社会、生产生活的方方面面，保障电力供应安全和防范化解风险将成为首要问题。因此，新型电力系统首要考虑的因素是安全风险。

（2）要把握好新能源和传统能源替代转型的时机和"度"。我国能源替代转型的主要任务是控制化石能源总量，提高系统效能，加快可再生能源替代。从理论上看，煤电能不建就不建，煤炭能不用就不用。但实际上，煤电的发展要科学谋划合理定位，为有效应对新能源发电的波动性与随机性，未来煤电将长期发挥基础支撑、系统调节和安全供应保障的作用。煤电与非化石能源并非简单地此消彼长，而应是协调互补的发展关系，解决好煤电发展问题是我国稳妥实现能源替代转型的关键。

（3）要适应气候变化和环境保护的要求。目前，我国煤电大气污染物控制能力已经达到世界领先水平，二氧化硫、碳氧化物、颗粒物三项常规大气污染物的年排放总量加起来不足200万吨，低于美国电力污染总排放量，可以说，煤电污染已经不是我国环境保护的主要任务。与此相比，新能源发展过程中，在设备制造、设施建设、安装运行过程中出现的生态保护和环境问题，以及与新能源发展相配套的化学电池服役期满后的处置问题等，将逐步引起全社会的关注。因此，在构建以新能源为主体的新型电力系统时要做到统筹兼顾。

3．行动方案

2021年3月1日，国家电网有限公司（简称"国家电网"）率先发布《国家电网公司"碳达峰、碳中和"行动方案》（简称《行动方案》），成为国内首个发布"双碳"行动方案的中央管理企业。

根据《行动方案》，国家电网有限公司承诺，"十四五"期间，推动配套电源加快建设，完善送受端网架，推动建立跨省区输电长效机制，已建通道逐步实现满送，提升输电能力3527万千瓦；新增跨区输电通道以输送清洁能源为主，"十四五"规划建成7回特高压直流，新增输电能力5600万千瓦。到2025年，公司经营区跨省跨区输电能力达到3.0亿千瓦，输送清洁能源占比达到50%。

与传统电力系统相比，构建新型电力系统所带来的转变，主要体现在以下几个方面：一是电源结构由可控连续出力的煤电装机占主导，向强不确定性、弱可控出力的新能源发电装机占主导转变。二是负荷特性由传统的刚性、纯消费型，向柔性、生产与消费兼具型转变。三是电网形态由单向逐级输电为主的传统电网，向包括交直流混联大电网、微电网、局部直流电网和可调节负荷的能源互联网转变。四是技术基础由同步发电机为主导的机械电磁系统，向由电力电子设备和同步机共同主导的混合系统转变。五是运行特性由源随荷动的实时平衡模式、大电网一体化控制模式，向源网荷储协同互动的非完全实时平衡模式、大电网与微电网协同控制模式转变，参见图1-10。

在实现路径上，国家电网计划到2035年，基本建成新型电力系统，到2050年全面建成新型电力系统。

2021—2035年是建设期。新能源逐步成为第一大电源，火电逐步转变为调节性和保障性电源。电力系统总体维持较高转动惯量和交流同步运行特点，交流与直流、大电网与微电网协调发展。系统储能、需求响应等规模不断扩大，发电机组出力和用电负荷初步实现解耦。

2036—2060年是成熟期。新能源逐步成为电力电量供应主体，火电通过CCUS技术逐步实现净零排放，成为长周期调节电源。分布式电源、微电网、交直流组网与大电网融合发展。系统储能全面应用、负荷全面深入参与调节，发电机组出力和用电负荷逐步全面实现解耦。

2021年5月15日，中国南方电网有限责任公司（简称"南方电网"）发布《南方电网公司建设新型电力系统行动方案（2021—2030年）白皮书》。南方电网认为，建设新型电力系统是应对持续可靠供电、电网安全稳定运行、电网公司运营模式等挑战的必然选择。构建以新能源为

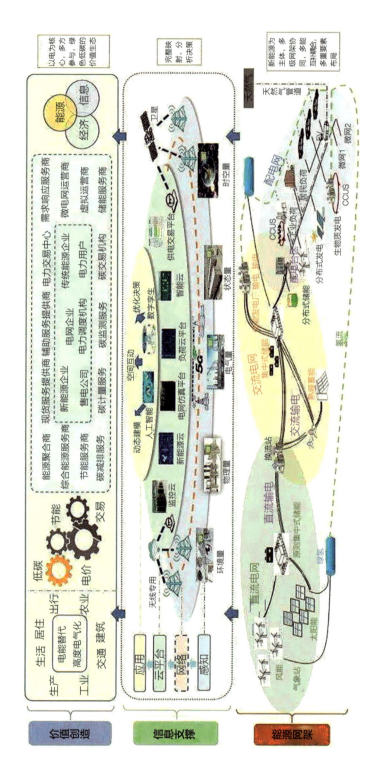

图1-10 国家电网有限公司新型电力系统概念图

主体的新型电力系统，将促进全行业产业链、价值链上下游紧密协同，推动新能源技术创新发展和产业持续变革，是能源电力行业实现跨越式发展的重大战略机遇（见图1-11）。

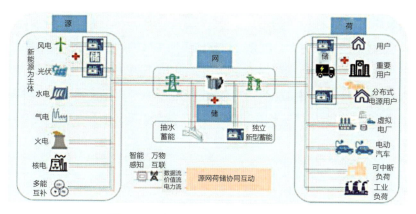

图1-11　南方电网新型电力系统概念图

南方电网提出的总体目标是：2025年前，大力支持新能源接入，具备支撑新能源新增装机1亿千瓦以上的接入消纳能力，初步建立以新能源为主体的源网荷储体系和市场机制，具备新型电力系统基本特征；2030年前，具备支撑新能源再新增装机1亿千瓦以上的接入消纳能力，推动新能源装机处于主导地位，源网荷储体系和市场机制趋于完善，基本建成新型电力系统，有力支持南方五省区及港澳地区全面实现碳达峰；2060年前，新型电力系统全面建成并不断发展，全面支撑南方五省区及港澳地区碳中和目标实现。

2021年年底，中国电力企业联合会发布《电力行业碳达峰报告》，报告提出了电力行业碳达峰碳中和实施的7个路径。

（1）构建多元化能源供应体系，形成低碳主导的电力供应格局。

（2）发挥电网基础平台作用，提高资源优化配置能力，支持部分地区率先达峰。

（3）大力提升电气化水平，服务全社会碳减排。

（4）大力实施管理创新，推动源网荷高效协同利用。

（5）大力推动技术创新，为碳中和目标奠定坚实基础。

（6）强化电力安全意识，防范电力安全重大风险。

（7）健全和完善市场机制，适应碳达峰碳中和新要求。

2022年1月19日，国家自然科学基金委员会发布了《2022年度国家自然科学基金项目指南》。其中，在联合基金项目中，发布了新型电力系统领域的集成项目、重点支持项目的指南。在此次发布的指南中，国家电网是"2+18"的布局，即2个集成项目，18个重点支持项目；2个集成项目研究方向分别是"以新能源为主体的大电网保护基础理论与方法"和"以新能源为主体的大电网同步稳定机理及控制理论"。南方电网是"1+16"的布局，即1个集成项目，16个重点支持项目；其集成项目研究方向为"新型电力系统背景下的大电网异步分区规划与控制研究"。

1.2.4 其他行业

1. 煤炭行业

据测算，我国近九成的二氧化碳排放来自能源的生产和消费活动，其中七成来自煤炭。在实现"碳达峰碳中和"目标中，受影响最大的行业就是煤炭。

（1）原煤生产。我国是全球最大的煤炭生产国和消费国。已探明可直接利用的煤炭储量1.75万亿吨，占世界储量的13.3%。据国家统计局数据显示，2021年，我国原煤产量41.3亿吨，比上年增长5.7%，原煤进口3.04亿吨，出口0.03亿吨，参见图1-12。全国煤矿数量降至4700处以下，其中千万吨级煤矿52处。煤矿数量相比于2015年减少5成以上，五年间淘汰落后产能超过10亿吨/年以上。原煤入洗率达到74.1%，煤矸石综合利用率达72.2%，煤矸石及低热值煤综合利用发电装机达4200万千瓦，年利用煤矸石达1.5亿吨。我国煤炭开采和洗选业产能利用率达到69.8%。

（2）煤炭消费。2021年，全年能源消费总量52.4亿吨标准煤，比上年增长5.2%。煤炭消费量增长4.6%。煤炭消费量占能源消费总量的56.0%，比上年下降0.9个百分点。电力和钢铁行业煤耗小幅增长，分别为23.1亿吨和6.7亿吨。近几年通过"去产能"控制煤炭消费，截至2021年，我国煤电装机容量控制在11.09亿千瓦，占总装机

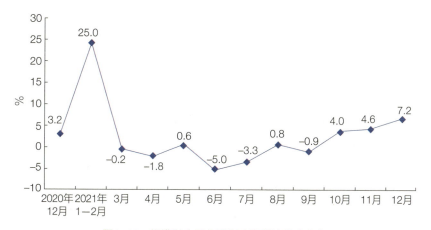

图1-12　规模以上工业原煤产量增速月度走势

容量的46.7%。

（3）低碳高效发展。在我国经济由高速增长阶段转向高质量发展阶段过程中，煤炭利用的清洁化和低碳化，对我国发挥煤炭资源优势、保障能源安全、保护生态环境，具有重要战略意义。2021年，中央经济工作会议指出，要立足以煤为主的基本国情，抓好煤炭清洁高效利用，增加新能源消纳能力，推动煤炭和新能源优化组合，这为我国煤炭产业长期健康发展指明了方向，同时也为"双碳"背景下我国能源发展指明了方向，即立足以煤为主的能源资源禀赋，坚持先立后破、通盘谋划，传统能源逐步退出必须建立在新能源安全可靠的替代基础上。在推动能源清洁低碳安全高效利用中，提升能源安全保障能力。具体来讲，包括以下两点。

1）减煤不退煤。虽然压减煤炭消费理论上是最直接最有效的减碳措施，但煤炭是我国能源安全的"压舱石"，在相当长一段时间要发挥"兜底"保障作用。国家统计局2019年《第四次全国经济普查公报（第三号）——第二产业基本情况》显示，我国煤炭行业的就业人数约400万，同时根据不同机构预测，到2050年，煤炭在一次能源中的占比仍将保持在10%～20%。因此，未来煤炭行业既要防止突击冒进和"一刀切"，又要统筹与新能源协同发展，在保证一定规模的前提下，保障能源平稳有序供应。

2）减排与去除协同。实现高碳能源的低碳化利用，就必须将煤炭转化利用过程中产生的碳去除。碳减排和碳去除技术的发展决定了煤炭在能源结构中的比重。大力实施煤炭绿色生产与减排（煤矿甲烷减排利用）、煤燃烧新工艺减排、煤炭燃料变原料减排等多路径减排，同时加快发展以CCUS技术为代表的碳去除（CDR）技术，实现煤炭低碳洁净利用。

2．钢铁行业

自2016年起，我国钢铁行业供给侧结构性改革全面启动，至2018年底已提前完成"十三五"时期钢铁行业去产能目标1.5亿吨的目标，累计退出"僵尸企业"的粗钢产能6474万吨。截至2021年底，钢铁行业产能利用率达到79.2%，较2016年提高7.5个百分点。

钢铁行业用能总量大，且用能结构以煤炭为主，根据《中国钢铁工业节能低碳发展报告（2020）》，我国钢铁工业碳排放占全国碳排放总量的15%，在所有工业行业中位居首位。我国钢铁生产能耗和碳排放水平远高于发达国家，吨钢能耗约为发达国家的2倍以上。《中共中央　国务院关于完整准确全面贯彻新发展理念做好碳达峰碳中和工作的意见》明确提出，制定钢铁行业碳达峰实施方案、巩固去产能成果、坚决遏制高耗能高排放项目盲目发展等多项举措。

世界钢铁协会数据表明，过去50年钢铁行业吨钢能耗降低61%，能源强度尚有15%～20%的下降潜力。全流程能源效率提升是钢铁行业目前减碳的优先工作。瞄准余热余能资源化、提升界面能效的创新与应用，挑战极致能效，实现应收尽收。在既有能耗前提下，聚焦钢铁能源领域共性难题技术突破、中低温余热资源的深度回收利用、余压资源潜力充分发挥和副产煤气极限回收和资源化，挖掘余热余能潜力，推进最佳可适用商业技术对标应用及二次开发，不断去除铁钢、钢铸、铸轧工序之间的"活套"，实现极致的能源效率。代表性钢铁企业"碳减排"技术如表1-1所示。

表1-1　代表性钢铁企业"碳减排"技术

减排类型	钢铁企业	减排技术
提高能量利用效率	鞍钢鲅鱼圈	高炉喷吹焦炉煤气
	山钢莱钢	氧气高炉炼铁基础研究
	八一钢铁	富氧冶铁
	首钢京唐	转炉煤气制燃料乙醇
提高副产品利用效率	山钢日钢、达钢	焦炉煤气制天然气
	沙钢、马钢	转底炉处理固废生产金属化球团
	首钢、莱钢	钢铁尾气制乙醇
突破性冶炼技术	中晋太行	焦炉煤气直接还原铁
	宝武集团	核能制氢与氢能炼钢
	河钢集团	富氧气体直接还原铁
	酒钢集团	煤基氢冶金
	日照钢铁	氢冶金及高端钢材制造
	宝钢湛江	钢铁工业CCUS（碳捕获、利用与封存）

资料来源：冶金工业规划研究院提供。

目前，钢铁企业对碳达峰碳中和认识不断加强。中国宝武钢铁集团（简称"宝武集团"）、河钢集团等多家企业明确了碳中和目标，宝武集团八一钢铁有限公司富氢碳循环高炉试验项目正加紧建设。太原钢铁集团有限公司国内首发光伏多晶硅行业关键材料成功替代进口。钢铁行业碳达峰实施方案以及碳中和技术路线图基本成型，正加快转变以煤为主的能源结构，采取推动产业转型升级、电能替代、氢能替代、生物质能替代、碳捕集利用与封存五大举措，提高钢铁行业发展质量，逐步构建电为中心，电—氢—生物质能协同互补的能源消费体系，形成低能耗、低排放的钢铁行业发展格局。

2022年2月7日，工业和信息化部、国家发展和改革委员会、生态环境部联合发布《关于促进钢铁工业高质量发展的指导意见》，指出

"十四五"时期，我国钢铁工业仍然存在产能过剩压力大、产业安全保障能力不足、绿色低碳发展水平有待提升、产业集中度偏低等问题，同时明确力争到2025年，我国80%以上钢铁产能完成超低排放改造，吨钢综合能耗降低2%以上，水资源消耗强度降低10%以上，确保2030年前碳达峰，打造30家以上智能工厂，电炉钢产量占粗钢总产量比例提升至15%以上。在深入推进绿色低碳方面，提出要落实钢铁行业碳达峰实施方案，统筹推进减污降碳协同治理。支持建立低碳冶金创新联盟，制定氢冶金行动方案，加快推进低碳冶炼技术研发应用。支持构建钢铁生产全过程碳排放数据管理体系，参与全国碳排放权交易。开展工业节能诊断服务，支持企业提高绿色能源使用比例。全面推动钢铁行业超低排放改造，加快推进钢铁企业清洁运输，完善有利于绿色低碳发展的差别化电价政策。积极推进钢铁与建材、电力、化工、有色等产业耦合发展，提高钢渣等固废资源综合利用效率。大力推进企业综合废水、城市生活污水等非常规水源利用。推动绿色消费，开展钢结构住宅试点和农房建设试点，优化钢结构建筑标准体系；建立健全钢铁绿色设计产品评价体系，引导下游产业用钢升级。

3. 石油化工行业

石油和化工行业是支撑国民经济发展的基础性产业，也是二氧化碳排放量较大的行业之一。截至2020年底，我国石油化工行业碳排放总量接近14亿吨，占全国碳排放总量的12%左右。

石油化工行业正加快产业布局优化、结构调整，加大节能降碳升级改造和落后产能淘汰力度，发展新能源、新材料等产业，全面推进行业绿色低碳转型。中国石油天然气集团有限公司（简称"中国石油"）、中国石油化工集团有限公司（简称"中国石化"）、中国海洋石油集团有限公司（简称"中国海油"）财报中均透露，将积极推进绿色低碳转型，打造绿色低碳企业，产品高端化、绿色化发展成为新趋势。

中国石油化工集团有限公司将把氢能作为该公司新能源业务的主要方向。同时，探索新能源、新材料、新经济，加快打造"油气氢电非"综合能源服务商，以净零排放为终极目标，推进化石能源洁净化、洁净能源规模化、生产过程低碳化，确保在国家实现碳达峰目标前实现二氧化碳达峰，力争在2050年实现碳中和的目标。石油化工行业重点政策汇总见表1-2。

表1-2 石油化工行业重点政策汇总

时间	政策名称	相关内容及影响
2021.11	《"十四五"全国清洁生产推行方案》	全面开展清洁生产审核和评价认证，推动能源、钢铁、焦化、建材、有色金属、石化化工、印染、造纸、化学原料药、电镀、农副食品加工、工业涂装、包装印刷等重点行业"一行一策"绿色转型升级，加快存量企业及园区实施节能、节水、节材、减污、降碳等系统性清洁生产改造
2021.11	《关于加强产融合作推动工业绿色发展的指导意见》	加快实施钢铁、石化、化工、有色、纺织等行业绿色化改造。鼓励金融机构开发针对钢铁石化等重点行业绿色化改造、绿色建材与新能源汽车生产应用、老旧船舶电动化改造、绿色产品推广等方面的金融产品
2021.10	《石化化工重点行业严格能效约束推动节能降碳行动方案（2021—2025年）》	到2025年，通过实施节能降碳行动，炼油、乙烯、合成氨、电石行业达到标杆水平的产能比例超过30%，行业整体能效水平明显提升，碳排放强度明显下降，绿色低碳发展能力显著增强
2021.02	《关于加快建立健全绿色低碳循环发展经济体系的指导意见》	健全绿色低碳循环发展的生产体系，推进工业绿色升级。加快实施石化、化工、有色等行业绿色化改造。推行产品绿色设计，建设绿色制造体系。依法在"双超双有高耗能"行业实施强制性清洁生产审核。完善"散乱污"企业认定办法，分类实施关停取缔、整合搬迁、整改提升等措施。加快实施排污许可制度

中国石油天然气集团有限公司凭借上游勘探开发优势，提升天然气业务的比重，将继续做强做优油气主营业务、积极拓展非化石能源、加快布局新能源、新材料及新业态，构建多能互补的新格局。

中国海洋石油集团有限公司则充分发挥其海洋工业优势，布局海上风电产业。加快推动能源转型，将大力推动绿色低碳转型，继续提升天然气供给能力，推广岸电工程，加大节能技术改造和减排新技术应用，逐步开展碳捕捉、回注与再利用技术研究。

目前，中国石油化工集团有限公司、中国石油天然气集团有限公司、中国化学工程集团有限公司等企业均开始涉足氢能行业，通过各类企业的协同创新，我国氢能产业将迎来美好的前景。

4. 交通行业

交通领域碳排放占全国终端碳排放量15%，其中，公路、航空、航运三大行业的能源消费占交通领域能源消费总量的95%以上，二氧化碳排放占比超过96%，以道路交通为主的交通行业绿色化、智能化转型势在必行，参见图1-13。

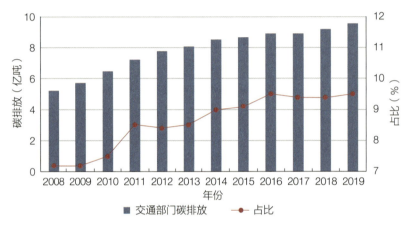

图1-13 中国交通部门碳排放量及其在能源相关碳排放总量中的占比
数据来源：国家统计局、中国石油集团经济技术研究院提供。

交通领域落实"双碳"战略的方向是优化交通运输结构，推广节能低碳型交通工具，积极引导低碳出行，在基础设施、交通装备、运输服务、智慧交通、安全应急保障和绿色交通等6大领域，加快构建便捷顺畅、经济高效、开放共享、绿色智能、安全可靠的现代综合运输服务体系。坚持科技创新赋能交通运输发展，以数字化、网联化、智能化为主线，推进5G、数据中心、人工智能等发展。

按照碳中和的推进路径，未来会率先在电力部门实现碳的负增长，那么终端消费部门使用电力代替油气作为动力，就能够实现碳减排，推动新能源汽车的普及将是碳中和的重要方面。近年来，中国新能源汽车产业发展取得了积极进展，成为全球汽车产业电动化转型的重要力量。

新能源汽车产销量连续五年位居世界首位，累计推广量超过450万辆，占全球的50%以上。产业链上下游有效贯通，电池、电机、电控等关键领域创新活跃、成果纷呈。

5. 建筑行业

建筑行业是国民经济的支柱产业，为我国经济社会发展和民生改善作出了重要贡献。但建筑业存在资源消耗大、污染排放高、建造方式粗放等问题，是实施低碳转型的重点行业之一。

针对当前城乡建设领域存在"大量建设、大量消耗、大量排放"等问题，我国已出台一系列建筑行业绿色发展规划，从区域协调发展、城乡基础设施建设、绿色建筑、绿色建造等方面提出了系统解决思路，智能建造和新型建筑工业化、绿色建筑与建筑能效提升、建设领域碳达峰目标管理、数字家庭和数字社区建设、城市更新和品质提升、城市精细化管理、绿色宜居村镇建设不断推进，2022年内城镇新建建筑中绿色建筑面积占比将达到70%。

建筑材料行业计划在2025年前全面实现碳达峰。未来，建筑行业将大力提升建筑电气化水平，加速推动建筑节能，发展新型低碳供暖系统，推广使用地源热泵，以绿色低碳行动助力碳减排目标实现。

1.3 "双碳"目标下的绿色金融

1.3.1 绿色金融的起源与发展概况

绿色金融的概念最早起源于欧美。早在1974年，联邦德国就成立了全球第一家政策性环境银行（"生态银行"），专门为一般银行不愿意承接的环境项目提供优惠贷款，成为国际上最早期的绿色金融探索实践者。随后以发达国家为首，各国政府、非营利组织、金融机构等开始了多种尝试与探索，为后续绿色金融发展积累了宝贵的实践经验。

1980年，美国出台"超级基金法案"，要求企业处理潜在的或已发生的环境损害问题。这一法案的出台，对世界各国通过立法解决环境相关问题有着重要的借鉴意义。

1992年，联合国环境规划署（UNEP）发布《银行界关于环境可持续的声明》，同年在里约峰会上成立金融行动机构（UNEP-FI），督促金融系统为环境污染、气候治理等可持续发展内容提供支持。

随着20世纪90年代末《联合国气候变化框架公约》和《京都议定书》的签订，以及21世纪初绿色消费的兴起，绿色金融成为各国关注的焦点，在政策规范、效力影响、工具定价方面取得了重要进展。

2002年，世界银行下属的国际金融公司和荷兰银行在伦敦召开的国际知名商业银行会议上，提出了一套自愿性的绿色信贷原则——"赤道原则"（Equator Principles，EPs）。要求金融机构在向一个项目投资时，要对该项目可能造成的环境影响进行评估，并且利用金融杠杆促进该项目在环境保护方面发挥积极作用。2003年6月，花旗银行、荷兰银行、巴克莱银行等10家国际领先银行率先宣布实行"赤道原则"。"赤道原则"在国际金融发展史上具有里程碑意义，它第一次确立了国际项目融资的环境与社会的最低行业标准，并成功应用于国际融资实践中。目前，"赤道原则"已成为国际项目融资的新标准，全球已有包括汇丰银行、花旗银行在内的80多家金融机构宣布采纳"赤道原则"，其融资额约占全球项目融资总额的85%，这些采纳"赤道原则"的银行又被称为"赤道银行"。我国兴业银行也是"赤道银行"

成员之一。

2006年，联合国前秘书长科菲·安南发起成立"联合国责任投资原则组织（简称'UN PRI'）"，由全球各地资产拥有者、资产管理者，以及服务提供者组成，致力于发展可持续的全球金融体系。该组织在纽约证券交易所发布"负责任投资原则"，鼓励投资者采纳，要求签署方承诺在做出投资决策时遵循ESG（Environmental、Social and Governance）议题的相关标准。截至2022年1月，全球已有4706家机构加入该组织，其签署方管理的资产总规模超过120万亿美元。中国机构加入该组织的规模已达84家。

2007年，欧洲投资银行（European Investment Bank，EIB）向欧盟27个成员国投资者发行全球首只绿色类债券——"气候意识债券"，推动了绿色债券的国际化发展，并加速其规模扩张。2014年，国际资本市场协会（International Capital Market Association，ICMA）发布了绿色债券原则（Green Bond Principles，GBP），为全球绿色固定收益资产标准的统一以及中介认定体系的发展奠定了基础，从制度上推动了绿色债券发展。

现阶段，欧美发达国家的绿色金融从法制制度、政策体系、市场主体和绿色金融工具等方面已经形成了较为完善的体系，在绿色债券、绿色信贷、绿色保险、绿色基金等产品领域已形成较为成熟的产品体系。同时，国际金融机构也在发行和实践绿色产品中扮演着重要的角色。2021年，在全球范围内贴标的绿色、社会和可持续（GSS）债券、可持续挂钩债券（SLB）和转型债券的发行总量超过1万亿美元。其中，我国2021年绿色债券发行量超过6000亿元，截至2021年末，我国本外币绿色贷款余额15.9万亿元，存量规模居全球第一。在欧洲，以ESG为主题的债券于2021年11月达到了市场上新发行债券的40%以上，创该年最高月度记录。亚太地区的这一比例在2021年也达到了15%。截至2021年二季度，全球五个主要市场的可持续投资共同基金和ETF总额达2.24万亿美元。

各个国家在大力推动绿色金融体系建设的同时，也在积极探索绿色金融科技的应用，用科技手段推动绿色金融的发展。如探索引入数字货币支持清洁能源、促进绿色生产；利用区块链和大数据等降低绿色投资中的风险；加速下沉市场金融线上化发展，扩大绿色金融覆盖范围等。

1.3.2　绿色金融的定义与内涵

随着"双碳"目标的提出，我国经济结构调整和发展方式转变也进入了关键时期，绿色产业的快速发展和传统产业朝着绿色低碳的方向转型升级改造对金融的需求日益强劲，发展绿色金融成为推动当前我国经济金融结构调整，突破环境约束实现经济可持续发展的必然途径，代表着我国金融未来发展的方向，也是我国金融领域的一场创新实践。

2016年8月，中国人民银行、财政部、国家发展改革委、环境保护部、中国银行业监督管理委员会（简称"银监会"）、中国证券监督管理委员会（简称"证监会"）、中国保险监督管理委员会（简称"保监会"）等七部委联合发布《关于构建绿色金融体系的指导意见》（银发〔2016〕228号），对我国建设绿色金融体系做出了总体部署。指出绿色金融是指"为支持环境改善、应对气候变化和资源节约高效利用的经济活动，即对环保、节能、清洁能源、绿色交通、绿色建筑等领域的项目投融资、项目运营、风险管理等所提供的金融服务"，绿色金融体系包括绿色信贷、绿色债券、绿色股票指数和相关产品、绿色发展基金、绿色保险、碳金融等金融工具。

绿色金融包含两层内涵：一是金融业如何促进环保节能和经济社会的可持续发展，主要是引导资金流向节约资源技术开发和生态环境保护产业，引导企业生产注重绿色环保，引导消费者形成绿色消费理念；二是指金融业本身的可持续发展，主要是避免出现片面追求短期利益的过度投机行为。

由此可见，所谓"绿色金融"，其核心思想始终围绕环境保护和可持续发展。与传统金融相比，绿色金融最突出的特点就是，它更强调人类社会的生存环境利益，它将对环境保护和对资源的有效利用程度作为计量其活动成效的标准之一。

目前绿色金融产品主要分为三类，一是交易工具，包括碳期货、碳期权、场外衍生品等；二是融资工具，包括基于配额和CCER**❶**（Chinese Certified Emission Reduction，中国核证减排量）的抵质押融资；三是碳金融支持工具，包括碳指数和碳保险等。未来，随着整个碳市场的金融化程度不断提高，各种金融工具也会得到越来越广泛的应用。

2020年9月，清华大学发布《中国中长期低碳发展战略与转型路径研究》，研究结果显示，我国为确保在2060年实现碳中和目标，预计在2020—2050年，能源系统需要新增投资约138万亿元。全球能源互联网发展合作组织的预测结果是，2060年前，中国能源系统的累计投资高达122万亿元。其他国内相关机构研究显示，我国要实现碳达峰碳中和，需要超过100万亿元以上直接投资，以及约400万亿元以上的非直接投资。据此预测，平均每年直接资金需求超过2.5万亿元。从我国政府财政资金来看，除了清洁发展机制（CDM）项目的国家收入和可再生能源电价附加外，目前，没有直接与此相关的公共资金投入。每年与碳减排相关的气候资金投入仅为5256亿元，资金缺口高达2万亿/年。如此大规模的投资，仅仅依靠政府力量是远远不够的，需要通过市场化手段撬动金融资源向绿色低碳项目倾斜，发展绿色金融助力经济转型和"双碳"目标实现已经成为未来我国经济社会发展的重要驱动力之一。

不同智库、金融研究机构对双碳目标实现的资金需求预测见表1-3。

表1-3　不同智库、金融研究机构对双碳目标实现的资金需求预测

机构	时间段	资金需求量（万亿元）
中国国际金融有限公司	总过程	139
中国金融学会	总过程	100~500
中央财经大学绿色金融国际研究院	2021—2030年	14.2
落基山研究所和中国投资协会	2020—2050年	70万亿的基础设施投资
全球能源互联网发展合作组织	2021—2060年	122

---

❶ CCER（Chinese Certified Emission Reduction，中国核证减排量）：国家对温室气体减排交易采取备案管理。减排项目产生的减排量在国家主管部门备案和登记，经备案的减排量称为中国核证减排量（CCER），单位以"吨二氧化碳当量（tCO_2e）"计。CCER在经国家主管部门备案的交易机构内，依据交易机构制定的交易细则进行交易。

1.3.3 我国绿色金融发展现状

自2016年中国人民银行等七部委联合印发《关于构建绿色金融体系的指导意见》，明确我国绿色金融发展方向和目标任务，标志我国成为全球首个建立系统性绿色金融政策框架的国家以来，经过多年实践，我国支持绿色金融发展的综合政策体系和市场环境持续改善，为金融机构深度介入绿色金融领域提供了重要政策依据，绿色金融体系建设、标准制定和绿色金融产品创新均取得了重大进展。2021年，以碳达峰碳中和为主题的股市、债市交易活跃，据wind数据显示，全年碳中和指数累计涨幅达40.69%。

1.　金融政策制定情况

2017年，中国人民银行出台《落实〈关于构建绿色金融体系的指导意见〉的分工方案》，进一步细化任务目标，逐条落实牵头单位和成果进度，为绿色金融体系建设确定了时间表和路线图。2017年以来，国家先后批复浙江、江西、广东、贵州、新疆、甘肃六省（区）九地开展了各具特色的绿色金融改革创新实践，相关部门随即发布了各绿色金融改革创新试验区的总体方案。

此后几年，中国人民银行出台了一系列绿色金融激励政策，鼓励银行业开展绿色金融业务，助力绿色低碳转型。2021年3月，中国人民银行初步确立了"三大功能""五大支柱"的绿色金融发展政策思路。2021年6月，中国人民银行印发《银行业金融机构绿色金融评价方案》，并于7月1日正式实施。评价方案正式将绿色债券纳入银行业金融机构绿色金融评价体系，评级结果有望纳入定向降准、再贷款等货币政策及资本充足率要求等审慎管理工具的运用中，进一步提升了银行投资绿色债券的积极性，有力促进了绿色债券市场的健康发展。

2021年10月，中共中央、国务院印发《关于完整准确全面贯彻新发展理念做好碳达峰碳中和工作的意见》《2030年前碳达峰行动方案》，明确提出了绿色金融在其中发挥扩大资金支持和投资的重要作用。11月，中国人民银行推出碳减排支持工具这一结构性货币政策工具，重点向清洁能源、节能环保和碳减排技术等领域提供低成本资金支持，截至2021年12月，中国人民银行已向有关金融机构发放第一批碳减排支持工具资金855亿元，支持金融机构已发放符合要求的碳减排贷款1425亿元，带动减少排碳约2876万吨。

2．金融标准制定情况

2018年，全国金融标准化技术委员会绿色金融标准工作组成立，持续推动建立和完善跨领域、市场化、具有权威性且内嵌于金融机构全业务流程的绿色金融标准体系建设工作。据中国人民银行研究局数据显示，三年来，《绿色债券支持项目目录（2021年版）》（中英文版）《金融机构环境信息披露指南》《环境权益融资工具》3项标准已正式发布；15项标准进入立项或征求意见环节，涉及环境、社会和公司治理（ESG）评价、碳核算等多个重点领域。部分标准在绿色金融改革创新试验区率先试用，为全国推广探索积累经验。2021年4月，中国人民银行、国家发展改革委、证监会联合发布《绿色债券支持项目目录（2021年版）》，首次对绿色债券支持领域和范围进行科学统一界定，提升了我国绿色债券的绿色程度和市场认可度，并与国际标准实现接轨。2021年版目录规定，绿色债券是指将募集资金专门用于支持符合规定条件的绿色产业、绿色项目或绿色经济活动，依照法定程序发行并按约定还本付息的有价证券，包括但不限于绿色金融债券、绿色企业债券、绿色公司债券、绿色债务融资工具和绿色资产支持证券，涵盖了节能环保产业、清洁生产产业、清洁能源产业、生态环境产业、基础设施绿色升级和绿色服务六大领域。

除《绿色债券支持项目目录（2021年版）》以外，目前，关于绿色产业标准还有两个指导性文件，一个是2015年12月中国金融学会绿色金融专业委员会编制的《绿色债券支持项目目录（2015年版）》。同年12月，中国人民银行发布第39号公告，绿色金融债募集资金必须投向《绿色债券支持项目目录（2015年版）》界定的绿色项目，包括节能、污染防治、资源节约与循环利用、清洁交通、清洁能源、生态保护和适应气候变化6大领域。《绿色债券支持项目目录（2015年版）》由此成为国内第一个绿色债券标准，而中国的绿色债券市场也于2015年正式启动。另一个是2019年3月国家发展改革委、工信部、自然资源部、生态环境部、住房和城乡建设部、中国人民银行、国家能源局联合印发的《绿色产业指导目录（2019年版）》。

2021年5月，中国保险行业协会发布《中国保险资产管理业助推实现"碳达峰、碳中和"目标倡议书》，倡导保险机构和保险资管机构将绿色标准纳入现有投资流程，并逐步形成绿色投资考核和激励机制。7月，中国人民银行发布《金融机构环境信息披露指南》《金融机构碳核算技术指南（试行）》，为金融机构碳核算提供方法，将金融机构经营活动及投融资活动的碳排放量、碳减排量纳入环境信息披露体系。8月，国家市场监督管理总局成立碳达峰碳中和工作领导小组及办公室，发挥计量、标准、认证认可、价监竞争、特种设备等多项监管职能作用，按照职责开展碳达峰碳中和有关工作，为如期实现碳达峰碳中和目标提供重要支撑和保障。10月，中国保险资产管理业协会责任投资（ESG）专业委员会正式成立。

2022年1月23日，中国人民银行会同国家市场监督管理总局、保监会、证监会联合印发《金融标准化"十四五"发展规划》，进一步提出要加快完善绿色金融标准体系，统一绿色债券标准，制定绿色债券募集资金用途、环境信息披露和相关监管标准，完善绿色债券评估认证标准。

3. "双碳"目标下"十四五"绿色金融重点发展任务

（1）完善金融支持绿色低碳转型的顶层设计。研究出台金融支持绿色低碳发展的专项政策，在国家"十四五"金融规划等顶层制度设计中，就金融支持绿色低碳发展和应对气候变化做出系统性安排。完善激励约束机制，健全审慎管理，逐步将气候变化相关风险纳入宏观审慎政策框架，推动金融机构开展风险评估和压力测试。充分发挥金融市场配置资源的决定性作用，推动高碳行业全面低碳转型，坚决遏制"两高"项目盲目发展，重点培育绿色建筑、绿色交通、可再生能源等绿色产业。加大金融对绿色技术研发推广、清洁生产、工业部门绿色和数字化转型的支持力度。逐步将绿色消费纳入绿色金融支持范围，推动形成绿色生活方式。

（2）完善政策标准。一方面进一步丰富绿色金融政策工具箱。研究出台绿色金融条例等规范性文件。推动建立强制性、市场化、法治化的金融机构气候与环境信息披露制度，不断完善信息披露模板，逐步实现金融机构计算和披露其资产的碳排放量信息。及时调整和完善金融机构绿色金融业绩评价体系，形成对绿色金融业务的有效激励约束。创设碳减排支持工具，利用优惠再贷款鼓励金融机构增加与碳减排相关的优惠贷款投放。开展气候和环境风险分析及压力测试，及时防范化解经济和产业结构调整可能引发的区域性或行业性金融风险。另一方面进一步完善绿色金融标准体系。根据"需求导向，急用先行"原则，制定新一批绿色金融标准清单。推动成熟标准在试验区先行先试。深度参与ISO/TC 322项下的可持续金融标准研究工作，持续推进中欧绿色金融标准趋同。

（3）创新产品服务。创新发展绿色资产证券化、绿色资产支持票据等产品。研究推动绿色金融资产跨境交易，提高国内绿色金融产品流动性。创新发展数字绿色金融，加强数字技术和金融科技在环境信息披露和共享等方面的应用，降低金融机构与绿色主体之间的信息不对称性。创新碳金融产品工具，丰富碳市场参与主体，完善碳金融基础设施，健全法律法规和监管，通过碳市场的合理定价，推动资源有效配置和经济绿色低碳发展。鼓励地方政府、相关企业和金融机构出资设立低碳转型基金。丰富绿色保险产品，鼓励保险资金投资绿色领域。

（4）推进地方试点。加快绿色金融改革创新试验区有益经验的复制推广。鼓励试验区政府多方筹措资金、创新支持方式，继续探索碳达峰和碳中和新要求下绿色金融创新发展的路径。利用试验区自评价联席会议机制，总结、推广试验区形成的成熟、有益经验，切实发挥试验区先行示范作用。适时启动试验区扩容工作，鼓励更多有条件、有意愿的地区率先提出碳达峰目标。

（5）深化国际合作。发挥中国在绿色金融市场规模巨大、政策体系成熟等方面的先行优势，积极发挥G20可持续金融研究小组联合主席的作用，与美国财政部共同牵头，推进G20可持续金融工作。继续通过NGFS、IPSF、中欧、中英和中法等多边和双边平台，积极宣传推广中国绿色金融政策、标准和最佳实践，将中国的成功经验和优势资源落实到"南南合作"和"一带一路"倡议中，彰显我国负责任的大国形象。

1.3.4 2021年绿色金融数据看板

在"自上而下"的政策推动下，金融机构也"自下而上"发力，我国绿色金融产品和服务的规模、种类以及市场的规范化程度都保持稳健增长，产品服务创新不断涌现。

当前，我国绿色信贷规模居于世界第一位，根据中国银行保险监督管理委员会公布数据，截至2021年末，我国本外币绿色贷款余额15.9万亿元，同比增长33%。绿色信贷资产质量整体良好，近5年不良贷款率均保持在0.7%以下，远低于同期各项贷款整体不良水平。

截至2021年9月末，国内21家主要银行机构绿色信贷余额达14.08万亿元，较年初增长21%以上。就国有大银行而言，2021年6月末，四大银行绿色贷款余额均已突破万亿大关，其中，中国工商银行绿色贷款余额达到2.15万亿元。截至2021年末，中国农业银行绿色贷款余额近2万亿元，同比增长超30%；中国建设银行绿色贷款余额达到1.95万亿元，增速45.67%，创历史新高；中国银行境内绿色贷款余额突破1.1万亿元，比2021年初增长25.16%，超过全行平均贷款增速。

绿色债券方面，2021年，我国共发行绿色债券6072.42亿元，同比增长168.32%。绿色债券存量规模1.16万亿元，发行及存量规模均稳居全市场第一。与往年相比，2021年绿色债券发行规模和只数都超过2019年和2020年两年总和。截至2021年12月31日，我国绿色债务融资工具发行3135.17亿元，占比51.63%；绿色债务融资工具存量3675.68亿元。绿色债券相比于绿色信贷的平均期限更长，能有效缓解绿色项目融资的期限错配问题，具有较大发展潜力。2021年2月，中国成功发行首批6只"碳中和债券"，这一绿色债券新品种，其募集资金聚焦用于清洁能源、清洁交通、绿色建筑、碳汇林业等具有碳减排效益的绿色项目，为绿色债券市场带来新的增长点。截至2021年11月末，碳中和债券累计发行2530亿元。

在绿色信贷、绿色债券规模不断增长的同时，银行理财子公司争相加入ESG投资阵营，ESG相关理财产品数量和规模持续上升。经统计，2021年以来，银行理财子发行产品中，名称带有"ESG"的理财产品有69只，远超2020年的16只。

绿色信托方面，2021年11月，中国信托业协会发布的《中国信托业社会责任报告（2020—2021）》显示，绿色信托连续八年快速发展，资产规模从2013年年末的468.83亿元快速增加至2020年年末的3592.82亿元，绿色信托项目数量从248个增为888个。

绿色保险方面，截至2021年8月底，保险资金实体投资项目中涉及绿色产业的债权投资计划登记（注册）规模达10601.76亿元。其中，直接投向的重点领域包括交通3306.22亿元、能源3211.05亿元、水利695.04亿元、市政564.61亿元等。保险资金以股权投资计划形式进行绿色投资的登记（注册）规模为114亿元，其中，直接投向环保企业股权14亿元、投向清洁能源企业100亿元。

2021年以来，诸多绿色信托创新类型的"首个"产品成功设立。例如，中航信托股份有限公司与中国节能协会碳交易产业联盟等联合设立了国内首单"碳中和"主题绿色信托计划。交银国际信托有限公司、交通银行江苏省分行与新加坡金鹰集团合作，成立全国首单外资机构非资金募集型CCER碳资产服务信托。消费金融公司方面，2021年10月，马上消费金融股份有限公司首份企业社会责任（ESG）报告发布。

各类绿色基金、绿色保险、绿色租赁等新产品、新服务和新业态不断涌现，环境权益交易等规模不断上升，有效拓宽了绿色项目的融资渠道，降低了融资成本和项目风险，在助力经济高质量发展的过程中发挥了独特作用。

此外，更多中国金融机构开始采纳赤道原则、责任投资原则（PRI）、负责任银行原则（PRB）、气候相关财务信息披露工作组（TCFD）建议框架等国际主流绿色金融相关倡议，按要求披露气候环境相关信息，并积极参与海外绿色融资项目，推出符合国际标准的绿色金融产品。

1.3.5 总结与展望

"碳达峰碳中和"目标将大力推动我国能源、工业、农业、交通等众多领域低碳技术发展、项目和产业结构调整，庞大的资金需求必将我国绿色金融带入纵深发展的新阶段。可以预见，"十四五"期间绿色金融将迎来最好的发展机遇期，绿色发展的重点将从改善生态环境转向生产生活的全面绿色转型，金融机构绿色金融实践与创新步伐将不断加快。

（1）政策标准层面。针对目前绿色金融标准体系尚未完全建立，政策标准有待规范统一的现实情况，加快制定以"双碳"目标为导向的绿色金融发展战略，进一步优化完善绿色金融标准、统计制度、信息披露、评估认证等一系列基础性制度规范。针对绿色产业的资金来源较为单一，多层次投融资体系尚未真正建立的情况，鼓励绿色债券发行，推动企业通过发行企业绿色债券的方式筹集资金，引导金融机构将资金投向绿色领域，服务实体经济。

（2）碳市场金融产品创新方面。增加绿色金融工具的多样性，匹配绿色企业、绿色项目的融资需求，充分利用基金和保险的专业风险管理能力分散绿色项目和低碳转型项目的投资风险；健全碳市场配额分配及定价机制，纳入更多行业、企业及投融资主体参与碳市场，形成有效碳价。

（3）公司及社会治理层面。推动建立强制性环境信息披露制度，建立ESG投资策略体系，优化完善ESG评价体系。通过强化信息披露要求、建立公共环境数据平台完善绿色金融产品标准等手段，打破由于信息不对称所导致的绿色投融资瓶颈。

在我国经济"稳"字当头的总体布局下，除了数量的增长，绿色金融发展的质量也将尤为重要，除更加注重绿色金融的有效、精准投资，也要更加注重绿色转型对金融稳定性、安全性的影响。对于金融机构而言，发展绿色金融更需落在实处，于内做好绿色金融投资管理工作，落实金融机构环境信息披露、开展绿色金融投资效益评价、引入环境压力测试、构建风险防范"护城河"；于外也要拥抱变化与新机遇，吸纳国际ESG可持续投资的领先经验与做法，创新转型金融新产品，同时也要通过在国际交易所发布指数、发行海外产品等方式宣传中国绿色发展理念、集聚更大发展动能。

回顾2021年，金融支持"双碳"目标的实现既存在机遇，也存在挑战，但在资本市场各方积极参与协同下，金融资产投资产品不断丰富，在此基础上发挥碳资产的价格引领作用，引导更多金融市场资金流入到"双碳"减排中。迈向2022年，"双碳"仍将是中国人民银行"宽信用"最重要的结构性方向。预计2022年中国人民银行将加快推出包括"绿色再贷款""绿色中期借贷便利"（GMLF）等在内的与碳减排支持相关的结构性货币政策工具，精准解决绿色实体企业融资难题，这对践行"双碳"目标意义深远。相信在未来碳中和的道路上，我国将建立起一个国家级、一体化和金融化碳市场，将为中国实现碳达峰碳中和提供强有力的市场机制保障。

1.4 国外"双碳"工作的经验与启示

"双碳"目标是我国实现可持续发展、高质量发展的内在需求，也是推动构建人类命运共同体的必然选择。目前，全球已有超过50个国家和地区实现碳排放达峰，大部分国家和地区达峰时间集中在20世纪70、80年代以及21世纪前10年两个时间段。在碳中和方面，据统计，截至2020年年底，已有126个国家和地区以法律法规、会议提案、政策文件等不同形式提出或承诺具体碳中和目标，大部分国家和地区所确定的碳中和时间为2050年左右。

1.4.1 欧盟：一以贯之的"碳中和"顶层设计

欧盟（欧洲联盟的简称）从2007年开始，逐步更新和落实碳减排战略计划，成为全球"碳中和"行动的领先者。2018年，欧盟更进一步，首次提出于2050年实现碳中和的战略愿景。2019年12月，欧盟委员会发布《欧洲绿色协议》（EGD），正式确定在2050年将欧洲建设成为第一个实现碳中和的大陆。2020年，欧盟发布《欧洲气候法》草案，尝试以立法形式再度明确，到2050年实现碳中和目标。2021年6月，欧洲理事会正式通过《欧洲气候法》，正式将2050年碳中和目标写入法律，将政治承诺转变为法律义务，并确保经济和社会的所有部门都为这一目标做出贡献。2021年7月，欧盟进一步提高减排目标，承诺到2030年将温室气体排放量在1990年基础上至少减少55%。

气候变化问题是欧盟对外发挥影响力和对内凝聚国家成员意志的核心要素，应对气候变化是欧盟推动能源转型、促进经济发展的重要途径。其中，《欧洲绿色协议》作为指导欧洲全社会绿色发展的战略纲领性文件，具有举足轻重的作用。

《欧洲绿色协议》（以下简称《协议》）是一份由未来五年47项关键行动组成的总体路线图，旨在以碳中和为目标对经济进行现代化改造，确保欧盟成功向一个现代、资源型和有竞争力的经济体过渡。《协议》承诺将在已有目标基础❶上，将2030年减排目标与1990年相比提高到50%～55%。由此，欧盟委员会将气候和环境保护置于该计划的核心，为今后欧盟环境政策制定确立了三个细分目标，即实现净零碳排放、经济增长与资源使用脱钩、没有人或地区掉队。

实现净零排放是一项久久为功的事业，而能源系统脱碳更是其中的关键。为进一步提振成员国家实现2030年减排目标的信心，不折不扣落实协议要求，欧盟制定了力度更大、指导性更强的行动路线图。2021年7月14日，欧盟委员会通过了"达成《欧洲绿色协议》"一揽子计划，旨在使欧盟的政策和法律符合到2030年将温室气体排放量与1990年相比至少减少55%，以及到2050年实现碳中和的目标，由此也被称为"减碳55"（Fit for 55）一揽子计划。这是一套全面且相互关联的提案，包含八项加强现有立法和五项新举措的建议，涉及一系列政策领域和经济部门：气候、能源和燃料、交通、建筑、土地利用和林业。欧盟委员会表示，该一揽子计划将在定价、目标、规则和支持措施之间保持"谨慎平衡"。

"减碳55"（Fit for 55）一揽子计划的主要内容见表1-4。

表1-4 "减碳55"（Fit for 55）一揽子计划的主要内容

定价	目标	规则
——更强大的排放交易系统，包括在航空领域 ——将排放交易扩展到海上、公路运输和建筑业 ——更新《能源税指令》 ——新的碳边境调节机制	——更新《努力共担条例》 ——更新《土地使用、土地使用变更和林业条例》 ——更新《可再生能源指令》 ——更新《能源效率指令》	——更严格的汽车和货车的二氧化碳排放标准 ——替代燃料的新基础设施 ——更可持续的航空燃料（ReFuelEU） ——更清洁的海运燃料（FuelEU）
支持措施		
利用收入和法规促进创新，通过新的"社会气候基金"和"现代化和创新基金"减轻转型对弱势群体的负面影响。		

资料来源：江思羽. 碳中和目标下的欧盟能源气候政策与中欧合作[J/OL]. 国际经济评论. https://kns.cnki.net/kcms/detail/11.3799.f.20220107.1914.002.html。

---

❶ 2014年欧盟委员会确立了2030年欧盟能源与气候发展目标：与1990年相比，温室气体排放量减少40%；可再生能源占比至少提高到27%。

欧盟先后发布的《欧洲绿色协议》、"减碳55"一揽子计划，起到了纲举目张的效果。各成员国根据确定的路线，能够目的鲜明地结合本国国情，加紧规划本国能源政策体系，推动各方就碳边界调整机制（CBAM）、碳市场交易、碳定价工具等议题达成更多一致意见，从而不断扩大优势，帮助欧盟成为能源转型和应对气候变化的全球规则制定者。

1.4.2 美国：侧重不同的"碳中和"探索行动

与欧盟委员会统筹安排不同，美国能源政策的制定总体呈现"联邦与州政府两级并立""两党相互制衡"的特点。

在联邦政府层面。2000年以来，美国始终在"能源独立"和"低碳发展"之间左右摇摆。2001年，美国宣布单边退出《京都议定书》；然而，随后小布什总统便签署了《2005年能源政策法案》和《2007年能源独立与安全法案》，要求推进清洁能源使用，实现美国经济、能源、环境之间的协调发展。2009年，时任美国总统的奥巴马在哥本哈根联合国气候变化大会中，代表本国承诺了阶段性温室气体排放目标，并于2013年、2015年分别宣布了《气候行动计划》《清洁能源计划》等政策，针对全国、电力行业制定了减排方案。2017年，他还在科学杂志上发表了题为《清洁能源发展势头不可逆转》[1]的署名文章，指出从2008年到2015年，美国与能源相关的二氧化碳排放量降低了9.5%，与此同时，经济增产超过了10%，单位GDP能源强度降低了约11%，单位能源消费二氧化碳排放强度降低了8%，单位GDP二氧化碳排放降低了18%，论证清洁能源大规模使用的趋势将不可逆转，经济增长缓慢与控制二氧化碳排放不存在直接关系。2016年，特朗普当选为美国总统，一改前任政策，将"能源独立"目标置于优先位置。他在就职后双管齐下，一方面公布《美国能源优先计划》，为发展化石能源扫清障碍，另一方面，则废除《气候行动计划》等众多能源监管政策，并宣布

---

[1] Obama, B., "The Irreversible Momentum of Clean Energy", Science, 355: 6321, pp. 126-129.

退出《巴黎协定》。2021年，拜登就任美国总统，将国家能源发展战略重新带回"碳中和"轨道，签署了《应对国内外气候危机》行政命令，首次以法律或行政文件的形式提出2050年实现"碳中和"，并于2035年实现电力行业全面脱碳。20世纪70年代以来美国历任总统能源政策的主要内容见表1-5。

在州政府层面。美国联邦政府变化不定的能源政策，并未妨碍州政府在推动碳中和方面扮演着"推动者"和"先行者"的角色。目前，已

表1-5　20世纪70年代以来美国历任总统能源政策的主要内容

党派	总统	任期（年）	主要政策	能源政策要点
共和	理查德·M·尼克松	1969—1974	《能源独立计划》等	以煤炭和核能代替石油，降低能源对外依存
共和	杰拉德·R·福特	1974—1977	《能源政策和能源节约法》等	大力开发本国能源，2000年基本实现能源自给
民主	吉米·卡特	1977—1981	《国家能源法》《可再生能源法》等	提高能源效率，大力发展新兴替代能源
共和	罗纳德·W·里根	1981—1989	《能源安全报告》等	提高石油产量，推进能源市场化改革，推动核能发展
共和	乔治·H·W·布什	1989—1993	《1992年能源政策法案》等	鼓励对非常规油气资源的开发
民主	威廉·J·克林顿	1993—2001	《能源政策法案》等	改善能源效率，支持可再生能源发展
共和	乔治·W·布什	2001—2009	《能源独立与安全法案》等	鼓励清洁能源发展，推动清洁环保技术研发
民主	贝拉克·H·奥巴马	2009—2017	《气候行动计划》《清洁能源计划》等	推进能源的多元化供应，积极应对气候变化
共和	唐纳德·特朗普	2017—2021	《美国能源优先计划》等	大力发展化石能源
民主	约瑟夫·拜登	2021年至今	《应对国内外气候危机》等	将实现碳中和定为国家目标

资料来源：《全球能源分析与展望2021》整理。

有近半数州政府宣布将推动实现"碳中和"。其中，夏威夷、加利福尼亚、密歇根等州已分别于2015、2018、2020年通过立法、行政指令等方式，早于联邦政府制定了"碳中和"目标。加利福尼亚州（简称"加州"）尤其值得关注，该州从2006年起便开始着手解决气候变化问题，以立法形式通过了《全球变暖解决方案法》，明确"2050年，加州的碳排放规模将下降至1990年的20%"。该州还颁布了一套碳减排政策，包括总量管制与排放交易、低碳燃料标准，要求到2030年，电力的50%来自可再生能源，到2045年，电力零碳排放以及减少短期气候污染物，如甲烷和氢氟碳化物等。加州能源转型阶段性目标见表1-6。

表1-6　加州能源转型阶段性目标

领域	转型目标
交通领域	2030年，交通运输的石油消费量削减45%
	2030年，零碳排放汽车达到500万辆
电力领域	2030年，一半的发电能源来自可再生能源
	2045年，实现电力系统的零碳排放
建筑领域	2020年起，所有三层及以下新建住宅强制性安装户用光伏
	2020年起，所有新增住宅必须是零能耗建筑
	2025年，一半以上的翻新建筑必须是零能耗建筑
	2030年，所有新增及一半的存量商业建筑必须为零能耗建筑

资料来源：《全球能源分析与展望2021》整理。

除此之外，美国区域性减排协定发挥的作用也不可小觑。2007年，美国西部7个州和加拿大4个省签订了西部气候倡议（Western Climate Initiative，WCI），以制定应对气候变化的区域战略。这是美国迄今为止设计的规模最大的总量管控和排放交易计划。倡议设定了总体排放上限，向排放源分配排放限额，定期进行配额拍卖、交易和储存以及排放抵消机制。2009年，康涅狄格州、特拉华州、缅因州等12个东北部州通过了区域温室气体倡议（Regional Greenhouse Gas Initiative，RGGI），着重对电力行业规定了减排约束：到2030年，2.5万千瓦及以上的火力发电厂实现30%以上的碳减排。

虽然美国能源政策深受党派分歧影响，并因种种原因难以长期贯彻执行，但内部各州关于"碳中和"方法的独立探索，依旧起到了投石问路的效果，为将来统一全国标准、实现战略目标累积深厚的经验。

1.4.3　日本：技术为王的"碳中和"驱动之路

作为资源、能源相对匮乏的国家，日本高度重视绿色低碳发展，精心制定了低碳技术创新战略与路线图，并从资金、人才、信息、市场等方面分担低碳技术创新成本，鼓励企业、科研机构、社会组织等积极参与低碳创新与低碳社会建设。

1992年，日本开始陆续制定颁布了一系列节能减排的政策法规，2005年的《京都议定书》要求日本减排目标相较1990年减少6%，而实际上，日本的碳减排任务并没有完成，碳排放不减反增11.3%。基于延续"绿色低碳发展"理念的考虑，2008年6月，时任日本首相福田康夫提出"为低碳社会的日本而努力"的号召，明确提出了构建低碳社会的"福田蓝图"。在他的规划中，政府通过技术创新实现2030年前能源利用效率比2007年提升30%，投资近300亿美元用于超燃烧系统技术、超时空能源利用技术、节能型信息生活空间技术、低碳型交通技术、节能半导体元器件技术等五大领域的创新战略实施；通过税收减免、财政资金扶持等配套政策分担企业创新成本，鼓励企业积极进行低碳领域的技术创新。在他的努力下，"低碳社会"的理念深入人心，日本能源效率也在当年与加拿大、墨西哥、美国、英国和韩国并驾齐驱，处于国际最前沿。

"福田时代"后，麻生太郎作为继任者并没有改弦更张，而是在此基础上重启太阳能鼓励政策，并将其作为经济转型的核心战略之一。该刺激政策在2009年35亿日元的创新型太阳能发电技术预算基础上，又增加总计1.6万亿日元的环保项目支出，其中主要用于太阳能技术的开发与利用。世界经济论坛发表的2010—2011年度全球竞争力排行榜显示[1]，尽管全球经济不景气，但日本综合竞争力排名列全球第六位，技

---

❶　杨东. 日本声称引领全球低碳经济革命[N]. 中国能源报，2009-04-27.

术创新能力更是名列第一，研发投入位居全球第三，研发投入占GDP比重在全球居首。技术创新的投入在低碳社会建设方面发挥出极大成效。经过近一个世纪的积累，日本在新能源技术和传统产业的节能技术等多方面位于世界领先水平。

2001—2008年各国平均效率如图1-14所示。

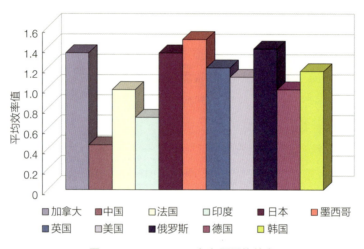

图1-14　2001—2008年各国平均效率

资料来源：胡俊《2001～2008年间能源效率的国际比较》[A/F]. 东方企业文化·天下智慧. https://wenku.baidu.com/view/78df19d203d276a20029bd64783e0912a3167c6e.html。

1.4.4　启示

国际上对于碳中和道路的摸索从未停止，并在不断创新。除了欧盟环环相扣设计顶层政策、美国各州独立自主实践不同方案、日本坚持不懈钻研科学技术外，还有德国对海上风电项目的深度开发、法国全民选举"气候议员"的制度创新等多种尝试。这些先例都为我国建设有中国特色的碳中和道路提供有益借鉴。具体而言，主要有三点启示。

1. 加强与欧美合作，持续完善双碳"1＋N"政策体系

气候变化需要大国引领，中、美、欧都是应对气候变化的行动引领者。实际上，我国与欧美国家围绕"碳中和"目标、气候变化等问题有着长期合作传统。

2005年，我国和欧盟正式建立气候变化伙伴关系，中欧在能源与气候领域的合作由此不断加深，互为重要的战略合作伙伴。2020年9月，中欧领导人决定建立中欧环境与气候高级别对话，打造中欧绿色合作伙伴。2021年2月，中欧首次举行副总理级别的环境与气候高层对话。4月，中法德领导人举行视频会晤，进一步将中欧气候合作提升至政治引领的高度。9月，中国与欧盟举行第二次环境与气候高层对话，双方就气候政策进展、如何实现更高层次合作、第26届联合国气候变化大会（COP26）等重要议题进行了深入交流，并重申该对话机制将继续作为加强双方在环境与气候领域双边合作行动的重要平台。

中美两国虽然在某些领域存在对抗，但两国曾在推动《巴黎协定》达成的过程中发挥重要积极作用，这为今后的合作奠定了基础。2021年，拜登上台后颁发行政令，"将气候变化置于美国外交政策和国家安全的核心"，并正式回归《巴黎协定》，为中美双方重新开启气候领域对话提供了契机。两国在COP26期间发布了令人鼓舞的《中美关于在21世纪20年代强化气候行动的格拉斯哥联合宣言》。

目前，我国先后印发《关于完整准确全面贯彻新发展理念做好碳达峰碳中和工作的意见》和《2030年前碳达峰行动方案》，作为最核心的内容明确了我国实现达峰总体目标，部署重大举措，规划实施路径，形成了宏观、中观和微观三个层次的战略布局。但是，实现"双碳"目标是一项复杂的系统工程，这就需要我国参照欧盟和美国相关经验和举措，制定更为全面翔实的整体配套计划，鼓励地方灵活施策，最终通过走一条具有中国特色的"碳中和"道路践行承诺目标。

2. 重视科技脱碳，加快构建低碳技术创新体系

立足新发展阶段，需要贯彻新发展理念，紧抓新一轮技术革命和产业变革的历史机遇期，将低碳技术创新作为关键一招，推动我国早日实现"碳中和"目标。

当前，加快企业低碳技术创新蕴含巨大市场潜力和发展契机，同时也面临诸多挑战和压力，存在融资难、成本高、风险大等一系列难题，亟待解决。日本在化解此类难题方面具有丰富经验，比如针对融资难问题，日本政府提供必要财政支持，协调相关金融机构提供低息融资贷

款；针对成本居高不下的普遍现象，日本政府则设立绿色基金，制定补贴政策；再比如针对风险大的现实隐忧，则由政府部门联合产业界、科研院所组成战略联盟，共同搭建低碳创新共享平台，降低外部风险。

目前，我国已建成全球规模最大的碳市场和清洁发电体系，可再生能源装机容量超10亿千瓦，1亿千瓦大型风电光伏基地已有序开工建设，科技脱碳基础十分扎实。只要攻克一批前景广阔的关键技术，经济社会发展完成全面绿色转型将指日可待。

3. 坚持高质量发展，避免落入"数据至上"的陷阱

一个经济体在其实现碳达峰走向碳中和的进程中，经济社会必将发生广泛而深刻的变革。纵观美、英、法、德、日及其他碳达峰国家，他们之后的碳中和进程往往伴随着GDP增速变缓。需要注意的是，增速趋缓并不是经济发展倒退，而是在实现碳中和过程中所必须经历的"阵痛"。典型国家碳达峰前后经济增速见表1-7。

表1-7　典型国家碳达峰前后经济增速

国家	峰值年份	峰值年份前 10 年 GDP 年均增速	峰值年份后 10 年 GDP 年均增速
美国	2007	3.4%	1.5%
法国	1973	6.9%	2.5%
德国	1973	3.7%	1.8%
英国	1973	6.5%	1.2%
日本	2008	1.0%	0.6%

注　由于数据原因，德国使用的是峰值年份前2年GDP年均增速。
资料来源：裴庆冰《典型国家碳达峰碳中和进程中经济发展与能源消费的经验启示》《中国能源》杂志2021年第9期。

通过各个国家碳排放峰值年份前10年的GDP增速与后10年GDP增速对比可以看出，所有国家均呈现出经济增速下降的趋势。日本由于经济长期低速增长，达峰前后经济增速下降不明显。除日本外各国的经济增速降幅在两个百分点左右或以上，其中法国、英国碳达峰前后经济增速下降幅度更加突出，显示出对于多数发达国家而言，经济增速趋缓会

促使碳排放峰值更为明显地凸显。

如果再以人均GDP横向比较，不难看出，相对较晚实现碳达峰的国家，达峰时人均GDP较高。20世纪70年代碳达峰的法国、德国、英国三国达峰时人均GDP在2万~2.3万美元（按2010年不变价美元计算，下同）。美国、日本达峰时人均GDP在4.5万~5.0万美元。碳达峰时人均GDP的差异性也说明达到相对较高的人均GDP意味着经济体发展水平高，有利于在稳定状态下推动碳排放向"零碳"目标贴近。但需要注意的是，碳达峰时间和人均GDP并不存在简单的对应关系，人均GDP达到某个门槛值并不意味着同时碳排放达峰。

相比于欧美、日本等发达国家，我国当前的人均GDP、城镇化水平等指标与这些国家达峰时的水平还存在明显差距，到2030年，一些指标也可能无法完全达到发达国家达峰时的水平。以城镇化水平为例，欧美、日本等国家经过积年累月的发展，已达到70%左右的较高水平，而根据我国公布的第七次全国人口普查结果，城镇人口占全国人口比重（城镇化率）为64.72%。加之我国人口多、地区间差异大，碳达峰碳中和面临的难度和复杂性要远高于其他国家和地区。

我国应以减污降碳协同增效为总抓手，把生态文明建设放在突出地位，不盲目追求高GDP，不粗放规划发展方式，避免跌入"数据至上"的陷阱，真正以"精耕细作"的姿态积极布局绿色产业，加快新旧动能转换，服务和融入新发展格局，力争占得先机、赢得主动。

2

智库观察

2.1 碳中和，一场悄然兴起的经济社会大变革
——中国"双碳"政策统述与解读

自2020年9月碳达峰碳中和（双碳）目标得到确立以来，中国在随后一年的时间里集中出台了一系列以"双碳"目标为核心的重要政策与文件，涵盖了从中央到地方、从顶层设计到行业部门的各个方面，开启一场全社会经济的绿色转型升级，逐渐建立起绿色低碳循环发展的经济体系，实现中国特色社会主义经济的高质量稳定发展。

2.1.1 "双碳"政策回顾与综述："1+N"体系的中国布局

2021年，在联合国的号召下，大部分国家和地区已制定或重申了到21世纪中叶实现碳中和的目标。在全球应对气候变化和绿色低碳潮流之中，中国展现了前所未有的行动力，先后出台一系列重点政策，促进能源结构合理优化、传统产业绿色升级、资源利用效率提升、绿色低碳技术创新、服务贸易低碳转型等目标的实现，已逐渐形成以一个顶层设计和战略谋划为核心导向和统领多个行业与领域相继跟进并协同支撑的"1+N"综合政策体系。

首先，从顶层设计角度，中央高度重视"双碳"目标在新时代中国特色生态文明建设和经济高质量发展中的地位，在多个政策文件中重点阐述了如期实现碳达峰碳中和目标的重要性和必要性，将其充分融入到新发展理念之中，站在人与自然和谐共生的顶层高度来谋划中国未来的经济社会发展方向。"双碳"顶层设计与战略部署汇总见表2-1。

其次，从行业部门角度，各部委积极响应中央关于"双碳"目标的顶层设计与战略部署，在最近一年内先后制定并出台了一系列以推进"双碳"目标行业进度为导向的针对性政策，有序开展各领域的低碳减排工作。"双碳"目标是一场涉及各行各业、自上而下的全面转型，在中央规划下，获得了涉及能源、工业、交通、金融等所有行业部门的全面配合。各部委"双碳"目标相关重点政策汇总如表2-2所示。

表2-1 "双碳"顶层设计与战略部署汇总

时间	会议或文件	碳中和相关顶层战略部署
2020年12月16—18日	中央经济工作会议召开	提出要做好碳达峰碳中和工作,加快调整优化产业结构、能源结构,继续打好污染防治攻坚战,开展大规模国土绿化行动
2021年2月22日	国务院发布《关于加快建立健全绿色低碳循环发展经济体系的指导意见》	提出要坚定不移贯彻新发展理念,全方位全过程推行绿色规划、绿色设计、绿色投资、绿色建设、绿色生产、绿色流通、绿色生活、绿色消费,确保实现碳达峰碳中和目标
2021年3月5日	2021年政府工作报告发布	提出扎实做好碳达峰碳中和各项工作,制定2030年前碳排放达峰行动方案
2021年3月	中华人民共和国国民经济和社会发展第十四个五年规划和2035年远景目标纲要	提出"广泛形成绿色生产生活方式,碳排放达峰后稳中有降,生态环境根本好转,美丽中国建设目标基本实现"的2035年远景目标,制定2030年前碳排放达峰行动方案
2021年5月26日	碳达峰碳中和工作领导小组第一次全体会议召开	提出要立足新发展阶段、贯彻新发展理念、构建新发展格局,扎实推进生态文明建设,确保如期实现碳达峰碳中和目标
2021年10月	《中共中央 国务院关于完整准确全面贯彻新发展理念做好碳达峰碳中和工作的意见》发布	提出实现碳达峰碳中和,是着力解决资源环境约束突出问题、实现中华民族永续发展的必然选择,是构建人类命运共同体的庄严承诺
2021年10月	国务院印发《2030年前碳达峰行动方案》	提出目标在"十四五"期间,产业结构和能源结构调整优化取得明显进展,重点行业能源利用效率大幅提升,"十五五"期间,产业结构调整取得重大进展,清洁低碳安全高效的能源体系初步建立

资料来源:根据中央公开发布报告整理。

表2-2 各部委"双碳"目标相关重点政策汇总

部委	会议或文件	已出台碳中和领域相关重点政策与指示
中国人民银行	2021年1月4日，召开2021年中国人民银行工作会议	提出落实碳达峰碳中和重大决策部署，完善绿色金融政策框架和激励机制，不断引导金融资源向绿色发展领域倾斜
	2021年7月30日，召开2021年下半年中国人民银行工作会议	提出引导金融机构为具有显著减排效应重点领域提供优惠利率融资，推进碳排放信息披露和绿色金融评价
发展改革委	2021年1月19日，召开2021年首场新闻发布会	宣布开展"六方面工作"推动实现碳达峰碳中和中长期目标：大力调整能源结构、加快推动产业结构转型、着力提升能源利用效率、加速低碳技术研发推广、健全低碳发展体制机制、努力增加生态碳汇
工信部	2020年12月28日，召开2021年全国工业和信息化工作会议	强调围绕碳达峰碳中和目标节点，实施工业低碳行动和绿色制造工程，坚决压缩粗钢产量，确保粗钢产量同比下降
生态环境部	2021年1月13日，印发《关于统筹和加强应对气候变化与生态环境保护相关工作的指导意见》	提出各地要结合实际提出积极明确的碳达峰目标，制定碳达峰实施方案和配套措施
	2021年7月14日，国务院新闻办公室举行启动全国碳排放权交易市场上线交易国务院政策例行吹风会	表示建设全国碳排放权交易市场，是实现碳达峰碳中和与国家自主贡献目标的重要政策工具
住建部	2021年3月22日，编制《绿色建造技术导则（试行）》	提出有效降低建造全过程对资源的消耗和对生态环境的影响，减少碳排放，整体提升建造活动绿色化水平
科技部	2021年3月4日，召开科技部碳达峰与碳中和科技工作领导小组第一次会议	研究科技支撑实现碳达峰碳中和目标相关工作，重点做好三项工作：抓紧研究形成《碳达峰碳中和科技创新行动方案》、推进《碳中和技术发展路线图》编制、推动设立"碳中和关键技术研究与示范"重点专项
农业农村部	2021年8月23日，召开农业农村碳达峰碳中和座谈会	提出要围绕中央碳达峰碳中和有关决策部署，抓紧完善农业农村领域碳达峰方案，研究提出农业农村减排固碳的政策措施

部委	会议或文件	已出台碳中和领域相关重点政策与指示
财政部	2021年8月5日，财政部答复全国人民代表大会代表意见	提出正牵头起草《关于财政支持做好碳达峰碳中和工作的指导意见》，拟充实完善一系列财税支持政策，积极构建、有力促进绿色低碳发展的财税政策体系
国家能源局	2021年3月9日，国家能源局有关负责人答记者问	表示将多措并举加快推动碳达峰碳中和工作，包括加快清洁能源开发利用、升级能源消费方式、优化完善电网建设等

资料来源：根据各部委公开发布报告整理。

最后，2021年是"十四五"开局之年，各省市纷纷在地方"十四五"规划中确立了做好碳达峰碳中和工作以及制定实施碳排放达峰行动方案的整体目标，并在多个领域中分别推出重点行业碳排放达峰行动路径的重要对策，成为"十四五"期间地方生态文明建设的最重要组成部分。

同时，各省市在建立了单位地区生产总值能耗和二氧化碳排放降低完成国家下达的约束性指标，以实现总量和强度"双控"的基础上，其双碳工作的具体对策和路径也具备一定的地方特色，例如上海市依托金融中心优势完善碳交易市场，并开展国家气候投融资试点，山西省加快煤炭绿色清洁高效开发利用，海南省积极研究推进海洋碳汇工作，内蒙古自治区、甘肃省、青海省大幅提高清洁能源的生产和消纳等，有助于因地制宜地开展地区减排工作，共同推动全国范围内的绿色发展良性循环。

2.1.2 "双碳"政策解读和分析：生态文明的经济实践

综合中央、各部门、各地区的双碳政策规划可以看出，党和国家当前已将生态文明建设摆在了全局工作的突出位置，确立为实现社会主义现代化的重要目标，并深切关系到推动全球可持续发展与共同构建人类命运共同体。从长远来看，双碳目标纳入顶层战略部署，影响了中国未来数十年的建设和发展，对中国经济社会的影响可能不亚于改革开放。

从国际角度，当前全球气候变化越来越严峻，引发了一系列涉及环境、社会、经济、外交等多个领域的国际问题，在联合国的敦促下，各国积极寻求应对气候变化和推进可持续发展进程的绿色低碳转型道路，一是积极布局可再生能源产业，带动国际能源格局从化石能源向清洁能源转变；二是加大对绿色产业和低碳科技的资源投入，包括税收优惠和产业投资等；三是发展绿色金融以支持绿色实体经济发展，加快绿色金融的服务与工具创新，并深化国际绿色投融资合作。

在全球气候治理的国际形势背景下，中国近期开展的种种"双碳"政策布局，对提升中国的绿色发展潜力和低碳竞争实力有着决定性的深远意义，是21世纪寻求气候合作主动权和碳中和国际竞争优势地位的根本途径。

首先，在新发展格局中将经济社会全面绿色转型作为引领，表明了"双碳"目标的进展情况已经成为与GDP增长同等重要的一项指标，其根本目的是提升经济发展的效率和质量。

其次，中国的各产业部门低碳布局，体现了"双碳"目标在行业中的进展与实践正在不断改善中国特色经济发展中的自然环境资源综合矛盾，使得能源、工业、金融、科技等领域在双碳顶层设计的指导和带动下逐步实现协同增效，加快形成综合绿色产业结构布局，并处理好产业转型与资源利用、环境保护之间的协调关系。

最后，中央和地方双碳政策体系也在探索低碳经济在整体和局部之间的协同发展模式。当前，我国工业型城市较多，部分地区尚未占据产业链的高端地位，个别省市的能源结构对煤炭的依赖极重，而当前各地"十四五"规划和相关产业政策布局则充分反映了根据地方特色自主设立"双碳"路径开展减排工作的合理性，而推动有条件的地区率先实现"双碳"目标，发挥优势带动作用，向其他地区提供经验借鉴和资源支持，是处理好中央和地方关系（整体目标的地区分解、产业减碳的地区差异）、减排与安全关系（能源安全、经济安全、科技安全）的重要基础。

2.1.3 "双碳"政策与中国未来的社会经济变革

如期实现"双碳"目标事关中华文明乃至人类文明的永续发展，是实现中华文明伟大复兴的必然选择，若要寻求中国在21世纪的发展出路，就必须将"双碳"目标和生态文明建设与产业经济社会全领域的发展模式结合起来，统筹规划绿色可持续的新发展格局。

碳中和是一座全新的国际战场，全球气候治理进程深刻影响了国际关系格局、国际实力评判和国际合作竞争规则。中国的各项"双碳"政策布局以及国际表态，正面表明了中国参与和引领气候治理的国际责任和大国担当，每一项政策、每一个目标都是在不断讲出和讲好中国碳中和故事——中国作为最大的碳排放国和第二大经济体，正在开展世界历史上规模最大的一次碳减排运动，对全球可持续发展进程的实现起着举足轻重的作用。中国"双碳"政策的提出，以及相应的行动力和执行力，向世界表明了中国有权决定自身应该采取怎样的路径来开展气候治理，而不会受到发达国家的行动钳制和道德绑架。

回到国内角度，"双碳"目标是中国特色生态文明建设的一次跨越性本质提升，也是中国社会主义现代化进程的模式转变，带动了全社会经济向更高质量实现大变革。相关产业政策也在推动双碳整体进程的角度上，充分考虑了科学事实，不断防范"运动式"的节能减排和"一刀切"式的产业调控，保障了经济发展的稳定和安全。中国所追求的可持续发展，意味着在不牺牲经济增长和人民群众生活质量的基础上实现碳减排和绿色转型，这体现了发展中国家的合理诉求，更是应对气候变化和绿色复苏的国际标杆。

智库简介

中国人民大学重阳金融研究院（人大重阳）成立于2013年1月19日，是重阳投资向中国人民大学捐赠并设立教育基金运营的主要资助项目。作为中国特色新型智库，人大重阳聘请了全球数十位前政要、银行家、知名学者为高级研究员，旨在关注现实、建言国家、服务人民。目前，人大重阳下设7个部门、运营管理4个中心（生态金融研究中心、全球治理研究中心、中美人文交流研究中心、中俄人文交流研究中心）。近年来，人大重阳在金融发展、全球治理、大国关系、宏观政策等研究领域在国内外均具有较高认可度。

专家简介

刘锦涛中国人民大学重阳金融研究院助理研究员，研究方向为气候变化与可持续发展、金融衍生品数学模型。著有相关研究报告与论文成果《碳中和：中国在行动》《碳中和元年与金融业的绿色升级》《后疫情时代中国经济绿色复苏：契机、困境与出路》《碳中和视角下中国与东盟绿色金融合作路径分析》等。

2.2 全球碳中和元年，中国正式领跑世界能源转型

2020年9月，中国领导人提出了最新的应对气候变化和能源转型目标，即2030年前碳达峰、2060年前碳中和的"双碳"目标，其中，碳中和作为一个长期战略目标首次纳入中国的政策框架，并迅速成为核心战略目标之一。2021年，在"十四五"开局之年和第一个"百年"之际，"双碳"目标成为指引我们经济社会发展的重要指示牌，中国正式迈入"碳中和元年"，与全球政策、行动和动力相互呼应，成为应对气候变化和推动能源转型的全球领导者。

2015年达成的《巴黎协定》根据温控2℃目标，形成了到21世纪中叶实现净零碳、也就是碳中和的共识。作为《巴黎协定》的缔约方和贡献者，中国并非第一个正式提出净零碳或碳中和目标的国家，不少欧美国家都先于中国提出了碳中和目标。但是，作为最大的发展中国家，作为全球清洁能源的最大投资国和最多装机地，作为全球经济的引擎和扎实行动的典范，中国提出碳中和，加速了各国的跟进与响应，使得2021年成为真正意义上的全球"碳中和元年"。

对中国而言，如何在工业化和城镇化进程当中，在经济仍处于中高速增长、能源总量需求仍处于上升阶段实现碳排放达峰，并无历史经验可以借鉴。正因为此，中国的低碳发展路径对其他发展中国家更具有借鉴意义。

虽然大部分发达国家都提出2050年实现净零碳，芬兰、冰岛、瑞典等北欧国家还提出了更早的目标年，但从其峰值年到净零碳目标年，一般都预留了50~70年的时间，而我国只有不到短短三四十年。所以，中国要实现"双碳"目标和能源转型，既要借鉴和学习全球已有成功做法，更要不断创新、提升、更新和迭代，开辟未有之路，在各个行业引领最新、最佳落地实践。

首先，在政策方面，净零碳目标已经开始被列入相关立法。6月28日，欧洲理事会通过《欧洲气候法案》，将2050碳中和的目标以法律形式体现。英国、法国、新西兰、瑞典等先后出台了气候立法。对于各国

的政策引力力度方面，彭博新能源财经（BNEF）发布的《G20国家碳中和政策评估报告》认为，德国、法国、韩国、英国和日本位居前列，因为"政府决策过程相对透明且可预测"，其气候目标，包括电力，低碳燃料和碳捕集与封存，运输，建筑，工业和循环经济等领域，"已开始产生可衡量的影响"。

虽然我国的专门立法尚未出台，但中央决策指出，碳达峰碳中和是一场广泛而深刻的经济社会系统变革，出台了关于"双碳"目标的"1+N"政策，即《关于完整准确全面贯彻新发展理念做出碳达峰碳中和工作的意见》和《2030年前碳达峰行动方案》，完整地结合了宏观政策与各行业量化的双重指引，以五年规划和行业规划为主要载体，体现出分层级、分维度、分领域、分阶段实现政策指引的特色。

近期，我国出台了近百个方方面面的量化指导目标，例如相应的强度目标，到2030年，中国单位国内生产总值二氧化碳排放将比2005年下降65%以上；总量目标即2030能源消费总量控制在60亿吨标准煤内；能源结构目标即非化石能源占一次能源消费比重将达到25%左右，2060年，非化石能源消费比重达到80%左右。可再生能源电力及相关目标如风电、太阳能发电总装机容量将达到12亿千瓦以上，新建通道可再生能源比例原则上不低于50%，"十五五"期间分别新增水电装机容量4000万千瓦左右，到2025年新型储能装机容达到3000万千瓦以上，到2030年抽水蓄能电站装机容达到1.2亿千瓦左右；行业目标如到2025年，新能源汽车占汽车产销20%以上，到2030年，当年新增新能源、清洁能源动力的交通工具比例达到40%左右；到2030年，城区常住人口100万以上的城市绿色出行比例不低于70%；到2025年，城镇新建建筑全面执行绿色建筑标准；到2025年大宗固废年利用达到40亿左右，到2030年年利用量达到45亿吨左右。这表明中国向着从全经济领域到各主要行业和领域的"可衡量的影响"迈出了坚实的一大步，跻身全球政策引导的排头兵，具有很好的示范效应。

中国在GDP、化石能源、碳排放等方面与其他国家的对比情况见图2-1。

其次，在企业行动和全产业供应链方面，企业越来越成为实践与创新的主要推动力。截至2021年，全球超过300家企业对100%使用可再

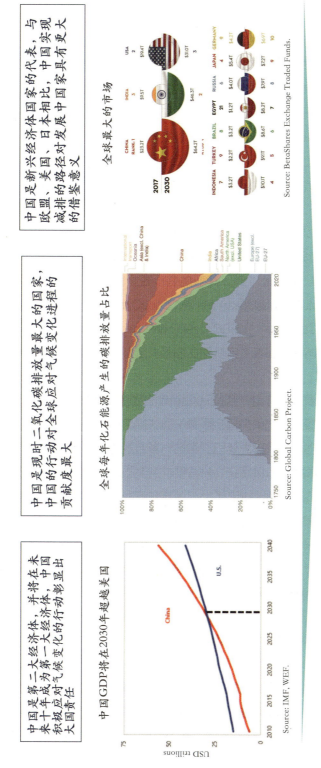

中国是新兴经济体国家的代表，与欧盟、日本、美国相比，中国实现减排的路径对发展中国家具有更大的借鉴意义

中国是现时二氧化碳排放量最大的国家，中国的行动对全球应对气候变化进程的贡献度最大

中国是第二大经济体，并将在未来十年成为第一大经济体，中国积极应对气候变化的行动彰显出大国责任

全球最大的市场

Source: BetaShares Exchange Traded Funds.

全球每年化石能源产生的碳排放量占比

Source: Global Carbon Project.

中国GDP将在2030年超越美国

Source: IMF, WEF.

图2-1 中国在GDP、化石能源、碳排放等方面与其他国家的对比情况

生能源做出承诺，约60%的财富500强企业设定了气候或能源目标。我国包括两大电网在内的电力、石化、钢铁等大型中央企业、国营企业以及互联网等领域的民营企业的行动也备受瞩目，不但加速自身的碳中和转型，也为支撑国家"双碳"目标以及本行业的全球转型发挥着带头作用。世界500强企业绿电需求与中国绿电交易发展情况见图2-2。

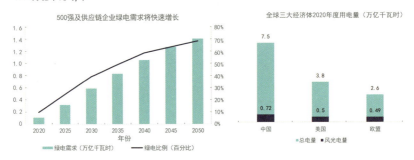

- 据RMI估算，世界500强企业及其供应链在中国市场的总体能源需求为16亿吨标煤，其中电力需求约为1.1万亿千瓦时
- 供应链企业为了提高自身产品竞争力、满足客户企业要求，也将主动参与到绿电市场中来。如果绿电市场交易在供应链上全面铺开，中国有望成为全球最大绿色电力消费市场，至2050年，在世界500强及其供应链的绿电需求可达1.44万亿千瓦时/年

图2-2　世界500强企业绿电需求与中国绿电交易发展情况

　　中国的全球供应链占比高达近1/3，正是中国的全产业链，使得全球化得以实现更佳资源分配和更高生产效率。随着越来越多的跨国企业将碳中和作为自身的核心战略，超过两成的五百强对其在华供应链绿色转型提出包括量化和目标年在内的要求，力图通过绿色原料采购、绿色设计、再生资源利用、清洁电力利用等方式推动供应链上下游转型，这使得全球供应链的绿色转型迎来新的机遇，中国必当在这一进程中继续发挥引领作用，这表面看是中国的优势，但更深层是全球化带给世界可贵的机会和动力。值得提出的是，如果仅仅为了削弱中国的发展而"去中国化"，试图在诸多领域，如智慧技术、新能源、新材料等领域，刻意绕过中国，另辟蹊径，不惜因此迟滞全球转型的速度，这将导致错失全球供应链转型与应对气候变化双重机遇。

　　同时，在市场机制方面，中国正在努力深入市场机制改革，用价格信号来引导资源配置，特别是不断深化的电力市场改革以及碳交易市场的尝试。美欧在能源与碳的市场机制方面启动得早，有经验可参考，但更多的可能是互相的借鉴。例如，在电力系统转型和电力市场领域，虽然美欧有着较为完善的现货和实时电力市场，但是依然要面对与高比例高再生资源结构相关的市场价格动荡。美国虽然提出2035年电力系统脱碳目标，但是尚未出台足够的具体措施和方案。我国在新能源领域的发展日新月异，十年来实现了百倍增长，在如何建立新型电力系统以及继续深化优化市场方面，面临的技术、机制、设计、协调等问题都前所未有。中国电力系统发展趋势如图2-3所示。

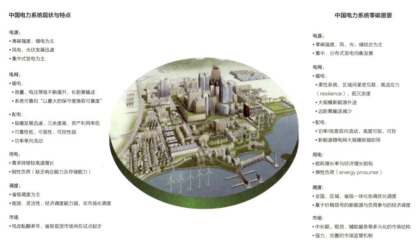

中国电力系统现状与特点

电源:
• 高碳强度，煤电为主
• 风电，光伏发展迅速
• 集中式发电为主

电网:
• 输电:
  • 容量，电压等级不断提升，长距离输送
  • 系统可靠但"以最大的保守度换取可靠度"
• 配电:
  • 规模发展高，冗余度高，资产利用率低
  • 可靠性低，可观性，可控性弱
  • 功率单向流动

用电:
• 需求持续较高速增长
• 刚性负荷（缺乏响应能力及存储能力）

调度:
• 省级调度为主
• 粗放，灵活性，经济调度能力弱，非市场化调度

市场:
• 电改酝酿多年，省级现货市场尚在试点起步

中国电力系统零碳愿景

电源:
• 零碳强度，风，光，储结合为主
• 集中，分布式发电均衡发展

电网:
• 输电:
  • 柔性系统，区域间紧密互联，高适应力（resilience），低冗余度
  • 大规模新能源外送
  • 远距离输送减少
• 配电:
  • 功率/信息双向流动，高度可观，可控
  • 新能源微电网大规模即插即用

用电:
• 能耗增长率与经济增长脱钩
• 弹性负荷（energy prosumer）

调度:
• 全国，区域，省级一体化协调优化调度
• 基于价格信号的新能源与负荷参与的经济调度

市场:
• 中长期，现货，辅助服务等多元化的市场结构
• 强力，完善的市场监管机制

图2-3　中国电力系统发展趋势

就碳市场而言，这将是一个持续的探索、求证和完善过程。市场机制本身是为了更好地发现价格，引导资源配置，从整体上降低治理成本。碳市场应当对中国实现双面目标发挥激励作用，并与各类抵销机制，如自愿减排、绿色电力消费等相互协调，使全社会共同分担绿色溢价。值得注意的是，2021年，欧盟委员会正式提出碳排放边境调节机制，计划于2023年实施，于2026年正式向出口欧盟的碳密集型产品征收碳排放费用。尽管尚属单方面措施，但不可否认，全球碳排放措施出现进一步跨境外部化。2021年11月，第26次气候公约缔约方大会关于市场机制的讨论，也体现出未来在碳排放与减排或抵销的标准、认证以及市场化交易方面，国际社会将在目标公约和协定基础之上，商讨更多协同的可能性和具体安排。

最后，在新基建和投融资领域，全球绿色投融资均体现出以长期碳中和目标为指引。美国在2021年3月推出的1.9万亿美元经济刺激计

划之后酝酿推出2.25万亿美元的基建计划，聚焦于基础设施建设和气候变化等长期目标，如加快发展电动汽车和可再生能源等内容，美国能源部将持续为清洁能源研发提供资金支持。德国1300亿欧元经济复苏计划中包含规模500亿欧元的"未来计划"，该计划旨在推动未来科技领域和氢能发展。日本的《绿色增长战略》提出包括氢能、海上风电、电动汽车及储能、碳封存等在内的多领域技术发展目标，并与其每三年更新一次的国家长期能源结构目标形成相互呼应。英国政府宣布了英国绿色工业革命"十项计划"，涵盖可再生能源、新能源汽车、碳捕集技术、清洁海洋技术等。韩国将着力培育可再生能源、氢能源、能源IT等三大能源新产业。我国政府在2020年正式布局"两建"，即新型基础设施建设和新型城镇化建设（简称"新基建"），提出了七大领域建设，特别是典型新基建，如5G网络、人工智能、物联网软硬件、数据中心与光纤网络等支持数字经济的基础设施，以及电动汽车充电桩、特高压（HUV）输电线路、城际轨道交通、高铁等建设，与"双碳"目标所指向的智慧、高效、高质量、低排放目标一致，在未来会产生超百万亿投资需求。中国能源转型背景下的投资领域及规模见图2-4。

到2050年，中国零碳能源转型每年将在七大领域催生近15万亿元市场规模的投资

图2-4 中国能源转型背景下的投资领域及规模

全球约70%的碳排放源自基础设施的建设和使用，在着力于新基建的同时，也应当看到传统基建对于民生的基础保障作用。例如，我国已经宣布停止海外新煤电的投资，这将对"一带一路"基建带来深刻影响，使得绿色低碳基建与投资加速成为主流。与此同时，能源的根本属性，即安全性、可获取性以及经济性，使其与发展中国家的发展以及社会公平问题密切相关。尽管"一带一路"沿线国家碳排放占到全球的1/3，加上中国则超过一半，但是"一带一路"沿线国家人均能源消费量只有世界平均水平的80%左右，部分国家电力严重短缺。作为已经成功消除绝对贫困、正在迈向共同富裕的中国，未来在引领包括"一带一路"国家在内的、以基础设施为主的全球公平能源转型方面，作用将举足轻重。

　　综上可见，参与、贡献和引领全球能源转型和碳中和未来，既是中国的压力和挑战，也是中国的动力与机会；既是中国的担当和责任，也体现了中国的远见和智慧。

落基山研究所（RMI）创立于1982年，是专业、独立的非盈利机构。2017年，落基山研究所在北京完成境外非政府组织代表机构注册，国家能源局是该机构在中国的业务主管单位。研究所致力于通过提供市场化解决方案推动全球能源系统转型，践行1.5℃温控气候目标，创造清洁、繁荣的零碳共享未来。具体工作包括：电力系统脱碳、重工业部门脱碳、交通行业电力化转型、建筑与基础建设脱碳、清洁低碳技术创新、零碳转型市场机制、政策监测分析、零碳城市园区、农业农村碳中和、省级碳中和，以及"一带一路"能源公平转型。

专家简介

李婷 落基山研究所常务董事兼北京代表处首席代表。长期从事可持续发展和环境经济领域的研究与实践，领导团队在净零碳能源转型路径、电力系统脱碳、重工业脱碳、可再生能源发展、绿色低碳城市和园区以及企业绿色供应链与综合能源服务、清洁技术投融资、碳交易及市场机制等领域深入研究和探索，全面跟踪能源转型国际进程，为中国能源转型和低碳发展提供政策建议和技术方案。

2.3 国际碳中和战略行动及其关注的科技问题

全球已有140余个国家提出碳中和目标，全球范围内的碳中和行动正加速经济社会向零碳社会的转型进程，我国也将"碳达峰碳中和"纳入生态文明建设总体布局。科技创新是实现碳中和的核心驱动力，依靠科技创新推动绿色技术变革来实现碳中和目标已成为主要国家的普遍共识。

2.3.1 主要国家积极部署碳中和科技战略行动

过去一年，围绕科技支撑碳中和战略，主要国家聚焦碳中和重大科技问题，加快部署相关政策行动，在立法、绿色增长、低碳生产、低碳消费以及生态保护固碳等领域加强战略规划设计和科技布局，抢占绿色科技革命制高点（如图2-5所示）。欧盟、德国、日本、韩国等将碳中和目标纳入立法，以法律形式约束碳中和目标的实现和各项政策行动。美国拜登政府将应对气候危机置于内政外交的核心，以能源部为中心，通过加大预算和投资促进尖端清洁科技研发和项目部署；欧盟在"欧洲绿色协议"基础上建立了较完善的低碳发展政策体系。低碳科技方面，重点发展氢、资源循环利用技术、综合能源系统以及生态固碳；英国除了推出"净零创新组合计划"支持碳中和目标，还重视工业、交通、建筑等领域脱碳规划和技术部署；日本和韩国制定了绿色增长战略。中国在碳中和战略上积极推动"1+N"顶层设计，在工业、能源等多个领域出台了实现碳中和目标的实施意见或办法，正加紧制定碳中和科技创新行动方案。

2.3.2 国际碳中和科技战略行动关注的科技问题

1. 低碳生产

化石能源清洁高效转化利用领域，目前国际关注的重点科技问题涉

图2-5 主要国家碳中和战略与规划部署

	美国	欧盟	英国	德国	日本	韩国	中国
立法		欧洲气候法（2021）		联邦气候保护法修订版（2021）	全球变暖对策推进法修订版（2021）	碳中和与绿色增长基本法（2021）	
综合战略	应对气候危机的行政命令（2021）；迈向2050年净零排放长期战略（2021）	"减碳55%"一揽子应对气候变化提案（2021）	绿色工业革命10点计划（2020）；净零战略（2021）	可持续发展战略修订版（2021）	革新环境技术创新战略（2020）；2050年绿色增长战略（2020）	绿色新政计划（2020）；2050碳中和促进战略（2020）；碳中和技术创新战略（2021）	关于加快建立健全绿色低碳循环发展经济体系的指导意见（2021）；关于完整准确全面贯彻新发展理念做好碳达峰碳中和工作的意见（2021）；2030年前碳达峰行动方案（2021）
低碳生产	氢能计划（2020）；储能大挑战路线（2020）	氢能战略（2020）；能源一体化战略（2020）；综合能源系统2030年研发路线图（2020）	能源白皮书：推动零碳未来（2020）；英国氢能战略（2021）	国家氢能战略（2020）；2021—2025年氢行动计划（2021）	第六次《能源基本计划》（2021）	第一次氢经济实施基本计划（2021）；2050年碳中和能源技术路线图（2021）	
低碳消费	基础设施投资和就业法案（2021）	循环经济行动计划（2020）；气候中性城市（2020）	国家基础设施战略（2020）；工业脱碳战略（2021）；交通脱碳计划（2021）		碳循环利用技术路线图修订版（2021）		"十四五"工业绿色发展规划（2021）；《"十四五"循环经济发展规划》（2021）
生态固碳		2030年生物多样性战略（2020）；欧盟2030年森林新战略（2021）	修正《环境法》保护海洋和土地（2021）				中国生物多样性保护白皮书（2021）

及含能化学键的有效活化、结构再造与能量存储新路线、新型热力循环与高效热功转换系统、碳基能源高效催化转化、多点源污染物一体化控制等，以及碳基燃料向碳基材料转变的科学问题等。

可再生能源、核能与氢能领域，目前国际关注的重点科技问题涉及太阳能高效低成本光电光热转化、深海高空风电高效转化、生物质高效转化与高价值利用、多能互补与供需互动、灵活友好并网等关键核心技术。

核能领域，重点关注如何构建安全、高效、经济、可持续的先进核能系统。

氢/氨领域，推动氢和氨等新能源化学体系的建立，低碳高效的绿氢/氨制备、储运以及利用技术，不同场景下基于氢/氨的新型系统概念，以氢/氨作为关键能源载体实现多种能源资源的灵活互补。

储能领域，新型低成本、规模化、高效储能技术是目前国际研发的热点。包括超越传统体系的储能新材料与系统，电、热、机械能与化学能之间相互转化规律，大规模长寿命物理储能技术及应用，新型电化学能量储存与转化机制等。能源生产、输配、存储、消费等环节的多能耦合和优化互补，并深度融合新一代信息技术形成智慧能源新产业也是国际关注的热点。

2. 低碳消费

工业碳减排领域，重点关注如何以成本效益方式实现钢铁、化工、石化、建材等碳密集型行业绿色低碳转型和可持续发展。重点科技问题涉及研发电气化、氢、生物质或废物等低碳、零碳替代燃料工业规模化应用涉及的设备、转换、运输和储存等整套解决方案，开发和测试新型工业氢容器、工业电器等；研究氢、生物质等低碳原料替代技术，开发新型绿色钢铁产品；开发钢铁、化工、石化等行业工业流程低碳再造工艺，研究大规模低成本工业CUSS设计，设计碳循环利用新工业流程。

气候中性城市建设领域，城市地区的可持续发展是降低碳排放的一项重要挑战。国际关注的重点科技问题涉及如何整合利用能源、交通、信息和通信技术领域新技术和新服务提供新的低碳发展路径，以及研究、开发和部署先进技术解决方案。包括构建城市智慧交通系统，突破新型电子电气架构、复杂融合感知、智能线控底盘、云控平台等智能网联核心技术；探索电动汽车与能源互联网各环节的耦合互补机制，设计多技术融合发展的公共充电基础技术方案，加强汽车智能化技术开发验证和仿真测试；构建基于数据驱动的智能决策方法和理论。探索建筑与太阳能、风能、浅层地热能、生物质能等可再生能源的高度融合及建筑多能互补应用新模式；研究和开发绿色建筑设计理念与方法。

3. 循环经济

国际重点关注资源的全生命周期管理与利用，不断提高能源资源利用效率。包括研发金属、塑料等高效回收利用技术（如电弧炉回收废钢），突破城市固废清洁处理、资源化利用、循环利用，以及协同处置技术，研究大数据、物联网、人工智能、区块链技术等使能技术在城市固废从源头到末端的全生命周期智慧管控中的应用，建立固废全生命周期智慧管控。

4. 碳汇固碳

CCUS技术领域，聚焦碳元素高效转化和循环利用问题，突破CO_2源头低能耗捕集在碳密集型行业的规模应用，着眼长远实现高效光、电、热、生物转化利用CO_2机理等方面关键突破，开发高效定向转化合成有机含氧化学品、油品新工艺，开发高效光/电解水与CO_2还原耦合的光/电能和化学能循环利用方法，实现碳循环利用。

生态固碳技术领域，研究森林、草原、湿地、农田、海洋、土壤等生态碳汇的关键影响因素和演化规律，开展森林绿碳、海洋蓝碳、生态保护与修复等稳碳增汇技术研究，建立生态碳储量核算、碳汇能力提升潜力评估等方法，挖掘生态系统碳汇潜力。

5. 结语

随着全球气候雄心的不断提升，绿色技术创新与低碳产业变革已成为新一轮科技革命的核心，正以前所未有的速度和力量影响着世界经济社会发展，重塑各国技术竞争格局。我国应抓住全球绿色低碳转型的窗口期，以科技自立自强为出发点和落脚点，加快创新战略布局和研究行动以占领未来绿色科技制高点。立足长远性、全局性、战略性技术目标，围绕产业核心技术攻关、颠覆性技术储备、基础研究布局等设计切实可行的研究与开发路线，在新型电力系统、负（低）碳技术、能源清洁低碳利用、工业过程低碳化、低碳社会运行体系等领域实现系列技术的突破，打造自主可控、国际领先的碳中和核心技术体系。

💡 智库简介

中国科学院文献情报中心主要为自然科学、边缘交叉科学和高技术领域的科技自主创新提供文献信息保障、战略情报研究服务、公共信息服务平台支撑和科学交流与传播服务。同时，通过国家科技文献平台和开展共建共享，为国家创新体系其他领域的科研机构提供信息服务。近年来，中心积极建设大数据科技知识资源体系，在分布式大数据知识资源体系建设以及覆盖创新价值链的科技情报研究与服务体系方面获得了重大突破，成为支持我国科技发展的权威的国家科技知识服务中心。

👤 专家简介

刘细文管理学博士，研究员，现任中国科学院文献情报中心主任，中国科学院大学岗位教授，《智库理论与实践》杂志主编。主要研究领域包括科技政策、技术创新管理、科学计量学、产业竞争情报、技术评估、技术竞争情报等。

孙玉玲副研究员，硕士生导师，任职于中国科学院文献情报中心情报研究部，长期从事生态文明及绿色低碳发展战略情报研究。

2.4 氢能发展现状及关注热点

氢能是推动全球绿色低碳转型和实现我国"碳中和"目标的重要力量,可为电力、交通、钢铁、建筑等行业低碳转型提供清洁动力。在世界氢能理事会与麦肯锡联合发布的《氢能实现静零排放》的报告中显示,在未来十年内,全球对于氢能的需求可能会增长50%。氢能在助力全球到2050年实现净零排放和将全球变暖限制在1.5℃方面将发挥重要作用。预计到2050年,全球清洁氢能的需求将达到约6.6亿吨,占全球终端能源需求的22%。相对于传统能源,氢能具有清洁无污染、能源密度高、来源和利用方式广泛等优势。在碳中和背景下的未来能源体系中,氢能作为重要储能载体,是解决风光发电间歇性和波动大、电网消纳难的有效途径,同时也是化工、冶炼、交通等高耗能产业深度脱碳的理想清洁零碳原料。

能源系统中的氢能应用途径如图2-6所示。

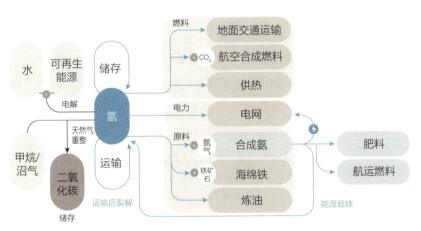

图2-6　能源系统中的氢能应用途径

2.4.1 氢能发展现状

截至2020年年底,占全球GDP总量一半的27个国家中,有16个已经制定了氢能战略,并推出了财政补贴、税费减免等扶持政策,鼓励氢能产业的快速发展。国际能源署（IEA）的能源战略报告中提出21世纪人类将进入"氢经济时代"，国际氢能委员会预测，到2050年，氢能将承担全球18%的能源需求。

美国是全球较早提出氢能发展规划的国家之一，目前，已经形成"制氢—运氢—储氢—用氢"的全技术链能力。2020年11月，美国能源部发布《氢能计划发展规划》，提出未来10年及更长时期氢能研究、开发和示范的总体战略框架，并设定了到2030年美国氢能发展的技术和经济指标。在《能源地球计划》中，美国计划投入5250万美元改进电解水制氢设备，并开展生物制氢研究、电化学制氢研究和燃料电池系统设计等共31个氢能项目。英国发布《国家氢能战略》，提出通过4个发展阶段使其成为氢能领域全球领导者的愿景，包括到2025年拥有1GW的氢气生产能力、到2030年拥有5GW的氢气生产能力等。欧盟将制氢技术作为影响未来能源系统变革的技术，在2019年2月下旬欧洲燃料电池和氢能联合组织发布了《欧洲氢能路线图：欧洲能源转型的可持续发展路径》，提出了面向2030年和2050年的氢能发展路线图。德国发布2021—2025年氢能行动计划，其中包含80项提案，为有效实施国家氢能战略提出具体行动建议。德国将氢能视为促进能源转型、实现深度脱碳目标的手段，计划投资超过80亿欧元资助62个大型氢能项目，这些项目涵盖了从氢气生产运输到工业应用的整个氢能价值链。俄罗斯《氢能发展草案》显示，计划到2024年，俄罗斯氢气潜在供应量达20万吨；到2035年，俄罗斯氢气出口量达每年200万~1200万吨；到2050年达到每年1500万~5000万吨。日本政府提出"日本将成为全球第一个实现氢能社会的国家"，其"氢能社会"战略已经逐步转化为国民意识，发展氢能的主要目的是保障能源安全，减少对油气资源的依赖。根据其2017年公布的《基本氢能战略》，日本计划到2030年，形成30万吨/年的商业化供应能力，将制氢成本降至3美元/千克，发电成本降至17日元/千瓦时；到2050年，将氢能产量提高500万吨/年，至1000万吨/年，制氢成本下降至2美元/千克，发电成本降至12日元/千瓦时。韩国发布《氢能领先国家愿景》，将氢能定位为提升经济增长与产业竞争力的手段，打造覆盖生产、流通、应用的氢能生态环境，争取到2030年构建产能达100万吨的清洁氢能生产体系，并将清洁氢能比重升至50%。

2021年，全球氢能发展势头强劲。全球的氢能项目超过520个，比2020年增长100%，总投资1600亿美元。2022年，氢能发展继续加速，新方案和新项目将陆续落地。美国氢能公司Nel Hydrogen US与美国核电厂运营商Exelon将于2022年完成核电站制氢系统部署，该项目将配备挪威Nel氢气公司最新的1.25兆瓦级MC250质子交换膜电解槽，用于验证核能制氢的经济可行性，并为未来大规模制氢提供模板。英国玻璃企业皮尔金顿测试并证明氢气生产浮法（片）玻璃的可行性，将于2022年继续验证氢气的安全性和经济性，并开展氢气规模生产玻璃试验。此外，英国将在"HyNet工业燃料转换"框架下，对食品、饮料、电力和废物等领域开展大规模使用氢气的新项目。德国Fraunhofer-Gesellschaft公司开发了一种可实现氢气和天然气混合运输的新型膜技术，混合气体经过两次分离后可获得纯度高达90%的氢气。该公司正在对该膜技术进行优化，以使氢气纯度进一步提高。法国可再生能源制氢项目开发商Lhyfe与Chantiers de l'Atlantique将于2022年建造并运行全球首个海上绿氢工厂。韩国贸易、工业和能源部旗下的氢能有轨电车项目将进入商用化和量产阶段，该氢能有轨电车车内搭载氢燃料电池，无需外部电力供应设施，成本相对低廉，有望成为替代地铁的交通工具。

我国一直高度重视氢能技术研究与应用，近年来陆续发布多项政策文件推动氢能领域科技战略行动实施，发展氢能产业。《中国制造2025》明确提出燃料电池汽车发展规划，更是将发展氢燃料电池提升到了战略高度。2016年国家发展改革委、国家能源局颁发《能源技术革命创新行动计划（2016—2030年）》，将氢能列为15项能源技术革命重点任务之一，要求开展基于可再生能源及先进核能的制氢技术、新一代煤催化气化制氢和甲烷重整/部分氧化制氢技术、分布式制氢技术、氢气纯化技术，开发氢气储运的关键材料及技术设备，实现大规模、低成本氢气的制取、存储、运输、应用一体化，以及加氢站现场储氢、制氢模式的标准化和推广应用。研究氢气/空气聚合物电解质膜燃料电池（PEMFC）技术、甲醇/空气聚合物电解质膜燃料电池（MFC）技术，解决新能源动力电源的重大需求，并实现PEMFC电动汽车及MFC增程式电动汽车的示范运行和推广应用。研究燃料电池分布式发电技术，实现示范应用并推广。2016年，中国标准化研究院资源与环境分院和中国电器工业协会发布的《中国氢能产业基础设施发展蓝皮书（2016）》首次提出了我国氢能产业的发展路线图（见表2-3），对我国中长期加氢站和燃料电池车辆发展目标进行了规划。2019年国务院发布《2019年国务院政府工作报告》，要求推进充电、加氢等氢能产业设施建设。《2020政府工作报告》提出，引导加大氢燃料电池基础科研投入。2020年9月，国家发展改革委、科技部、工信部、财政部联合印发《关于扩大战略性新兴产业投资培育壮大新增长点增长极的指导意见》，指出加快制氢、加氢设施建设。2020年12月，国务院发布《新时代的中国能源发展》白皮书，提出要加快构建清洁低碳、安全高效的能源体系，加速发展"绿氢"制取、储运和应用等氢能产业链技术装备，促进氢能燃料电池技术链、氢燃料电池汽车产业链发展。"十四五"规划明确我国将积极布局氢能产业，并部署了一批氢能重点专项任务，攻克氢能制备、储运、加氢站和车载储氢等氢能应用支撑技术。我国氢能发展推广各阶段的国家政策汇总见表2-4。

表2-3 《中国氢能产业基础设施发展蓝皮书（2016）》 提出的氢能产业发展路线图

时间	总体目标	功能目标	发展重点
2020年	加氢站数量达到100座；燃料电池车辆达到上万辆	冷启动温度达到-30℃，优化动力系统结构，降低车型成本	燃料电池堆、基础材料、控制技术、储氢技术等共性关键技术；关键零部件；氢气，氢气运输，加氢等基础设施建设
2025年	燃料电池车辆达到十万辆级规模	冷启动温度达到-40℃，批量化降低车成本，与同级别混合动力车相当	
2030年	加氢站数量达到1000座；燃料电池车辆保有量达到100万辆	整体性能与传统汽车相当，具有产品竞争优势	

表2-4　氢能推广不同阶段的国家政策

阶段名称	时间	政策名称	主要内容
起步阶段	2003年3月	中国燃料电池公共汽车商业化示范项目	购买燃料电池汽车并开展运行示范
	2006年2月	《国家中长期科学和技术发展规划纲要能源科技发展重点》	提出开展可再生能源制氢及燃料电池研究，建立氢能行业规范与标准
	2007年6月	《高新技术产业发展"十一五"规划》	提出未来将重点发展氢能
	2010年10月	《关于加快培养和发展战略性新兴产业的决定》	提出开展氢能汽车相关技术研究
	2011年8月	《中国的能源状况与政策》白皮书	重点研究新能源高效制氢技术
	2012年7月	《节能与新能源汽车产业发展规划（2012—2020年）》	提出开展氢能汽车示范
	2014年12月	《新能源汽车充电设施建设奖励的通知》	符合国家标准的加氢站给予最高400万元奖励
	2015年5月	《中国制造2025》	提出要实现氢能汽车千辆级市场规模及区域小规模化运行
推广阶段	2016年5月	《关于加快推进氢能源利用的提案》	制定氢能规划，拓展氢能市场
	2016年6月	《能源技术革命创新行动计划（2016—2030年）》	重点开展新型燃料电池及大规模制氢技术研究
	2016年12月	《能源生产和消费革命战略（2016—2030年）》	推动氢能技术取得突破
	2017年5月	《实施能源革命战略促进绿色低碳发展》	加强氢能前沿技术研究

阶段名称	时间	政策名称	主要内容
推广阶段	2018年4月	《促进燃料电池汽车中长期发展体系》	提高氢能产业制造水平
快速发展阶段	2019年	《绿色产业指导目录(2019年版)》	鼓励氢能相关产业发展
		《交通强国建设纲要》	提出加快推动氢能汽车发展，扩大氢能汽车市场，加快加氢站布局
		《产业结构调整指导目录》	开展高效制氢技术研究，提高制氢经济性
		国家标准《质子交换膜燃料电池汽车用燃料氢气》GB/T 37244—2018	该标准2019年7月1日开始执行，规定了氢气纯度、氢气中杂质含量要求等
		《关于进一步完善新能源汽车推广应用财政补贴政策的通知》	采取"以奖代补"方式对示范城市给予奖励
	2020年	《关于做好可再生能源发展"十四五"规划编制工作有关事项的通知》	将氢能与储能技术相结合，开展储能示范
		《中华人民共和国能源法》	首次承认氢能的能源属性
		《关于开展燃料电池汽车示范应用的通知》	积极推进氢能汽车布局，逐步完善氢能技术指标、测试体系及规范标准

在我国诸多扶持政策及补贴激励下，国内大型中央企业积极响应国家氢能产业布局，开展氢能产业项目，大型中央企业氢能产业布局见表2-5。

表2-5　我国大型中央企业氢能产业布局规划

企业名称	项目规划	主要内容
国家能源集团	创立中国氢能产业创新战略联盟	促进氢能产业创新发展，发布全球首个绿氢行业标准
	签署《200吨及以上氢能重载矿用卡车研发合作框架协议》	致力于开发大型氢能矿车
	发起百亿元新能源产业基金	投资氢能、储能等新兴产业，开展风光互补制氢示范
	开展"氢能汽车氢气提纯技术"项目	重点研究氢气纯化技术及车用氢气纯化检测技术
	与渭南市签约打造国家氢能示范区	建设渭南氢能汽车研究实验室
东方电气集团	建立氢燃料电池生产线	加快实现氢燃料电池低成本生产
	阜阳市签订氢能源示范项目	推动阜阳市氢能生产及利用布局
	设立氢能产业基金	开展氢能及新型储能等领域布局
	与北京能源集团有限责任公司（北京能源集团）签订合作关系	推动氢能产业发展，促进能源结构升级
中国石油化工集团	投资建设油氢混合站项目	将加油站改造升级，实现混合加注
	与北京亿华通科技股份有限公司（亿华通）签订合作关系	加强氢能领域创新合作
	投资建设环珠三角氢能网络项目	为珠三角地区提供氢气资源，培养氢能管理人才队伍
东风汽车集团	与云浮市签订合作框架协议	建设云浮氢能商用汽车生产基地
	开展《全功率氢能汽车动力系统平台及整车制造》项目	开展核心技术及控制系统研究，研发高效氢能商用汽车
	与襄阳市、国家电力投资集团有限公司（国家电投集团）、武汉理工大学共同建立合作关系	联合开展氢能汽车开发

2.4.2 关注热点

1. 制氢方面

氢能源按原材料划分，可以分为"灰氢""蓝氢"和"绿氢"三类。"灰氢"是利用石油、天然气和煤制取氢气，制氢成本较低但碳排放量大；"蓝氢"是利用化石燃料制取氢气，并采用CCUS技术处理制氢过程中产生的CO_2副产品，但是该方法并不环保；"绿氢"是利用可再生能源（太阳能、水电、风能等）与电解槽结合电解水制氢，该过程完全没有碳排放，高效低碳可持续，并且技术业已成熟（参见图2-7）。利用可再生能源产生的电力进行水分解以及基于光催化反应直接利用阳光分解水制氢，是可持续制氢的两种有前景的方法。开发和设计高效的产氢电催化剂和光催化剂是当今氢能领域科学家面临的最具挑战性的科研问题之一。

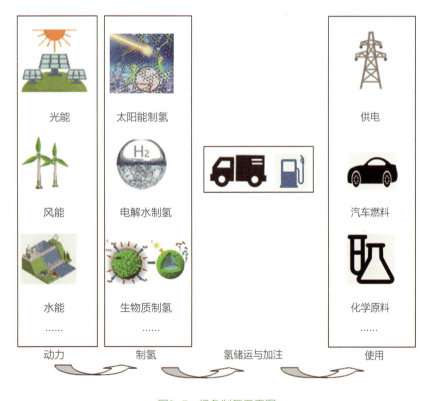

图2-7　绿色制氢示意图

2. 储氢方面

储氢技术作为氢气从生产到利用过程中的桥梁，将氢气以稳定的形式储存起来，以方便使用。氢气在常温常压状态下密度极低（仅为空气的1/14）、单位体积储能密度低、易燃易爆等，其特性导致氢能的安全高效输送和储存难度较大。各国在其氢能发展战略中皆高度重视氢储能技术，如美国的氢气、燃料电池及相应基础设施技术发展计划，日本的《第四次能源基本计划》和欧盟的《燃料电池与氢能联合行动计划项目》等，皆有氢储能技术的专项计划。目前，氢气储存技术主要有高压储氢、氢气液化、有机液体储氢、固态储氢等。高压气态储氢已得到广泛应用，低温液态储氢在航天等领域得到应用，液态储氢和固态储氢技术是储氢技术领域的热门研究方向，但仍有较多技术难题需要攻关，尚处于应用示范阶段。储氢成本居高不下，核心技术突破少，成为制约氢能发展的关键。新型高压碳纤维复合材料及高压气态储氢罐设备研究开发是燃料电池乘用车车载储氢方面的研究热点，相关工艺技术发展较为成熟。

近几年，氢储能作为极具潜力的新型大规模储能技术，也受到了广泛关注。氢储能技术可应用于可再生能源消纳、电网削峰填谷、用户冷热电气联供、微电网等诸多场景。相比化学电池储能，氢储能具有容量增减适应性强、大容量、储能成本低等优势。相较于其他储能方式的劣势在于能源转化效率低、投资成本高。目前氢储能的整体电—氢—电的能量效率仅为30%左右，能量损失高于其他常用的储能技术。对氢储能技术在电力行业应用进行研究，发掘未来发展潜力，有助于推动可再生能源大规模投资建设与科学发展，对提高我国风电消纳率、光电消纳率，降低能源环境污染，缓解能源危机，促进经济增长方式转变等意义重大。

3. 氢燃料电池应用

燃料电池一直受到各国政府和企业的关注，对其研发、应用示范和商业化应用的资金投入不断增加，以期在未来的能源竞争中占据领先位置。氢能可作为电池驱动的电动汽车的替代能源，只需燃料电池和车载压缩氢气罐即可为汽车提供动力。从氢能实际应用来看，氢燃料电池汽车是氢能高效利用的最有效途径，当前氢能产业链已初具雏形，且燃料电池系统性能已满足商业化需求，但氢燃料电池汽车的大规模商业化应用依然受经济性及实用性制约。尽管氢燃料电池技术前景广阔，但是氢燃料电池的膜电极技术比锂电池难得多，核心技术有待突破。此外，在催化剂方面，采用贵金属铂等成本高昂，因此探索新型电极材料及催化剂就显得尤为重要。

在技术领域，我国在燃料电池发动机技术方面达到国际先进水平，但燃料电池发动机系统供应链基础较为薄弱，尚未形成较为成熟的零部件供应体系。关键零部件仍主要依赖进口，燃料电池的关键材料，包括催化剂、质子交换膜和碳纸等材料大都依赖进口；膜电极、双极板、空压机、氢循环泵等与国外先进技术相比存在较大差距。近年来，众多企业、研究机构和大学正在开发质子交换膜燃料电池和固体氧化物燃料电池相关技术，初步形成了燃料电池相关技术的本地供应链。然而寿命仍然是燃料电池技术的关键问题。因此，当前国内企业仍需要攻克关键材料、关键部件的核心技术难关。另外，燃料电池汽车领域的相关基础设施（氢燃料加气站）、成本、耐久性等因素都应该被考虑。

智库简介

广东石油化工学院是广东省人民政府与中国石油化工集团有限公司、中国石油天然气集团有限公司、中国海洋石油集团有限公司共建的公办普通本科高校，华南地区唯一一所石油化工特色高校，教育部"卓越工程师教育培养计划"试点高校。学院充分依托广东省人民政府与三大石油石化央企共建学校这一重要平台，大力实施"创新发展、协调发展、内涵发展、特色发展"四大战略，走差异化发展路径，努力建设石化特色鲜明、优势突出的高水平理工科大学。

国网浙江省电力有限公司电力科学研究院互联网技术中心科技情报研究室依托文献、专利、标准等信息资源平台，汇聚电力、能源、情报、计算机、翻译等专业力量，开展情报研究和决策咨询服务。以科技查新与信息咨询等服务为抓手，开展科技情报专题研究。借助情报计量学手段，开展文献分析和专利分析，跟踪国内外能源行业科技前沿动态，汇聚专家智慧，拓展决策支撑服务。积极打造以日、周、月为周期，以技术支持和决策支撑相结合的情报产品矩阵。

作者简介

胡炜杰理学博士，现任广东石油化工学院专任教师，挂职任茂名绿色化工研究院党支部书记、副院长，广东省企业科技特派员、茂名国家高新区青年专家。从事化工新材料、智慧化工安全环保技术与精密仪器、新型研发机构等科研和产学研工作，参与或主持的基金、科技计划、知识产权专项等40余项，发表学术论文30多篇，申请国内专利30多项，参与制定国家标准2项（主要起草人）。

杨涛硕士研究生，国网浙江省电力有限公司电力科学研究院互联网技术中心科技情报研究室主任，高级工程师，从事科技期刊发展与科技情报研究工作。

张彩硕士研究生，情报分析专职，高级工程师，任职于国网浙江省电力有限公司电力科学研究院互联网技术中心科技情报研究室，从事科技情报研究与决策咨询工作。

2.5 CCUS技术

CCUS指将二氧化碳从排放源中分离后直接加以利用或封存，以实现二氧化碳减排的技术过程。在目前相关的政策、方案和科技指南中CCUS都是我国实现2060年碳中和目标的重要技术手段。

本节介绍了CCUS技术内容，梳理了国内外研究应用现状和发展趋势，分析了现阶段大规模应用存在的问题，并提出有关建议。

2.5.1 CCUS对碳中和的作用

CCUS是一种非电零碳技术（如图2-8所示），是CCS[1]技术新的发展趋势，即把生产过程中排放的二氧化碳进行提纯，继而投入到新的生产过程中，可以循环再利用，而不是简单地封存。与CCS相比，CCUS可以将二氧化碳资源化，能产生经济效益，更具有现实操作性。

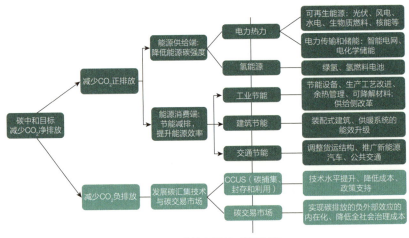

图2-8 碳的主要的减排路径

CCUS是支撑构建零碳能源系统的重要技术手段。能源行业作为碳减排的主战场，单靠森林碳汇等生物手段难以达到能源领域净零排放的

[1] CCS意为碳捕获与封存（Carbon Capture and Storage）。

目标，必须要有CCUS等负碳技术使用。CCUS与目前化石能源体系兼容性强，碳中和目标下新能源大规模使用，仍需要火电机组发挥惯性支撑和频率控制等重要作用，火电加装CCUS设备可以保障电力系统在安全稳定运行下，实现净零排放。

根据能源领域碳中和转型的阶段性，从全国角度来看，CCUS技术到碳中和后期才会发挥更明显作用。碳达峰时期，即碳中和初期（2021—2030年）以节能减排技术为主，主要目的在于降低火电机组煤耗、工业能耗和消费电耗，在未来十年内节能减排技术将是助力碳达峰的最主要的手段。碳中和中期（2030—2050年）以配有储能风光等新能源、核能、智能电网等技术的电力零碳技术为主，风电光伏等技术逐渐成熟并实现平价上网，储能、核能、智能电网技术的研发将持续加大，此阶段主要是在安全经济可行的基础上开发净零排放的增量能源。碳中和后期（2050—2060年）将以化石能源、生物质加CCUS技术突破为主，此阶段减碳空间逐渐减小，需要在开发净零能源增量的基础上深化对化石能源的清洁利用，根据国际能源署预测，2050年碳捕捉技术的应用规模将达到目前的200倍左右。

从地方角度来看，以上海为例，要实现碳中和必须布局CCUS技术。一是上海资源禀赋有限，通过电力零碳技术获得能源增量有限。光伏方面，上海属于光伏三类资源区❶，年平均日照时间仅为1000小时，受制于土地和屋顶资源，光伏理论最大值为1700万千瓦。风电方面，受生态保护要求、项目周期长、跨省协调机制等影响，本地风电实际可开发规模不足600万千瓦。二是为确保大都市能源安全，必须保留本地火电机组。上海外来电比重接近一半，存在季节性供需不平衡，伴随"双碳"目标推进，各省市对清洁电力争夺将日趋激烈，外部电力供应面临减供风险。为保证上海能源安全，必须保留本地火电机组，CCUS是本地火电能够实现大规模减碳的唯一途径。

---

❶ 根据年等效利用小时数将全国划分为三类太阳能资源区，年等效利用小时数大于1600小时为一类资源区，年等效利用小时数在1400～1600小时之间为二类资源区，年等效利用小时数在1200～1400小时之间为三类资源区，实行不同的光伏标杆上网电价。

2.5.2　CCUS技术介绍

1．碳捕集技术

按照捕集应用对象的不同，可以分为空气碳捕集（DAC❶）和固定点源碳捕集。其中，固定点源碳捕集指的是对高排放的企业配置碳捕集技术，按照对燃料、氧化剂和燃烧产物采用的措施，可以分为燃烧前捕集、富氧燃烧捕集和燃烧后捕集3种，如图2-9所示。

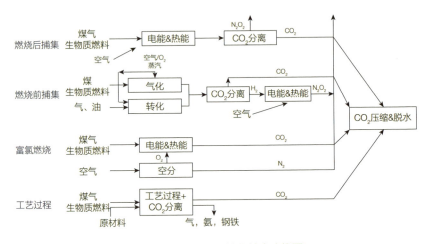

图2-9　不同方法碳捕集技术路线图

燃烧后捕集技术是当前应用较为广泛且成熟的技术，以化学吸收法、膜分离法、物理吸附法等方式为主。其中，化学吸附法被认为是当前最有市场前景的吸附方法，利用吸收效果出众的胺类溶液吸收二氧化碳。燃烧前捕集技术相对成本较低、效率较高，但需要煤气化联合发电装置配合。其将化石燃料气化为合成气（主要成分为氢气和一氧化碳），然后通过变换反应将一氧化碳转化为二氧化碳，再通过溶剂吸收等方法将氢气和二氧化碳分离并对二氧化碳进行收集。富氧燃烧技术采用纯氧或者富氧将化石燃料进行燃烧，产生包括二氧化碳、水蒸气和一些惰性成分的气体，水蒸气冷凝后，通过低温闪蒸提纯二氧化碳。由于燃烧前捕集和富氧燃烧需要合适的材料和操作环境来满足高温要求，这

---

❶　DAC：Direct air capture.

两种技术的研究与开发，以及示范性项目较少。

2．碳利用技术

碳利用可细分为3个主要领域：矿化、生物利用和化学转化。图2-10展示了主要的碳利用技术，部分利用方式二氧化碳会产生二次排放。强化采油技术是目前比较主流的利用方式。通过把捕集来的二氧化碳注入到油田中，降低原油黏度、增加原油内能，从而提高原油流动性，并增加油层压力，将二氧化碳永久地贮存在地下（即碳封存）。

图2-10　碳利用技术示意图

国外近年来有很多新兴的碳利用方向，如荷兰和日本较大规模的将工业产生的二氧化碳作为温室气体来强化园林植物生长的项目（即生物固碳）。

国内新兴碳利用研发方向主要在化工品转化方面，包括二氧化碳加氢制甲醇，如中国科学院上海高等研究院、大连理工大学等，对此均有研究，但大多都处在催化剂研究的理论研究阶段或中试阶段。

3. 碳封存技术

碳封存，即将捕集的二氧化碳送到地下和海底长期储存，或直接通过强化自然生物学作用把二氧化碳储存在植物、土地和地下沉积物中。当前主流碳封存技术有两种：一是将二氧化碳高压液化注入海底。基于二氧化碳的理化性质，在海平面2.5千米以下，二氧化碳主要以液态的形式存在。由于密度大于海水密度，将这一区域作为海洋碳封存的安全区域。二是将二氧化碳进行地质封存。在地下0.8～1.0千米这一深度区域内，超临界状态的二氧化碳具有流体性质，基于二氧化碳的理化性质改变，可实现地质碳封存。

据高盛2020年发布的研究数据，现阶段国际上碳封存成本曲线和温室气体减排潜力如图2-11所示，其中生物质碳捕捉与封存技术（BECCS）以及直接空气碳捕捉与封存技术（DACCS）仍处在研究的初级阶段。

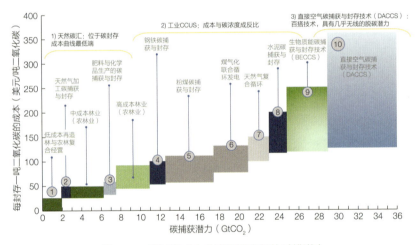

图2-11　碳封存成本曲线和温室气体减排潜力

2.5.3　CCUS现状和趋势

1. 国外研究应用情况

国外碳捕集项目相关研究应用开展较早，最早报道的大型CCUS项目是1972年美国建成的Terrell项目，二氧化碳捕集能力达40万～50万吨/

碳达峰碳中和能源电力智库观察

年。1996年，挪威建成世界上首个将二氧化碳注入到地下（盐水层）的项目，年封存二氧化碳近百万吨。

21世纪以来工业化步伐不断加快，加剧全球变暖，二氧化碳捕集项目受到越来越多国家的重视。加拿大、澳大利亚、日本及阿联酋等国家加速推进二氧化碳捕集项目的工业化。

美国CCUS技术发展处于全球领先的地位，在捕集项目数量、捕集规模及二氧化碳输送管网等方面均位居全球第一。截至2020年12月，美国10个工业规模的CCUS项目二氧化碳总捕集能力达2500万吨/年，相当于每年减少运行汽车540万辆，且美国拥有超过8000千米的二氧化碳输送管道，约占全球的85%。美国二氧化碳强化采油（二氧化碳—EOR）技术起步较早，产业化发展已经成熟。部分项目已实现市场驱动，将低成本的碳源和需要二氧化碳提高石油采收率的市场需求进行匹配。

美国未来积极计划并大规模部署CCUS。一是补贴政策力度大。2018年美国出台内部收益法45Q联邦法案，为二氧化碳封存设立税收抵免。该法案规定在2024年前开工的项目，通过EOR永久封存的二氧化碳可抵税35美元/吨，而地质封存的二氧化碳可抵税50美元/吨。二是路线图中规划和投资明确。2019年年底，美国国家石油委员会发布了《迎接双重挑战：碳捕集、利用和封存规划化部署路线图》报告，指出美国应通过启动、扩展和规模化应用三个阶段实现CCUS在美国的大规模部署。未来25年，美国CCUS累计投资将达到6800亿美元，其中包括280亿美元的基础设施投资，就业岗位达到23万个，CCUS规模增至5亿吨/年，捕集、运输和封存的二氧化碳相当于美国原油基础设施系统排放量的75%，如表2-6所示。

2. 国外CCUS相关激励政策及投融资模式分析

CCUS技术发展受诸多不确定因素的影响且存在较高的资金和技术风险，国外相关项目研究开发较早，相关激励政策、市场机制及商业模式都相对成熟，主要支持政策有三类：税收优惠、补贴政策、对CCUS建立电力配额和相关标准。

表2-6　美国CCUS发展路线图中的主要发展阶段目标

阶段	累计投资（亿美元）	基础设施投资（亿美元）	就业岗位（万个）	CCUS 规模（亿吨 / 年）
启动阶段	500	20	1	0.6
扩张阶段	1750	90	4	1.5
规模化应用阶段	6800	280	23	5

　　税收优惠是促进低碳技术研发和推广的常见手段。税收优惠有两种形式：一是欧洲等应对气候变化政策比较严格的国家征收碳税或者气候变化税，征税收入作为投资开发CCUS等低碳技术的资金来源，如英国征收气候变化税作为"碳排放信托基金"。二是直接减免从事碳捕集活动的企业税收，如瑞典企业封存的二氧化碳免征碳税；美国电厂捕集并安全封存的二氧化碳可以获得税收抵免，抵免额从2018年的28美元/吨逐渐上升到2026年的50美元/吨。

　　补贴政策是拉动CCUS投资最直接的手段。在CCUS项目研发初期，政府采用直接补贴是最有效的手段。目前，针对CCUS常见的补贴有三种：一是对配备有CCUS的电厂发电进行补贴，英国采用差价合约，为符合条件的发电厂（包括装备有CCUS的发电厂）提供一个固定的电价"执行价格"，保证发电厂在波动的电力市场中以固定的价格进行交易。二是对CCUS技术研发进行补贴，促进其商业化利用，英国政府为CCUS技术研发提供了1.25亿英镑的资金补助，中国也投入了大量资金来发展CCUS技术，总经费从"十一五"期间的10亿元上升至"十二五"期间的20亿元。三是将强制政策与市场化激励政策相结合，美国将碳排放交易额的5%用来补贴电力企业使用CCUS技术。

　　对CCUS建立电力配额和相关标准是CCUS技术发展的强制驱动力。电力配额制度规定了消费端的低碳电力比例，要求电网必须要消纳一定比例使用CCUS技术的发电厂所发电量，同时发电厂的建设标准直接从生产源头上对二氧化碳排放进行约束。英国将碳捕集技术作为政府采购的重要对象，在设计和建设300兆瓦以上电厂时必须预留碳捕集装置，从2025年起未采用碳捕集技术的燃煤发电厂将被强制关闭。美国为靠近封存可行地点的燃煤发电厂提供优先发电权，并要求电网确保一定比例的电力从采用CCUS技术的发电厂购买，禁止建设未配置碳捕集技术的新建电厂。

3. 国内研究应用情况

国内的CCUS项目起步较晚，主要依托大型发电企业、石油化工企业开展示范项目，以燃烧后化学捕集方式为主，捕集的二氧化碳应用于石油开采和食品行业。目前，国内以捕集量为10万吨级规模的项目为主。

国内CCUS技术发展阶段离大规模商用仍有较大距离。从捕集、封存到利用的各环节所需技术大部分都还处在基础研究阶段，仅有一小部分技术进入了中试或者示范，但示范项目处理二氧化碳量非常有限。据不完全统计，目前，国内十余个CCUS示范项目每年处理的二氧化碳不到100万吨，部分项目甚至示范后不久就由于技术和商用价值缺乏等原因而停运或者处于间歇式运营状态。

中国华能集团于2009年12月在上海石洞口第二电厂启动的二氧化碳捕集示范项目使用了具有自主知识产权（西安热工研究院）的二氧化碳捕集技术（见图2-12）。该捕集装置是当时世界上最大的燃煤发电厂烟气二氧化碳捕集装置，投资8000万元，最终产品为年产10万吨工业级液态CO_2或9.6万吨食品级液态CO_2。

上海闸电燃机发电工程有限公司是国内电网系统内未剥离而仅存的火电厂，以旋转备用、黑启动功能为主，年利用小时数约300小时（根据当年尖峰负荷波动较大，上海火电厂平均利用小时数约4000小时），燃料为柴油，目前并未监测二氧化碳排放量（政府未要求），有一定CUSS应用条件。

4. 国内CUSS技术发展仍存在较多阻碍

技术与机制风险进一步增大了我国CUSS发展中的资金障碍。一是CUSS项目前期投资大，产业发展存在融资缺口。据IEA预计，到2050年，全球需要开发3400个CUSS项目，额外投资达2.5万亿~3万亿美元，而中国和印度在2010—2050年发展CUSS项目需投入1.17万亿美

图2-12　石洞口第二电厂储碳高压球罐

元。二是CUSS产业融资期限长、关系复杂、风险高。CUSS发展是复杂长期的过程，涉及捕捉、封存、利用等多个环节，涵盖能源、化工、食品等多个行业，且CUSS是半公共品，其技术开发和应用是被动式的，企业在投建CUSS设备时面临较大市场风险，需要政府扶持。三是CUSS产业链激励机制和合作机制欠缺。CUSS技术缺乏政策指导，政府支持力度有限（目前仅有国家科技计划和科技专项计划），法律法规体系有待健全，示范项目尚不能通过商业渠道获得收益，且CUSS产业各环节的利益关系需要合理的协调分配。同时我国复杂的地质条件加大了CUSS封存的不确定性，对其技术经济可行、风险可控造成很大的挑战。

国内CUSS项目可持续运营缺乏完整产业链支撑。生产二氧化碳的企业（利用碳捕捉技术的高排放企业、气田开采企业）是产业链的上游产业，负责二氧化碳运输过程（管道运输、气罐车运输）的企业是中游产业，二氧化碳封存和再利用部门（主要是石油、化工行业）是下游产业。

（1）下游二氧化碳及衍生品市场供大于求。以上海为例，市场二氧化碳年需求量约为15万吨，用户中焊接占总量的80%左右，食品类占总量的10%左右。但本地骨干生产企业年产达37.5万吨，且周边省市，如江苏泰兴、海门、启东等地有近100万吨的年产能（主要是气田产出）。

（2）现阶段市场碳价没有考虑减排成本。在刚开放的全国碳市场中，碳价约为60元人民币/吨，在商品市场均价超过200元/吨。而目前国内部分示范项目二氧化碳的处理成本大都在每吨300～500元人民币之间，部分富氧燃烧的示范项目成本甚至高达800元人民币以上。

（3）利用场景仍然单一。受限于食品销售牌照、存储容量、生产成本等因素，发电厂等企业捕集的二氧化碳主要利用方式为工业焊接和驱油。

2.5.4　有关建议

电网企业CCUS应用场景比较有限，行业跨度较大，现阶段不具备大规模投资建设条件，但生物固碳和小型空气碳捕捉项目投资较小，且部分省市公司（比如国网上海电力公司）拥有自有发电厂和后勤场地资源，可以进行先行探索示范。

（1）加强与政府沟通，利用CUSS技术稳定本地火电机组保有量。探索出台鼓励燃煤发电厂配套碳捕集技术的相关政策，减缓传统能源电厂退出时间，确保向以新能源为主体的新型电力系统安全过渡。

（2）充分利用现有资源，提前布局负碳技术研究。把握燃煤发电厂CCUS技术改造的最佳窗口期，在闸电燃机超前部署新一代低成本、低能耗CCUS技术示范；在园区、建筑、变电站等场所探索利用生物固碳和空气碳捕捉等技术，打造"零碳"园区、企业和变电站。

（3）研究CCUS+火电机组参与绿电交易的可行性。现阶段CCUS并未纳入碳市场，配置CCUS的发电厂也未被当做绿电消纳，相应成本没有在上网电价中体现，后续需加强CCUS+火电机组参与绿电交易的相关标准体系和制度建设的研究。

🔆 智库简介

　　国网上海市电力公司电力科学研究院城市能源互联网研究中心是国网上海市电力公司企业智库运营的实体机构，依托电气、计算机、通信、情报、经管、财会、翻译等专业力量，以服务上海市能源发展、国家电网有限公司战略落地和各级智慧决策为己任，提供战略规划、决策咨询、情报分析、宏观能源研究等各类智力服务。目前，中心聚焦碳中和、能源数字化等各类战略领域，在上海市打造首个校企联合的能研互联网碳中和发展决策联合实验室以及首个政企联合的上海碳中和能源研究实验室，开展碳中和领域各类研究，主导碳中和各类标准的编制，为电力行业实现"双碳"目标提供解决方案。

👤 作者简介

　　罗祾博士，高级工程师，国网上海市电力公司电力科学研究院城市能源互联网研究中心主任，从事能源低碳发展与低碳技术研究工作。

　　刘婧硕士研究生，工程师，任职于国网上海市电力公司电力科学研究院城市能源互联网研究中心，改革创新参谋室副主任，从事能源低碳发展与低碳技术研究工作。

　　王娜硕士研究生，经济师，国网上海市电力公司电力科学研究院城市能源互联网研究中心，从事能源政策研究与电力经济研究工作。

　　程凡硕士研究生，会计师，任职于国网上海市电力公司电力科学研究院城市能源互联网研究中心，从事电价与电碳市场研究工作。

　　赵三珊硕士研究生，咨询师，任职于国网上海市电力公司电力科学研究院城市能源互联网研究中心，从事科技情报咨询与战略研究工作。

2.6 碳中和元年以来智库"双碳"研究新进展

碳减排受国际环境、经济发展、产业转型、能源结构、技术进步等众多因素影响，能源领域作为实现碳达峰碳中和目标的主战场，需在能源消费总量和碳强度上"做减法"，在增加技术固碳和生态固碳上"做加法"。整体来看，各类研究智库以聚焦能源领域减排路径研判为主，其次关注碳中和技术展望、碳定价及相关政策支持的研究。

具体来看，减排路径研判方面，主要围绕消费端"降能耗、提能效、调结构"、生产端"低碳能源替代"的减排路径设计以实现能源领域清洁脱碳。清华大学气候变化与可持续发展研究院的《中国长期低碳发展战略与转型路径研究》、国际能源署的《中国能源体系碳中和路线图》、世界资源研究所《零碳之路："十四五"开启中国绿色发展新篇章》、国家气候中心和中国社会科学院的气候变化绿皮书《应对气候变化报告》、中国石油天然气集团有限公司的《世界和中国能源展望》、中国国际金融股份有限公司研究部的《碳中和经济学新约束下的宏观与行业趋势》等均研判了我国中长期内工业、建筑、交通等消费端重点用能领域的减排路径，以及生产端化石能源、电能等的发展规模及供给结构。特别是国网能源研究院有限公司的《中国能源电力发展展望》系列研究报告，量化分析了我国电力需求、各类电源发展、电网发展、需求侧资源和储能发展规模等（参见图2-13、图2-14）。随着我国"双碳"目标下"1+N"政策体系的陆续出台、碳达峰碳中和工作部署日益完善，能源安全成为能源转型的首要原则，以国务院发展研究中心为代表的机构则呼吁纠正"运动式"减碳和倡导化石能源的低碳化发展。

碳中和技术展望方面，主要集中于氢能和CCUS等关键技术成本与应用场景的探讨。中国氢能联盟研究院的《中国氢能源及燃料电池产业白皮书》和德勤会计师事务所的《为碳中和创造可行的氢经济》研判了氢气制取的技术经济性趋势和应用场景，提出经济成本依然是当前制约其发展的重要因素，可再生能源制氢成本有望在2030年实现平价，2060年氢气需求量将增至1.3亿吨左右（参见图2-15）。全球碳捕集与封存

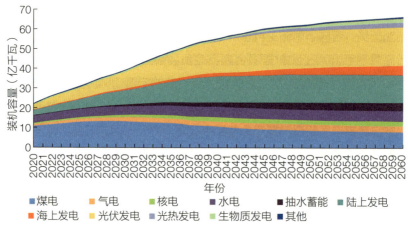

图2-13 能源电力深度脱碳情景下2020—2060年各类电源装机容量
资料来源：国网能源研究院有限公司提供。

审图号：GS(2021)7866号

图2-14 能源电力深度脱碳情景2060年电力流示意图
资料来源：国网能源研究院有限公司提供。

研究院的《全球碳捕集与封存现状》、联合国欧盟经济委员会的技术报告和中国生态环保护环境规划院的《中国二氧化碳捕集、利用与封存报告》评估了CCUS技术发展路径、成本效益及减排潜力，基于我国源汇匹配状况，提出CCUS技术可提供的减排潜力为6亿～21亿吨二氧化碳，可满足我国实现碳中和目标的需求（见图2-16～图2-21）。此外，以中国科学院为代表的研究团队也深入探讨生态碳汇潜力，提出通过优化国土空间、碳汇管护等途径提升我国生态系统碳储量和碳汇能力。

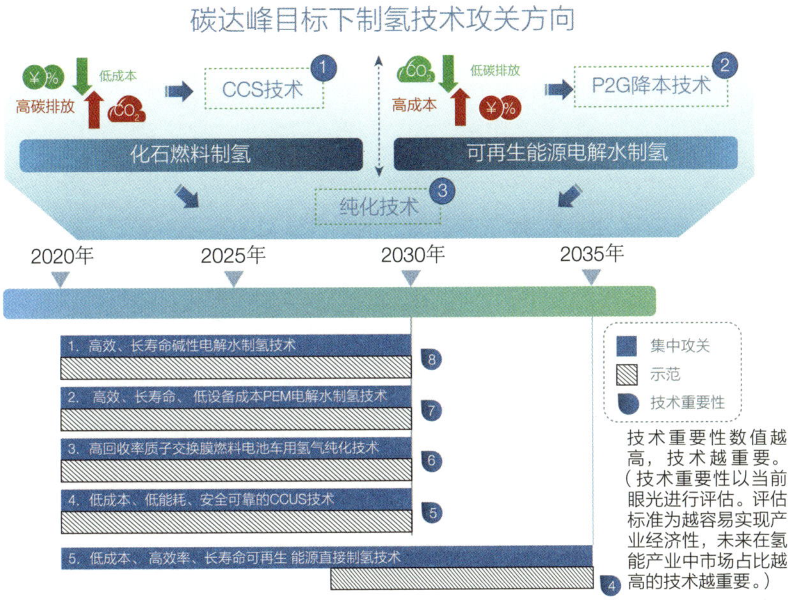

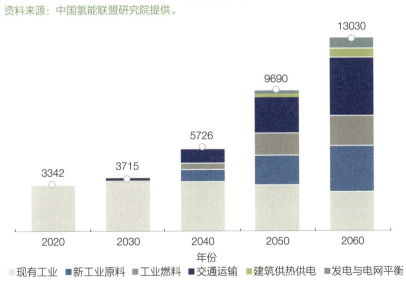

图2-15　我国低碳清洁氢技术路线图
资料来源：中国氢能联盟研究院提供。

图2-16　我国氢能需求量（单位：万吨）
资料来源：中国氢能联盟研究院提供。

		2030	2050	氢能潜力评估
工业原料	现有	低	高	• 潜力大，与（更昂贵的）灰氢而非直接与化石燃料相较 • 由于现有的灰氢生产边际资产成本较低，难以获得溢价，导致应用缓慢
	新建	中	高	• 潜力大，与（更昂贵的）灰氢而非直接与化石燃料相较 • 难以满足对新技术和新资产的需求，难以获得溢价
工业用热	B2C	高	高	• 潜力大，因为消费品公司可以从客户获得绿色能源的溢价，以弥补较高的能源支出
	B2B	低	高	• 潜力大，技术壁垒低 • 由于难以获得溢价而目能源成本占总成本的比例较高，导致应用缓慢
电力生产		低	中	• 灵活服务潜力尚可——储存过剩的可再生能源，在高峰时段使用 • 运输服务潜力尚可——管道较发电成本优势超过转换带来的损失
移动出行	卡车和公共汽车	中	高	• 潜力大，相对于电动汽车，续航里程更长，充电时间更短，成本优势更为明显 • 需要足够的加油站/加氢站设施才能实现运营
	汽车	低	低	• 潜力小，因为电动汽车维持低价策略，且一般的乘用车对续航里程和充电时间的要求不高
	航运	中	中	• 行业将决定是否利用燃料技术更换化石燃料 • 由于氢储能密度高，氢具有获利潜力，但氨能或成为强劲对手
	铁路运输	低	中	• 潜力小，因为多数火车使用电气驱动比氢能成本更低 • 在电气化成本高的情况下，一些长距离、低利用率的氢能运输潜力尚可
	空运	低	中	• 潜力小，因为航空对储能密度要求极高，续航里程要求更长，充电时间更短 • 而生物燃料或合成碳氢化合物用有更高的储能密度，成本优势更为明显
	专业设备	高	高	• 潜力大，相对于电动设备，充电时间更短 • 因为其仅限于现场使用，所以通常只需要少量的蓄能设施
建筑环境		低	中	• 潜力尚可——在无法实现电气化或现有区域供暖或无生物量替代方案的情况下，尤其是市中心老旧建筑的保温性能差

图2-17 氢能在各需求行业的潜力

资料来源：德勤会计师事务所提供。

碳达峰碳中和能源电力智库观察

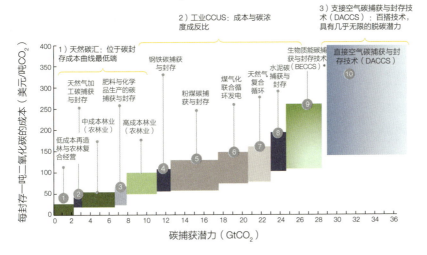

图2-18　碳封存成本曲线和温室气体减排潜力

*表明技术仍处于早期（试验）发展阶段

资料来源：联合国欧盟经济委员会提供。

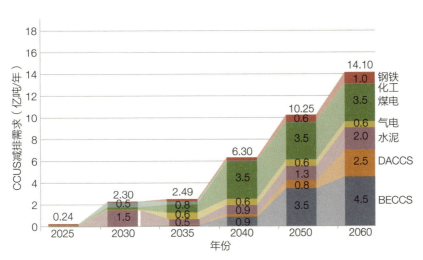

图2-19　中国CCUS减排贡献需求

资料来源：中国生态环保护环境规划院提供。

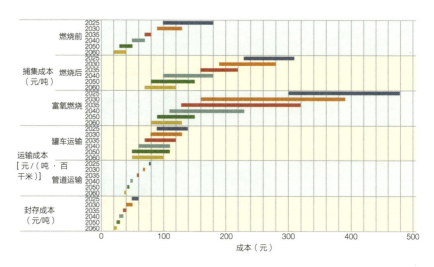

图2-20　中国CCUS技术成本
资料来源：中国生态环保护环境规划院提供。

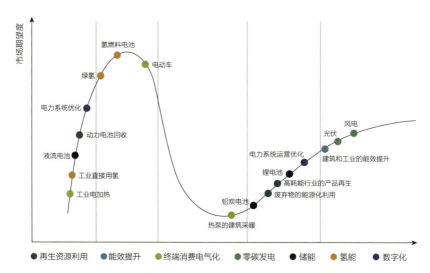

图2-21　中国零碳转型七大投资领域产业发展阶段
资料来源：落基山研究院提供。

　　碳定价及相关政策支持方面，主要包括碳定价机制的优化方案设计，以及减排消费端、生产端和技术端的财税、制度和监管等支持。综合上海环境能源交易所的《2021国内碳价格形成机制研究报告》、国务院发展研究中心、中国银行间市场交易商协会和中国财政学会绩效管理专委会等的主要观点，提出我国碳市场未来需要纳入更多行业，适度收紧配额总量，增加有偿分配比例，丰富抵消项目类型，建立分层次的市场体系，理顺碳价传导，完善柔性机制，加强市场监管。落基山研究院的《零碳中国　绿色投资》、世界银行的《2050展望：支持各国实现长期去碳化目标》等从消费端、生产端和技术端入手，提出能源转型需要关注可再生资源利用、能效提升、终端消费电气化、零碳发电、储能、氢能等领域的投资、协同发展和政策支持等，重点是电力部门去碳化和去中心化。

💡 智库简介

国网能源研究院有限公司是国家电网有限公司的智库机构和软科学研究单位，承担理论创新、战略创新和管理创新的研究职责。该公司围绕能源电力行业以及电力企业的发展战略规划、管理创新、体制机制、政策法规等问题研究，自成立以来承担国家电网有限公司重大研究项目2000余项，国家部委等部门委托的重大研究课题300余项，共获得国家电网有限公司、各类行业协会、省部级及以上研究奖项400余项次。

👤 专家简介

薛美美国网能源研究院有限公司能源互联网研究所研究员，能源与气候经济专业博士。目前主要从事能源电力系统建模、电量数据经济政策价值挖掘、能源转型等领域研究。公开发表SCI/SSCI学术论文10余篇，参与编写国网能源研究院有限公司系列年度报告《中国能源电力发展展望》。

2.7 "双碳"引领下中国ESG投资发展现状

2.7.1 ESG投资的定义及背景

ESG是环境（Environmental）、社会（Social）和公司治理（Governance）这三个词语的英文缩写。E关注的是企业对环境的影响，指的是企业在生产经营过程中的绿色投入、资源和能源的集约使用及循环利用，对有毒有害物质的处理以及对生物多样性的保护等，是否同政府监管政策的目标相契合；S代表的是企业与其利益相关者之间能否做到协调与平衡；G代表的是企业的董事会结构、股权结构、管理层薪酬和商业道德等是否规范，具体包括董事会的独立性与专业性、公司的愿景与发展战略、信息透明度与披露的充分性，避免腐败的措施等。

将ESG分析与传统的财务分析技术结合在一起的投资被称为ESG投资，ESG投资存在的价值在于避免投资产生下行风险并创造长期、可持续的价值，它通过负面筛选、同类最佳、股东主张、ESG整合、依公约筛选、可持续主题和影响力投资七种投资策略，以期实现风险调整后的良好回报。ESG分析可以非常有效地帮助规避投资风险，因此，受到越来越多的投资决策者重视。

2004年，联合国环境规划署《在乎者即赢家》（原名《Who Cares Wins》）报告中首次提出ESG原则。为了更好地推动这一原则，2006年，时任联合国秘书长安南发起成立了联合国责任投资原则组织（Principles for Responsible Investment，简称PRI），在其大力推动下，ESG投资理念逐步形成。2015年9月，全球193个会员国在联合国发展峰会上进一步通过了《2030年可持续发展议程》，提出涉及17项领域、169个具体目标的可持续发展目标，旨在2015—2030年间，以综合方式彻底解决社会、经济和环境三个维度的发展问题。自此，全球越来越多的国家和投资机构将ESG概念不断深化，积极探索和实践ESG投资，ESG投资已经成为全球监管机构以及市场各方普遍认可和共同关注的议题，并已逐渐发展完善成为一套关注企业责任、社会福祉和可持续发展的投资理念和评价标准。

过去几年，随着气候和环境问题日益突出，ESG投资在全球范围内有了跨越式的提升。全球可持续投资联盟（Global Sustainable Investment Alliance，GSIA）发布的可持续投资报告显示，2020年初全球可持续投资管理资产规模达到35.3万亿美元，占全球管理总资产的35.9%。2012年初至2020年初，年复合增速为13.02%，远超全球资产管理行业的整体增速（6.01%）。截至2021年11月中旬，全球有4500多家机构加入了联合国负责任投资原则（PRI），较2020年底增长近30%，总资产管理规模达120万亿美元左右。据国际金融公司（IFC）数据计算，2020年影响力投资规模达到2.281万亿美元；全球绿债、社会债券、可持续发展债券的总发行量达到1.294万亿美元，比2019年增长了87%。2021年，全球ESG投资继续快速发展。疫情冲击下，可持续投资基金规模未受影响。根据晨星资讯有限公司统计，截至2021年二季度，全球五个主要市场的可持续投资共同基金和ETF总额达2.24万亿美元，是2020年初的两倍多。

2.7.2　中国ESG发展现状和特点

1. 中国ESG发展现状

（1）政府层面。中国对绿色低碳发展、高质量发展、可持续发展高度重视，先后出台或更新了多项重要相关政策。政策推动、监管支持是国内ESG投资发展的重要驱动力，关于碳市场、公司治理方面的多项举措，促使更多上市公司开始积极了解ESG议题，研究ESG对公司业务及运营的影响。

2016年，中国人民银行等七部委发布《关于构建绿色金融体系的指导意见》，为可持续金融体系奠定了政策基石。

2017年，中国证券监督管理委员会同生态环境部签署《关于共同开展上市公司环境信息披露工作的合作协议》，共同推动建立和完善上市公司强制性环境信息披露制度。

2018年，中国证券监督管理委员会修订了《上市公司治理准则》，规定上市公司有责任披露ESG信息，将"可持续发展"和"绿色发展"列为上市公司的指导原则。中国证券投资基金业协会发布了首份《绿色投资指引》及《中国上市公司ESG评价体系》报告，引导基金管理人开展绿色投资活动，促进上市公司提升信息披露和公司治理水平。

2021年2月，中国银行保险监督管理委员会发布《绿色信贷指引》，要求银行机构建立环境与社会风险管理体系，并公开绿色信贷战略和政策，充分披露绿色信贷发展情况。

2021年8月，中国人民银行发布中国首批绿色金融标准。《金融机构环境信息披露指南》及《环境权益融资工具》两项行业标准。

全国人民代表大会、生态环境部、国家质量监督检验检疫总局、深圳交易所、中国证券投资基金业协会等陆续发布相关文件近20个。

（2）研究层面。多家研究机构及高等院校相继研究建立ESG指标评价体系。国务院发展研究中心金融所发布上市公司ESG评价指标体系；首都经贸大学ESG研究院发表系列专著；中央财经大学绿色金融国际研究院在Wind金融终端发布中财绿金院上市公司ESG评级报告与ESG双周刊、线上ESG数据库等。此外，多所知名高校相继成立ESG相关研究机构，例如对外经济贸易大学成立绿色金融与可持续发展研究中心，复旦大学、上海高级金融学院、深圳高等金融研究院、上海财经大学、南京林业大学等均开展了ESG相关研究。

（3）企业层面。2020年约27%的A股上市公司发布了ESG相关报告，其中，沪深300公司的发布比例超过86%。兴业银行制定集团ESG整体战略，探索信贷、投行、基金、租赁、信托等多条业务线，同时开发ESG主题的业务产品；2018年，中国工商银行ESG绿色评价体系发布中证180ESG指数；2018年，华夏银行资产管理部启动ESG，2019年加入PRI，4月发行首支ESG系列理财产品。2020年3月完成ESG评价体系建设，4月上线"中证华夏银行ESG指数"，8月完成ESG数据库；2019年中国平安保险（集团）股份有限公司中报中首次披露了ESG相关指标，将ESG标准全面融入企业管理，并搭建了国内首个上市公司ESG政策体系。在监管层对资本市场高质量发展、支持实体经济要求和金融领域进一步对外开放推动下，一些资产管理机构开始尝试新的ESG策略，通过积极开展尽责管理推动上市公司高质量发展，改善上市公司ESG表现，为投资者创造长期利益。

（4）投资层面。金融机构和投资机构开始将ESG评价体系纳入决策程序，组建研究团队，研发ESG相关投资产品。中信产业投资基金管理有限公司2018年设立ESG管理委员会，将ESG理念与评价体系全面引入投资决策机制；景顺长城基金管理有限公司、华夏基金管理有限公司等公募基金管理公司也较早引入ESG概念，成立ESG专门研究团队；截至2021年6月末，华夏理财有限责任公司累计发行ESG系列理财产品49只，ESG产品管理规模超过247亿元人民币。南方基金管理股份有限公司2021年4月发布ESG投资年报，该报告披露其绿色投资累计规模达到1014亿元。

目前，国内共有77家机构签署了负责任投资原则，较2020年底增长约一半，涵盖3家资产所有者、57家资产管理机构以及17家第三方服务机构。据财新智库数据统计，2021年前三季度，ESG公募基金数量井喷式增长，新发ESG产品48只，新发产品数接近此前五年的总和。截至9月底，全市场ESG公募基金资产管理总规模跃升至近2500亿元，接近去年同期的两倍。逾1/4的A股上市公司发布了2020年度CSR/ESG报告。据商道纵横统计，截至2021年7月31日，港股上市公司ESG信息披露率达93.8%。

2．中国ESG发展特点

（1）中国ESG投资起步晚但发展迅速。相较海外市场，中国的ESG起步较晚，而且无论是联合国负责任投资原则签署，还是资管规模，中国资本市场目前占全球的比例都很小。但是近两年，ESG投资增长迅猛，中国资本市场从逐渐接受ESG投资理念到开始探索将ESG因素融入投研流程，对ESG的关注程度日益提升。相较于欧美具备的先发优势，目前，中国ESG投资发展仍处于起步阶段，但是市场的整体容量预示着潜力巨大，发展前景广阔，尤其在碳达峰碳中和目标引领下，ESG发展驶入快车道。从投资规模来看，根据中国国际金融有限公司研究部最新报告，2014—2020年，欧洲、美国、日本的资产管理规模年化复合增速分别为7.88%、5.78%、10.49%，我国为19.9%。若假设未来5年复合增长率为12%，则2025年中国资产管理总规模为104万亿元。

（2）绿色转型和双碳驱动是中国ESG投资发展的主要动力。新冠肺炎疫情后，推动世界经济"绿色复苏"，减少温室气体排放，改善全球变暖，实现可持续发展将成为全球发展的时代潮流。碳达峰和碳中和重要战略部署为国内ESG投资发展提供重要机遇，低碳、绿色将成为中国经济转型升级的重要内容之一。随着相关政策制定，二氧化碳排放量较大的行业，如煤炭、石油等面临巨大挑战，而清洁能源、降低耗能等产业将面临重要机遇。未来，关注经济、社会、环境的可持续发展，推动实现国家经济高质量发展和生态建设目标将成为全球和我国未来经济发展的重要战略内容。减缓气候变化相关等ESG产品将为实现经济低碳转型提供重要支持，ESG投资将面临重要的发展机遇。

（3）在ESG投资发展路径中，监管法规的完善及引导起到十分重要的"自上而下"推动作用。我国ESG投资发展尚处于起步阶段，ESG资管产品以概念为主，缺乏官方ESG资管产品的标准，目前更应注重的是ESG底层数据和评估方法的探索、策略研发以及超额收益的实现，从而带来ESG理念的广泛普及，促进资金流入，形成正面循环，促进ESG投资的发展。欧洲的经验是在ESG或可持续投资发展到一定阶段的基础上，建立相应的基金定义和披露要求。在此之前监管机构不过度关注ESG基金或产品的定义，而是致力于完善公司层面ESG信息披露，为ESG生态体系夯实基础。

（4）存在缺乏信息披露规范和强制性的问题。ESG底层信息的披露是ESG投资的前提条件，数据作为ESG行业的关键基础设施，对ESG在学术方面的有效性研究以及在行业的投资应用意义重大。我国目前尚没有颁布整合的ESG相关法律文件，主要是从环境保护和社会责任两个方面出台相关法规。中国证券监督管理委员会、沪深证券交易所对公司ESG信息披露的监管文件仍处于以自愿披露为主的阶段，并没有对格式规范、指标体系、操作步骤等具体内容作详细、可参考的披露标准说明。在缺乏监管规范和披露方信息公允度不足的情况下，ESG的数据披露出现"多定性描述，少定量指标，多正面报道，少负面问题"的情况，负面问题往往不会及时在信息披露中出现，相关数据滞后性严重。

2.7.3　ESG投资发展的趋势

展望2022年，随着中国人民银行碳减排政策支持工具落地、《可持续金融共同分类目录》推动境内外绿债市场互联互通、国际新设的国际可持续发展准则理事会（ISSB）对国内ESG信息披露政策产生影响等，国内ESG投资面临重要的发展机遇。未来，我国ESG发展将呈现以下趋势。

（1）ESG评价与绿色金融的逻辑和目标高度一致，两者发展日趋融合。

（2）对上市公司信息披露要求趋严。

（3）财富管理时代ESG产品将更加丰富，在主动投资的基础上，被动投资产品将得到较快发展。

（4）由单个企业评价向行业评价、地区评价发展。

（5）ESG评价产业化与分工，专业服务机构数量将继续增加，特别在细分行业领域将有机构深耕。

ESG投资发展离不开监管、业界和学界的多方共同驱动和互推，离不开技术、金融科技等手段的助力。政府监管部门应稳步推进上市公司ESG信息的强制披露；资产管理机构亟待建设长期投资能力、大数据和高级分析能力，打造行业领先的ESG投资能力；从政策层面引导主权基金、养老金等为代表的长期资金尽快纳入ESG原则，可以起到积极的带动作用，提升ESG投资的市场占比；学术界应培养ESG各个方面的专业金融人才，加强关于ESG的系统性教育和培训，充实学术实证研究与业界实践的发展，为ESG发展提供坚实的研究支持；国内第三方数据提供商在数据的收集、分析和产品化上展开多样探索，未来应进一步完善专业知识与算法模型，助力ESG在实证研究和业界实践的发展。国际ESG监管政策如表2-7所示，国内ESG监管政策如表2-8所示。

碳达峰碳中和能源电力智库观察

表2-7　国际ESG监管政策

主体	政策	网址
联合国发展计划 （United Nations Development Programme）	发达国家以及发展中国家要共同达成的17个目标，其中包括应对气候变化及环境保护的目标	https://sdgs.un.org/goals
联合国责任投资原则 （United Nations Principles for Responsible Investment）	联合国支持的独立组织，旨在推广企业责任投资，并在投资决策时考虑环境、社会及管治因素	https://www.unpri.org/
联合国全球契约的十项原则 （The Ten Principles of the UN Global Compact）	有关公司运营中的人权、员工、环境及反贪污事宜的原则性框架	https://www.unglobalcompact.org/what-is-gc/mission/principles
永续会计准则委员会 （Sustainability Accounting Standards Board）（SASB）	分行业制定的特定准则，协助公司识别行业内有代表性的公司就财务重要性维度相关的可持续发展主题及相关的最基本的指标	https://www.sasb.org/standards/
经济合作及发展组织 （Organisation for Economic Co-operation and Development）（OECD）	各国政府对跨国企业履行负责任商业行为准则的建议	http://mneguidelines.oecd.org/mneguidelines/

主体	政策	网址
二十国集团/经合组织 G20/OECD	公司治理的原则与框架参考	https://www.oecd-ilibrary.org/docserver/9789264250574-zh.pdf?expires=1630393418&id=id&accname=guest&checksum=7958A6067D53CD53E8A701ADDE12D6A7
国际标准化组织 (International Organization for Standardization) (ISO)	帮助公司将社会责任的相关原则转化成有效的行动的指引文件	https://www.iso.org/iso-26000-social-responsibility.html
全球报告倡议组织 (Global Reporting Initiative) (GRI)	涵盖环境、社会及公司治理议题的汇报标准及最佳实践	https://www.globalreporting.org/standards/gri-standards-translations/gri-standards-traditional-chinese-translations-download-center/
国际整合报导委员会 (International Integrated Reporting Council)	整合报告时需遵守的指导原则及要素框架	https://integratedreporting.org/resource/international-ir-framework/
气候披露标准委员会 (Climate Disclosure Standards Board)	协助公司在年度报告中汇报环境、气候变化等内容的框架	https://www.cdsb.net/what-we-do/reporting-frameworks/environmental-information-natural-capital
气候相关财务资讯披露工作组 (Task Force on Climate-related Financial Disclosure) (TCFD)	在财务报告中披露气候相关财务资讯的建议	https://www.fsb-tcfd.org/publications/final-recommendations-report

主体	政策	网址
世界资源研究所 （World Resources Institute）	水资源相关内容，识别和评估全球的水风险议题	https://www.wri.org/aqueduct
CDP全球环境信息研究中心 （Formerly known as Carbon Disclosure Project）	CDP致力于推动企业和政府减少温室气体排放，保护水和森林资源。2012年，CDP进入中国，致力于为中国企业提供一个统一的环境信息平台	https://china.cdp.net/
气候披露标准委员会 （Climate Disclosure Standards Board）	为公司提供了一个与财务信息一样严格的环境信息报告框架	https://www.cdsb.net/
气候变化机构投资者组织 （Institutional Investors Group on Climate Change）	其政策计划有助于制定可持续金融和气候政策，以及对关键经济部门的监管	https://www.iigcc.org/

表2-8 国内ESG监管政策

主体	政策	网址
中华人民共和国中央人民政府	《关于构建绿色金融体系的指导意见》明确了证券市场支持绿色投资的重要作用，要求统一绿色债券界定标准，积极支持符合条件的绿色企业上市融资和再融资，支持开发绿色债券指数、绿色股票指数以及相关产品	http://www.gov.cn/zhengce/2016-09/01/content_5104124.htm
中国人民银行	《落实〈关于构建绿色金融体系的指导意见〉的分工方案》	http://www.pbc.gov.cn/goutongjiaoliu/113456/113469/index.html
生态环境部	《关于印发〈环境信息依法披露制度改革方案〉的通知》	http://www.mee.gov.cn/xxgk2018/xxgk/xxgk03/202105/t20210525_834444.html http://www.mee.gov.cn/xxgk2018/xxgk/xxgk03/202010/t20201026_804792.html
国家发展和改革委员会	《关于创新和完善促进绿色发展价格机制的意见》和《关于加快建立绿色生产和消费法规政策体系的意见》等意见	https://www.ndrc.gov.cn/xxgk/zcfb/fzggwl/

主体	政策	网址
中国证券监督管理委员会	2021年6月28日，证监会公布《公开发行证券的公司信息披露内容与格式准则第2号——年度报告的内容与格式（2021年修订）》和《公开发行证券的公司信息披露内容与格式准则第3号——半年度报告的内容与格式（2021年修订）》。相较于2017年修订版，新版本将社会责任单独列为一个章节，更加体系化的要求公司披露ESG信息	http://www.csrc.gov.cn/pub/zjhpublic/zjh/202106/t20210628_400483.htm
上海证券交易所	《关于加强上市公司社会责任承担工作暨发布<上海证券交易所上市公司环境信息披露指引>的通知》，较为全面的细化了上市公司应该披露的、涉及环境保护和可持续发展的相关事项。随后，上海证券交易所又连续发布了《公司履行社会责任的报告》编制指引》和《关于进一步完善上市公司扶贫工作信息披露的通知》等	http://www.sse.com.cn/
深圳证券交易所	2020年，深圳证券交易所陆续发布《深圳证券交易所上市公司规范运作指引（2020年修订）》《深圳证券交易所上市公司业务办理指南第2号——定期报告披露相关事宜》《深圳证券交易所上市公司信息披露工作考核办法（2020年修订）》。这些文件对上市公司披露环境信息、履行社会责任情况以及公司治理相关信息进行了规定，形成了ESG信息披露的基本框架	http://www.szse.cn/disclosure/index.html

主体	政策	网址
中国证券投资基金业协会	《中国上市公司ESG评价体系研究报告》（下称"《研究报告》"）和《绿色投资指引（试行）》（下称"《指引》"）。《研究报告》从我国资本市场实际和绿色发展内在要求出发，构建了衡量上市公司ESG绩效的核心指标体系，对投资机构、上市公司，以及监管机构均有应用价值和重大意义。《指引》界定了绿色投资的内涵，明确了绿色投资的目标、原则和基本方法，意在树立绿色投资行为规范	https://www.amac.org.cn/businessservices_2025/ywfw_esg/esgyj/ygxh/202007/t20200715_9822.html
中国社会科学院	《中国企业社会责任报告指南4.0（CASS-CSR4.0）》	http://cass.cssn.cn/
中国银行保险监督管理委员会	《关于推动银行业和保险业高质量发展的指导意见》	http://www.gov.cn/zhengce/zhengceku/2020-03/26/content_5495757.htm

🔆 智库简介

国网英大长三角金融中心由国网英大集团于2020年12月21日在上海浦东设立，中心依托区位优势，打造综合金融中心、客户服务中心、产品创设中心，探索运营管理新机制，发挥综合金融试验田的示范引领作用。在服务"双碳"工作中，中心充分发挥全牌照综合金融优势，构建绿色金融服务体系，打造碳资产管理一站式平台。中心率先发布首个可投资的碳中和指数，联手中信证券推出全国首个碳中和股票指数挂钩收益凭证产品，联合民生银行推出全国首单碳中和股票指数挂钩结构性存款产品。

👤 专家简介

刘宇晟供职于国网英大长三角金融中心运营发展部，美国伊利诺伊大学金融工程硕士，中国人民大学金融学学士、数学与应用数学学士。目前主要从事绿色金融推广及综合金融产品创设工作，主导和推动了碳中和指数（995035）的发布及指数挂钩收益凭证、结构性存款等金融产品的发行落地。将持续致力于一二级市场权益类绿色金融产品创设，服务主业并引导主业上下游实现绿色低碳转型。

2.8 碳中和背景下的能源系统研究

随着人类社会工业化进程的推进，煤、天然气和石油等化石能源被过度消耗，人类向大气中排放过量的二氧化碳，造成能源危机和严重的环境问题，成为人类急需解决的重要问题。此背景下，中国政府提出"双碳"战略目标，通过对二氧化碳进行减排、捕集、封存和利用可抑制其过快增长，并改进相关技术实现碳中和。

本文基于2021《全球工程前沿》报告及最新科睿唯安ESI数据库信息进行简析，列举了全球工程科技的理论研究及应用开发中与"碳中和"的前沿主题，并以"碳中和背景下的能源系统研究"为例进行重点解析。

2.8.1 2021《全球工程前沿》报告中的碳中和相关研究主题

自2017年以来，中国工程院连续组织开展"全球工程前沿"重大咨询研究项目，旨在按年度分析全球工程研究前沿和工程开发前沿，研判全球工程科技演进变化趋势。2021年度全球工程前沿研究项目，以数据分析为基础，以专家研判为核心，遵从定量分析与定性研究相结合、数据挖掘与专家论证相佐证、工程研究前沿与工程开发前沿并重的原则，对包括机械与运载工程，信息与电子工程，化工、冶金与材料工程，能源与矿业工程，土木、水利与建筑工程，环境与轻纺工程，农业，医药卫生和工程管理9个领域的工程研究前沿和工程开发前沿进行描述和分析，其中，与碳中和相关的研究主题如下：

（1）二氧化碳合成多碳平台化合物。

（2）低碳高效先进气体分离纯化材料设计和应用。

（3）绿色低碳冶金关键工艺技术开发及应用。

（4）低成本直接空气碳捕集（DAC）。

（5）低碳长寿命水泥基材料。

（6）碳中和背景下绿色建筑发展路径。

（7）土壤碳库对全球气候变化响应机制。

（8）碳中和与碳达峰目标下的气候变化研究。

（9）二氧化碳地质储存环境风险防控技术。

（10）碳中和背景下的跨介质复合污染深度减排技术。

（11）服务于碳中和的生态模型研发。

（12）能源系统低碳转型管理与驱动机制研究。

2.8.2 "能源系统低碳转型管理与驱动机制研究" 重点解读

能源系统是社会经济系统的重要子系统，涵盖将自然资源转变为人类社会生产和生活所需特定能量服务形式的整个过程，通常包括勘探、开采、运输、加工、转换、存储、输配、使用和环保等环节。面对全球气候变化挑战和日益趋紧的资源与环境约束，低碳化、清洁化、高效化成为全球能源系统加速发展的必然趋势。其中，低碳化主要是指能源系统中二氧化碳排放量的大幅降低，具体可通过能源结构转变、能效提升和末端治理等途径实现。这些途径的实施往往涉及能源系统中的多个环节，甚至引发整个能源系统的根本性变革。能源系统低碳转型管理就是以能源系统低碳化为目标，以技术、经济、社会、自然条件等为约束，对能源系统进行规划、设计、实施和优化的一门学科。近年来，能源系统低碳转型路径、低碳技术应用与推广模式、配套基础设施与管网规划等，成为能源系统低碳转型管理领域的重点研究方向，受到国内外学者的广泛关注。同时，学者们也注意到，能源系统的低碳转型与其他社会经济系统及自然系统息息相关，政策引导、公众认知、市场环境、地理资源等多方面因素共同作用于能源系统低碳转型方向与进程。因此，能源系统低碳转型的驱动机制也是近年来国内外相关领域学者重点关注的研究前沿。此外，"大云物智移"等数字化信息技术的迅猛发展为能源系统转型带来新机遇，在能源系统低碳转型过程中耦合新型信息技术，打造更为稳固可靠的智慧能源系统，正逐渐引起关注。

20世纪80年代，为应对石油危机，德国应用生态学研究所提出"能源转型（energy transition）"的概念，以指代主导能源由化石能源向可再生能源的转变。随着气候变化问题被纳入国际议程，以及相关研究的深入和延拓，"能源系统低碳转型（low-carbon transition of energy system）"的概念逐渐形成，涵盖从能源生产、存储、运输到终端消费等多环节去碳化过程，表现为主导能源种类、技术及体制等多方位系统更替。目前，全球能源领域学者已达成共识，能源系统低碳转型既是应对全球气候变化、实现温室气体减排目标的核心途径，也是维护国家能源安全、达成可持续发展目标的关键着力点。

1. 能源系统低碳转型路径研究

关于能源系统低碳转型路径的研究起初主要围绕"能效提升""结构转变"和"末端治理"这三大途径展开，规划相关指标（如能源强度、清洁能源比例、碳强度）在不同层面（如国家、区域、行业）的时序变迁，后逐渐深入到具体技术路线的选择与进退机制。研究方法包括综合评估模型、规划模型、情景分析、系统仿真等。兼顾不同区域与行业异质性（如资源禀赋、能源需求、社会经济因素），设计因地制宜的能源系统低碳转型路径，是近年来的研究热点与难点。

2. 能源系统低碳技术应用与推广模式研究

低碳技术的大规模利用，是实现能源系统低碳转型的核心关键。针对清洁能源技术（如风能、光能、氢能、核能）、碳捕集与封存技术、能效提升技术等，国内外学者就其应用方式、商业模式、扩散规律、阻滞因素、推广政策等展开了系列研究，尤其近几年，对氢能的关注热度极高。同时，新能源技术的应用推广也催生出一批新兴技术产业，如新能源汽车、储能系统、智慧电网等，相关技术产业的发展及其与新能源技术间的耦合机制成为近年来的研究前沿和难点。

3. 能源系统转型配套基础设施与管网规划研究

能源系统的有效运行需要以配套基础设施为支撑，如输配电网、油气管道、储能装置、充能站点等。能源系统低碳转型既需要基于现有基础设施和管网布局进行调整优化（如"电—热—气"网集成、可再生能源电力并网可靠性提升），又需要铺建新设施网络以服务新能源技术应用产业（如电动汽车充电桩、加氧站）。如何构建综合考虑多种现实因素的网络规划模型，准确估计参数取值范围，并设计有效的求解算法，是该研究方向的长期热点与难点。

4. 能源系统低碳转型的驱动机制研究

能源系统低碳转型的实际进程受政策、市场、社会、资源等多方面因素的共同影响，厘清各因素对能源系统低碳转型的驱动机理对推进能源系统低碳转型具有重要意义。近年来，国内外学者一方面基于观测数据，运用实证分析方法，评估具体因素对能源系统低碳转型的影响程度。另一方面基于理论研究，运用建模分析方法探究不同因素对能源系统低碳转型的可能作用效果。不同类型驱动因素作用效果的比较，以及多因素间的交互作用影响，是该方向的研究前沿与难点。

5. 未来研究发展趋势

低碳转型是当前全球能源系统发展的大势所趋，能源系统低碳转型管理与驱动机制研究是实现这一系统工程的有力支撑。综合考量技术、经济、社会、自然系统与能源系统的交互影响，兼顾区域与行业异质性，设计合理的能源系统低碳转型路径与保障机制，将持续是能源工程管理领域有待突破的研究前沿与热点。此外，将能源系统低碳转型与"大云物智移"等信息技术革命相耦合，协同打造更为可靠的智慧能源系统，也将逐步成为该领域学者关注的研究前沿。

"能源系统低碳转型管理与驱动机制研究"工程研究前沿的核心论文数量排名前两位的国家分别是英国和美国，其次，是部分欧洲国家和中国，篇均被引频次排名前三位的国家分别是葡萄牙、英国和美国（见表2-9）。其中美国与中国、荷兰、奥地利、英国、德国之间的合作关系较多（见图2-22）。核心论文数量排名靠前的机构主要集中在欧洲，美国的加利福尼亚大学伯克利分校和中国的清华大学也位列前十（见表2-10），其中荷兰的乌得勒支大学的合作关系最多，德国的波茨坦气候影响研究所次之（见图2-23）。中国的施引核心论文数量排名第一，施引核心论文排名靠前的机构是清华大学和伦敦帝国理工学院（见表2-11及表2-12）。

表2-9 "能源系统低碳转型管理与驱动机制研究"工程研究前沿核心论文的主要产出国家

序号	国家	核心论文数	论文比例	被引频次	篇均被引频次	平均出版年
1	英国	21	31.82%	2496	118.86	2016.4
2	美国	19	28.79%	2106	110.84	2016.5
3	荷兰	11	16.67%	985	89.55	2017.0
4	奥地利	9	13.64%	757	84.11	2017.2
5	德国	8	12.12%	706	88.25	2016.9
6	中国	8	12.12%	661	82.62	2017.5
7	丹麦	5	7.58%	380	76.00	2016.2
8	西班牙	5	7.58%	373	74.60	2017.4
9	加拿大	4	6.06%	270	67.50	2017.8
10	葡萄牙	3	4.55%	360	120.00	2016.7

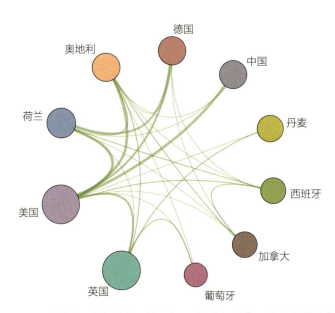

图2-22 "能源系统低碳转型管理与驱动机制研究"工程研究前沿中主要国家间的合作网络

碳达峰碳中和能源电力智库观察

表2-10 "能源系统低碳转型管理与驱动机制研究"工程研究前沿中
核心论文的主要产出机构

序号	机构	核心论文数	论文比例	被引频次	篇均被引频次	平均出版年
1	乌得勒支大学	5	7.58%	660	132.00	2017.0
2	曼彻斯特大学	5	7.58%	467	93.40	2016.6
3	欧洲委员会	5	7.58%	336	67.20	2017.2
4	国际应用系统分析研究所	5	7.58%	302	60.40	2016.8
5	加利福尼亚大学伯克利分校	4	6.06%	684	171.00	2016.0
6	伦敦大学学院	3	4.55%	957	319.00	2017.3
7	伦敦帝国理工学院	3	4.55%	888	296.00	2017.7
8	清华大学	3	4.55%	379	126.33	2016.0
9	利兹大学	3	4.55%	253	84.33	2016.0
10	波茨坦气候影响研究所	3	4.55%	243	81.00	2016.3

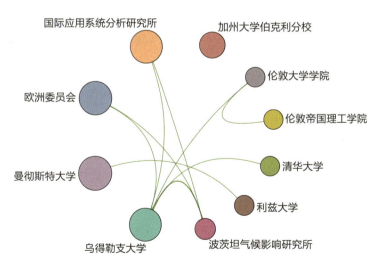

图2-23 "能源系统低碳转型管理与驱动机制研究"
工程研究前沿主要机构间的合作关系

表2-11 "能源系统低碳转型管理与驱动机制研究"工程研究前沿施引核心论文的主要产出国家

序号	国家	施引核心论文数	施引核心论文比例	平均施引年
1	中国	1194	22.12%	2019.5
2	美国	932	17.26%	2019.0
3	英国	826	15.30%	2019.1
4	德国	612	11.34%	2019.3
5	意大利	295	5.46%	2019.2
6	荷兰	284	5.26%	2019.1
7	澳大利亚	279	5.17%	2019.2
8	加拿大	256	4.74%	2019.3
9	西班牙	256	4.74%	2019.3
10	印度	244	4.52%	2019.4

表2-12 "能源系统低碳转型管理与驱动机制研究"工程研究前沿施引核心论文的主要产出机构

序号	机构	施引核心论文数	施引核心论文比例	平均施引年
1	清华大学	136	14.02%	2018.7
2	伦敦帝国理工学院	129	13.30%	2019.2
3	苏黎世联邦理工学院	120	12.37%	2019.0
4	中国科学院	103	10.62%	2019.6
5	乌得勒支大学	94	9.69%	2019.0
6	伦敦大学学院	73	7.53%	2018.8
7	丹麦科技大学	70	7.22%	2018.9
8	加利福尼亚大学伯克利分校	63	6.49%	2018.6
9	萨塞克斯大学	62	6.39%	2019.0
10	波茨坦气候影响研究所	60	6.19%	2018.5

2.8.3 科睿唯安最新ESI数据库中的"CO_2与能源"相关研究前沿主题

科睿唯安ESI数据库❶将过去10年中发表的论文，被引频次在同年同学科发表的论文中进入全球前1%的论文识别为高被引论文，并利用共被引分析对高被引论文进行聚类，由一组高被引论文的标题中的主要关键词组成研究前沿（Research Fronts）。

ESI数据库统计分析Web of Science近10年的滚动数据，并以每两个月的频率保持更新。根据最新的ESI数据库（更新时间为2021年11月11日），筛选ESI研究前沿中"CO_2与能源"相关研究主题，见表2-13。

表2-13 "CO_2与能源"领域ESI研究前沿

研究前沿	Research Fronts	高被引论文数	平均发表年
多孔碳骨架嵌套泡沫镍；高能锂硫电池；负泊松比；二氧化碳捕获能力；潜在活性位点	POROUS CARBON FRAMEWORK NESTED NICKEL FOAM; HIGH ENERGY LITHIUM SULFUR BATTERIES; NEGATIVE POSSIONS RATIO; CO_2 CAPTURE ABILITY; POTENTIAL ACTIVE SITES	3	2021
二氧化碳排放；碳排放；能源服务公司；亚太经合组织领域；DSUR估计	CO_2 EMISSIONS; CARBON EMISSIONS; ENERGY SERVICE COMPANIES MODERATE; APEC REALMS; DSUR ESTIMATION	2	2020.5
城市化影响居民二氧化碳排放；二氧化碳排放；经济增长；能源消耗；城市群	URBANIZATION AFFECT RESIDENTIAL CO_2 EMISSIONS; CO_2 EMISSIONS; ECONOMIC GROWTH; ENERGY CONSUMPTION; URBAN AGGLOMERATIONS	2	2020

---

❶ 科睿唯安ESI数据库（Essential Science Indicators，简称ESI，基本科学指标），是基于SCIE（科学引文索引）和SSCI（社会科学引文索引）而建立的评价基准数据库。它帮助研究人员和科研管理人员提供科研绩效的量化分析，了解在各研究领域中最领先的国家、期刊、科学家、论文和研究机构；识别科学和社会科学领域的重要趋势和方向；确定具体研究领域内的研究成果和影响。

研究前沿	Research Fronts	高被引论文数	平均发表年
经济增长；能源消耗；二氧化碳排放；横截面相关法	ECONOMIC GROWTH；ENERGY CONSUMPTION；CO_2 EMISSIONS；CROSS-SECTIONAL DEPENDENCE APPROACH	2	2020
二氧化碳排放；能源消耗；经济增长；经济因素	CARBON DIOXIDE EMISSIONS；ENERGY CONSUMPTION；ECONOMIC GROWTH；ECONOMIC FACTORS	3	2019.3
可再生能源消费降低全球二氧化碳排放；区域二氧化碳排放；温室气体效益；农业—经济增长—可再生能源关系；天然气使用	RENEWABLE ENERGY CONSUMPTION LOWER GLOBAL CO_2 EMISSIONS；REGIONAL CO_2 EMISSIONS；GREENHOUSE GAS BENEFITS；AGRICULTURE-ECONOMIC GROWTH-RENEWABLE ENERGY NEXUS；NATURAL GAS USE	4	2019.3
节能；能源效率；二氧化碳减排潜力；清洁发展机制项目投资；碳排放性能	ENERGY SAVING；ENERGY EFFICIENCY；CO_2 EMISSIONS REDUCTION POTENTIAL；CDM PROJECT INVESTMENT；CARBON EMISSION PERFORMANCE	2	2019
高效节能的二氧化碳捕获；燃烧后二氧化碳捕获；非水性胺基吸收剂；相变溶剂；挑战	ENERGY EFFICIENT CO_2 CAPTURE；POST-COMBUSTION CO_2 CAPTURE；NONAQUEOUS AMINE-BASED ABSORBENTS；PHASE CHANGE SOLVENTS；CHALLENGES	2	2019
能源消耗；经济增长；北非国家；二氧化碳排放	ENERGY CONSUMPTION；ECONOMIC GROWTH；NORTH AFRICA COUNTRIES；CO_2 EMISSIONS	2	2019
不可再生能源消费；不可再生能源消耗；不可再生能源生产；中国二氧化碳排放量；二氧化碳排放	NON-RENEWABLE ENERGY CONSUMPTION；NONRENEWABLE ENERGY CONSUMPTION；NON-RENEWABLE ENERGY PRODUCTION；CHINAS CO_2 EMISSIONS；CO_2 EMISSIONS	3	2019

研究前沿	Research Fronts	高被引论文数	平均发表年
全球能源消费；能源使用；摩擦学；全球二氧化碳排放；碳纳米结构	GLOBAL ENERGY CONSUMPTION；ENERGY USE；TRIBOLOGY；CO_2 EMISSION GLOBALLY；CARBON NANOSTRUCTURES	4	2018.3
中国城市级能源相关二氧化碳排放量；与能源有关的二氧化碳排放；二氧化碳排放；中国城市群脱碳；二氧化碳排放效率	CHINAS CITY-LEVEL ENERGY-RELATED CO_2 EMISSIONS；ENERGY-RELATED CO_2 EMISSIONS；CO_2 EMISSIONS；DECARBONIZING CHINAS URBAN AGGLOMERATIONS；CO_2 EMISSION EFFICIENCY	6	2017.8
等离子体技术；新兴技术；克服氨合成标度关系；二氧化碳转化；储能	PLASMA TECHNOLOGY；EMERGING TECHNOLOGY；OVERCOMING AMMONIA SYNTHESIS SCALING RELATIONS；CO_2 CONVERSION；ENERGY STORAGE	3	2017.7
旅游降低了环境质量；旅游岛屿领土；二氧化碳排放；能源消耗；可持续旅游	TOURISM DEGRADE ENVIRONMENTAL QUALITY；TOURISM ISLAND TERRITORIES；CO_2 EMISSIONS；ENERGY CONSUMPTION；SUSTAINABLE TOURISM	9	2017.7
中国二氧化碳排放高峰在先；全球二氧化碳排放量；全球能源流动；中国二氧化碳排放流量；中国排放	CHINAS CO_2 EMISSIONS PEAK PRIOR；GLOBAL CO_2 EMISSIONS；GLOBAL ENERGY FLOWS EMBODIED；CHINESE CO_2 EMISSION FLOWS；CHINESE EMISSIONS	7	2017.6
天然气消费减少二氧化碳排放；天然气；可再生能源消费领先；14个亚太国家；减少二氧化碳排放	NATURAL GAS CONSUMPTION MITIGATE CO_2 EMISSIONS；NATURAL GAS；RENEWABLE ENERGY CONSUMPTION LEAD；14 ASIA-PACIFIC COUNTRIES；LESS CO_2 EMISSION	2	2017.5
可再生能源发电；能源使用隔离；环境库兹涅茨曲线；环境退化；二氧化碳排放	RENEWABLE ENERGY GENERATION；ENERGY USAGE SEGREGATION；ENVIRONMENTAL KUZNETS CURVE；ENVIRONMENTAL DEGRADATION；CO_2 EMISSION	2	2017.5

研究前沿	Research Fronts	高被引论文数	平均发表年
能源创新与温室气体排放的关系；能源创新；可再生能源消费；二氧化碳排放；创造	ENERGY INNOVATIONS-GHG EMISSIONS NEXUS; ENERGY INNOVATION; RENEWABLE ENERGY CONSUMPTION; CO_2 EMISSIONS; INNOVATION	3	2017.3
可再生能源的使用；二氧化碳排放；可再生能源；股市增长；G20国家	RENEWABLE ENERGY USE; CO_2 EMISSIONS; RENEWABLE ENERGY; STOCK MARKET GROWTH; G20 COUNTRIES	2	2017
二氧化碳甲烷化；可再生能源转化为天然气；甲烷化状态；甲烷化；储存可再生能源	CO_2 METHANATION; RENEWABLE POWER-TO-GAS; METHANATION STATUS; METHANATION; STORING RENEWABLE ENERGY	7	2017

2.8.4 "中国城市群二氧化碳减排"研究前沿

ESI是对科研文献进行多角度、全方位分析的理想资源，可以轻松发现自然科学和社会科学中的研究前沿和重大趋势，以表2-13中平均发表年为2020年的高被引论文集为例，可知快速的城市化进程对中国的二氧化碳排放产生了显著影响，并加剧了气候变化。城市人口比重的上升显著影响住宅二氧化碳排放量，人口规模、人均GDP、城市紧凑度和城市化综合水平也是如此。城市人口份额对住宅二氧化碳排放产生积极影响。GDP增长对住宅二氧化碳排放有负面影响。因此，城市群的发展和扩张应设计得井井有条。政策制定者应更加关注中国生态城市化进程中的城市化模式，设计绿色发展和可持续生活方式的指南。

科睿唯安（Clarivate Analytics，原汤森路透知识产权与科技事业部）致力于通过为全球客户提供值得信赖的数据与分析，洞悉科技前沿，加快创新步伐，帮助全球范围的用户更快地发现新想法、保护创新，并助力创新成果的商业化。

专家简介

朱葛科睿唯安企业科技文献部客户经理，东北石油大学硕士，负责中国大陆地区企业市场数据库产品的推广与服务，致力于借助Web of Science平台相关产品，推动中国研究者加快创新研究步伐。曾在华为技术有限公司、中车集团、有研集团、中国石化等企事业单位做过专题讲座与报告，内容主要涉及科技文献检索与数据分析。

李丹科睿唯安学术研究事业部产品解决方案专家。博士毕业于中国科学院神经科学研究所，之后在宾夕法尼亚大学完成博士后研究。在生命科学领域具有10多年科学研究经验，熟悉科研全流程，曾在Neuron，PNAS，Cell Research，Journal of Neuroscience等期刊发表多篇研究论文。加入科睿唯安以来，结合自身的丰富科研经验，致力于借助Web of Science平台相关产品，为大学和科研机构的师生提供深入的科研信息服务解决方案。

2.9 数据中心"双碳"之路

2.9.1 什么是数据中心（Data Center）？

数据中心官方定义来自GB 50174—2017《数据中心设计规范》："为集中放置的电子信息设备提供运行环境的建筑场所，可以是一栋或几栋建筑物，也可以是一栋建筑物的一部分，包括主机房、辅助区、支持区和行政管理区等。"简单来讲就是保障IT系统、设备安全稳定运行的一个场所。指在一个物理空间内实现信息的集中处理、存储、传输、交换、管理，而计算机设备、服务器设备、网络设备、存储设备等通常认为是需要保障的关键设备。关键设备运行所需要的环境因素，如供电系统、制冷系统、机柜系统、消防系统、监控系统等通常被认为是关键物理基础设施。数据中心又分为IDC互联网数据中心（具备高速互联网接入带宽）、EDC企业级数据中心（企业级机构所拥有的数据中心）、DDC灾备数据中心（应对灾难性事件，保证业务连续性的数据中心）、CDC云计算数据中心（提供云计算服务的数据中心）、xDC（超算中心、智能算力中心、边缘数据中心等）。

从定义可以看到，数据中心是数据的中心、计算的中心、网络的中心，是5G、人工智能、云计算、区块链等新一代信息技术的重要载体，是数字经济的底座，具有非常重要的战略意义。数据中心是7×24小时×365天全年不间断运行的，双路不同路由电源供电，可想而知数据中心的用电量是多么庞大。简单举个例子，以一个中大型数据中心10000机架来计算，单机架6千瓦（行业平均值），政府要求的PUE（电能使用效率）1.4，机柜总供电容量需要120000千伏安×2路。

2.9.2 数据中心规模逐年增长

全球数据中心规模总体平稳增长。2019年全球数据中心机架数量达到750万机架（见图2-24），折合平均每机架6千瓦，安装服务器6300万台，预计未来几年总体规模仍将平稳增长，平均单机架功率持续提高。

碳达峰碳中和能源电力智库观察

图2-24　全球数据中心机架规模

资料来源：中国信息通信研究院提供。

我国IDC市场规模平稳增长，大型以上数据中心成为增长主力。据统计，2013年以来，我国数据中心总体规模快速增长，截至2019年底，我国在用数据中心机架总规模达到315万架（数据来源：《全国数据中心应用发展指引》，以2.5千瓦为一个标准机架），近5年年均增速超过30%。大型以上数据中心增长较快，数量超过250个，机架规模达到237万架（见图2-25），占比超过70%。规划在建大型以上数据中心超过180个，机架规模超过300万架。

图2-25　我国数据中心机架规模

资料来源：工信部信息通信发展司、中国信息通信研究院提供。

2.9.3 "双碳"目标加速"数据中心"绿色发展

2020年9月,习近平主席在第七十五届联合国大会一般性辩论上宣布,中国将提高国家自主贡献力度,采取更加有力的政策和措施,二氧化碳排放力争于2030年前达到峰值,努力争取2060年前实现碳中和。在2020年12月举行的气候雄心峰会上,习近平主席进一步宣布,到2030年,中国单位国内生产总值二氧化碳排放将比2005年下降65%以上,非化石能源占一次能源消费比重将达到25%左右,森林蓄积量将比2005年增加60亿立方米,风电、太阳能发电总装机容量将达到12亿千瓦以上。

在"双碳"总目标的指引下,2021年10月,国家发展改革委、工信部、生态环境部、市场监管总局、国家能源局五部委联合发布《关于严格能效约束推动重点领域节能降碳的若干意见》,提出"到2025年,通过实施节能降碳行动,钢铁、电解铝、水泥、平板玻璃、炼油、乙烯、合成氨、电石等重点行业和数据中心达到标杆水平的产能比例超过30%,行业整体能效水平明显提升,碳排放强度明显下降,绿色低碳发展能力显著增强。"这一目标,首次将数据中心与八大高耗能行业一同列为重点领域。

地方政府相继出台政策引导数据中心的绿色发展。2018年北京市更新《北京市新增产业禁止和限制目录》,城六区禁止新建和扩建互联网服务中的数据中心,其他区域禁止新建和扩建信息处理和存储支持服务中的数据中心,PUE值在1.4以下的云计算数据中心除外。2021年北京市发布《北京市数据中心统筹发展实施方案(2021—2023)》,提出以集约化、绿色化、智能化为目标,打造世界领先的高端数据中心产业集群。上海市发布《上海市推进新一代信息基础设施建设助力提升城市能级和核心竞争力三年行动计划(2018—2020)》和《上海市数据中心建设导则(2021)》等政策,提出严格限制建设数据中心,确有必要的必须绿色节能。深圳市发布《深圳市发展改革委员会关于数据中心节能审查有关事项的通知》,指出建设完善的能源管理体系,对于PUE低于1.25的数据中心优先支持。广东省发布《广东省5G基站及数据中心总体布局规划(2021—2025)》,指出优先布局绿色数据中心，各地市有序推进数据中心建设，先提高上架率，后扩容与新建。

政策导向是外因，数据中心行业的内因也是对绿色节能追求已久。从数据中心全生命周期来看，除在数据中心规划设计时就要申请足够的供电容量外，在数据中心更长的运行周期中，电费更是占到了60%的经营成本，所以行业内追求极致的PUE而降低电费成本是一直以来的重要目标（见图2-26）。

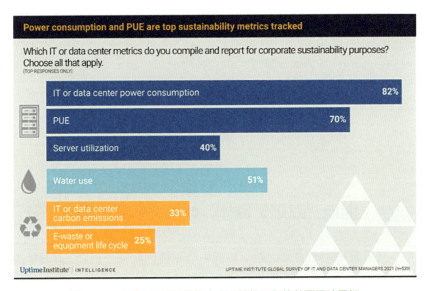

图2-26 功耗和PUE是数据中心可持续运行的首要跟踪目标
资料来源：Uptime提供。

但是由于IT技术的发展，机架功率密度从2.5千瓦大幅提升到5～10千瓦，部分高性能计算更是达到了每机架20～30千瓦，甚至AI算力的功率密度更高，所造成的能耗问题越来越严重，经过2010年上半年的大幅效率提升后，在过去五年左右平均PUE值已经趋于平缓（见图2-27）。

从外因和内因综合来看，"双碳"目标只是为数据中心绿色发展装上了加速器，倒逼数据中心行业从更广阔的角度去综合考虑数据中心节能、绿色、减碳之路。

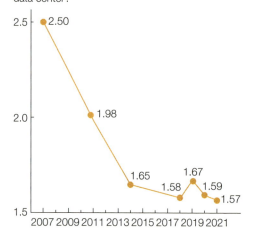

What is the average annual PUE for your largest data center?

Uptime Institute® | INTELLIGENCE
UPTIME INSTITUTE GLOBAL SURVEY OF IT AND DATA
CENTER MANAGERS 2007-2021 (n=566)

图2-27　全球PUE渐趋平缓

资料来源：Uptime提供。

2.9.4　面向"双碳"目标，数据中心行业发展趋势

回顾数据中心发展之路，数据中心主要能耗来源仍然是IT设备能耗、制冷能耗和供配电能耗。通过应用不同的技术，提高数据中心效率，降低数据中心PUE仍然是最有效的方法。

1. 技术提升

继阿里巴巴集团在杭州数据中心使用浸没式液冷技术后，网宿科技数据中心也应用了浸没式液冷技术，数据显示，可将散热能耗降低90%～95%，IT设备能耗降低10%～20%，PUE低至1.049；腾讯控股有限公司、百度在线网络技术有限公司数据中心应用高压直流技术，百度某数据中心显示通过市电＋UPS、市电＋HVDC等多种供电方式，可使整体供电效率达95%～97%，与传统双路UPS的供电方式相比，年节约电约200万千瓦时；华为技术有限公司（简称"华为"）、中国联通数据中心使用不间断模块化电源，在低负荷工况下可提升单台UPS负

载率，可降低约10%的损耗。秦淮数据、鹏博士、优刻得等数据中心使用间接蒸发制冷技术，高效利用自然冷源，可使制冷系统能耗下降40%~60%。大型数据中心普遍使用了余热回收技术。大数据、人工智能等先进信息技术与数据中心深度融合，在建立数据中心能耗深度学习模型，实时监控运行数据，持续进行系统调优并给出维护策略，实现智能供电、智能散热、确保数据中心低能耗高性能运行。

数据中心龙头企业之一万国数据服务有限公司（简称"万国数据"），在2021年12月21日发布了新一代绿色Smart DC，其模式是通过将预制化敏捷交付模式，结合深度定制、软硬协同的机电产品，融合液冷、储能、氢能等绿色新能源技术方案，以及最佳运营实践赋能的BMS系统，辅以数字化、白盒化的系统工具，交付成第一代Smart DC（见图2-28）。

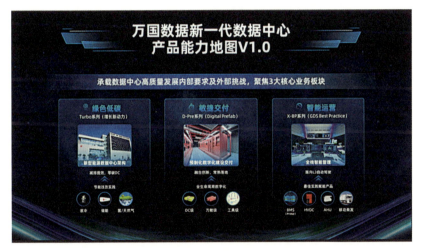

图2-28　万国数据新一代Smart DC

资料来源：万国数据提供。

在内部技术可控的驱动下，数据中心的绿色节能有了长足的进步，PUE也有了不小的降低，但正如前文提到的，PUE已经趋于平缓，要想大幅降低就要从根本的外因上去想办法了。

2. 可再生能源利用

数据中心降低能耗的举措，虽然在一定程度上取得了进步，但仅依靠节能技术难以实现数据中心真正意义上的碳中和,大比例使用可再生能源是普遍认可的实现碳中和的必要途径。在中国双碳战略框架下,中国大型数据中心向可再生能源转型已经踏出了关键的一步,目前,数据中心企业使用可再生能源的途径主要来自市场化交易采购,购买绿色电力证书,投资建设分布式电站,或参与建设大型集中式电站;阿里巴巴、腾讯、百度、华为、京东、优刻得、万国数据、数据港、秦淮数据、鹏博士,以及中国移动、中国联通等都通过采购或自建电站使用可再生能源发电。

已有先行者为数据中心在双碳战略框架下,向可再生能源转型做了更加积极的实践:华为与青海省政府联合建设并培育面向全国的具有青海特色的鲲鹏计算产业生态,着力打造全国首个100%利用清洁能源运营的大数据产业示范基地,秦淮数据150兆瓦光伏发电项目获得山西省发展改革委许可批复,成为中国算力新基建领域首个自发自用的可再生能源电站。

2021年12月17日,阿里巴巴集团公布碳中和目标,提出不晚于2030年实现自身运营碳中和,率先实现云计算的碳中和,成为"绿色云"。作为阿里云的数字基础设施底座,在国家"双碳"政策与集团碳中和目标双重要求下,阿里云数据中心通过绿电交易、液冷等自研技术研发、能源与碳管理智能平台等措施加速阿里云数据中心"低碳绿色"进程。2021年9月,作为首批全国绿色电力交易主体,达成1亿千瓦时光伏电力交易,成为本次交易中互联网行业最大的绿色电力购买主体。2018年到2021年年底,阿里云自建基地型数据中心,预计共交易清洁能源13亿千瓦时(含风电、光伏、天然气电量),共计减排二氧化碳90.6万吨。其中,2021年预计共交易清洁能源7.2亿千瓦时,减排二氧化碳45.3万吨,交易的新能源电量与碳减排量均居国内互联网行业首位。2021年9月,阿里云绿色数据中心被生态环境部评为绿色低碳典型案例(见图2-29)。

3. 东数西算

2020年12月28日,国家发展改革委、中央网信办、工信部、国家能源局共同发布《关于加快构建全国一体化大数据中心协同创新体系的

图2-29 阿里云绿色数据中心被生态环境部评为绿色低碳典型案例
资料来源：阿里巴巴集团提供。

指导意见》。2021年5月24日，四部委再次发布《全国一体化大数据中心协同创新体系算力枢纽实施方案》。在国家层面指导数据中心全国布局，加强数据中心统筹规划和规范管理，开展数据中心、网络、土地、用能、水、电等方面的政策协同，促进全国范围数据中心合理布局、有序发展，避免一哄而上、供需失衡。

该方案围绕国家重大区域发展战略，根据能源结构、产业布局、市场发展、气候环境等，在京津冀、长三角、粤港澳大湾区、成渝，以及贵州、内蒙古、甘肃、宁夏等地布局建设全国一体化算力网络国家枢纽节点（国家枢纽节点），发展数据中心集群，引导数据中心集约化、规模化、绿色化发展。

国家枢纽节点之间进一步打通网络传输通道，加快实施"东数西算"工程，提升跨区域算力调度水平。同时，加强云算力服务、数据流通、数据应用、安全保障等方面的探索实践，发挥示范和带动作用。国家枢纽节点以外的地区，统筹省内数据中心规划布局，与国家枢纽节点加强衔接，参与国家和省之间算力级联调度，开展算力与算法、数据、应用资源的一体化协同创新，如图2-30所示。

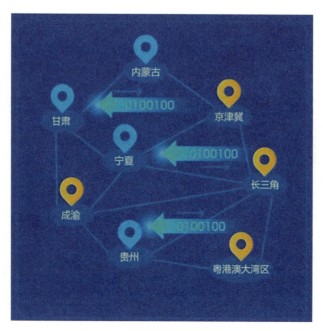

图2-30 "东数西算"工程示意图

2021年12月8日，国家发改委发布了关于印发《贯彻落实碳达峰碳中和目标要求推动数据中心和5G等新型基础设施绿色高质量发展实施方案》的通知。四部委联合发文：新建大型、超大型数据中心原则上布局在国家枢纽节点数据中心集群范围内。对于在国家枢纽节点之外新建的数据中心，地方政府不得给予土地、财税等方面的优惠政策。

到2025年，数据中心和5G基本形成绿色集约的一体化运行格局。数据中心运行PUE（电能利用效率）和可再生能源利用率明显提升，全国新建大型、超大型数据中心平均PUE（电能利用效率）降到1.3以下，国家枢纽节点进一步降到1.25以下，绿色低碳等级达到4A级以上。全国数据中心整体利用率明显提升，西部数据中心利用率由30%提高到50%以上，东西部算力供需更为均衡。

在此背景下，数据中心的绿色高质量发展势在必行，而"数据中心绿色低碳等级4A"已经成为重要衡量标准。我国多项数据中心发展政策都将"数据中心绿色低碳等级4A"作为标准和依据。2021年7月，工信部发布《新型数据中心发展三年行动计划（2021—2023年）》，要求新建大型及以上数据中心提出了达到绿色数据中心要求，同时低碳等级也需要达到4A级以上。2021年11月，国家机关事务管理局联合发展改革委、财政部、生态环境部印发《深入开展公共机构绿色低碳引领行动促进碳达峰实施方案》，明确要求"新建大型、超大型数据中心全部达到绿色数据中心要求，绿色低碳等级达到4A级以上，PUE达到1.3以下"。

为了更好地推进我国数据中心绿色低碳高质量发展，中国信息通信研究院、开放数据中心委员会（ODCC）联合绿色网格（TGGC）早在2013年就共同启动了"数据中心绿色等级评估"。2021年5月，在数据中心高质量发展大会上，ODCC联合工信部新闻宣传中心、中国信息通信研究院推出了"数据中心低碳等级评估"。目前，"数据中心绿色等级评估"和"数据中心低碳等级评估"已经成为广受业界认可评估体系。

从以上政策出台可以看到国家对于数据中心能源供给要求使用可再生能源的决心，"东数西算"的八个节点，从国家发展改革委到地方性政策导向，示范工程可再生能源利用率要达到60%甚至70%以上。

综上所述，随着5G、人工智能、云计算、元宇宙等新一代信息技术的快速发展，信息技术与传统产业也在加速融合。而数据中心作为各个行业信息系统的物理载体，作为数字经济发展的坚实底座，其重要程度不言而喻。数据中心在近年来仍然保持每年30%的高速增长，数据中心能源消耗、绿色节能、低碳发展必然会引起社会的普遍关注。

中国通信标准化协会绿色网格标准推进委员会核心工作内容是推动建立覆盖设计、测评和技术产品等方面的绿色数据中心标准体系，完成绿色标准宣贯和配套衔接落地。同时，积极与全球的第三方组织、数据中心运营商以及数据中心工作者开展技术研讨与交流互动，以便更好地制定全球标准，完成标准的互信互认。研究范围包括不限于数据中心PUE测试评估技术方法，微模块数据中心、数据中心用空调产品能效，数据中心绿色节能技术，数据中心基础设施使用率IUE™指标等研究及项目开展。

👤 作者简介

张松data24联合创始人、董事、副总裁，绿色网格（TGGC）中国副主席，中国数据中心产业联盟（中数盟）数据中心测试认证委员会委员。致力于积极开展绿色IT及数据中心能源效率方面的研究推广工作，帮助国内的数据中心工作者提升绿色节能理念与方法论，帮助用户在提升数据中心能效利用水平方面与国际接轨。

2.10 其他智库研究概览

2.10.1 碳中和研究院组建情况

2020—2021年，各省市、机构、大学成立20个"碳中和"研究院。

1. 长三角碳中和战略发展研究院

2020年12月，全球首家以"碳中和"命名的研究机构——长三角碳中和战略发展研究院在南京成立。碳研院由南京市政府联合东南大学等有关方面共同组建，将聚焦碳中和领域的政策、技术、产品等开展研究，促进碳中和技术成果转化和推广应用，为地方政府提供碳达峰碳中和的政策咨询，为企业提供绿色转型的解决方案。

2. 中国科学院大气物理研究所碳中和研究中心

2020年12月，中国科学院大气物理研究所碳中和研究中心挂牌成立。该中心的成立将推进碳排放的科学研究，预估2030年和2060年的全球及我国碳收支特征，研究规划最优碳中和路径的方法论，评估可能生态工程方案和转换能源结构的科学途径，为我国2060年前实现碳中和目标提供科技支撑。

3. 江苏省碳中和联合研究中心

2021年1月，江苏省碳中和联合研究中心由江苏省环境科学研究院、中国矿业大学共同发起组建，主要依托中国矿业大学低碳能源研究院、江苏省煤基温室气体减排与资源化利用重点实验室和江苏省环境科学研究院的相关机构，聚焦碳中和与碳减排领域的宏观战略研究、基础性研究、重大理论技术创新、科技成果转化，服务国家碳中和战略实施和江苏省碳中和背景下的经济社会可持续发展。

4. 华能碳中和研究所

2021年2月，华能碳中和研究所将依托华能能源研究院，开展碳中和战略方向、演进规律和科技创新等方面基础研究，重点研究碳中和对国家能源体系、能源市场、供需关系等产生的影响，再电气化对实现碳中和目标的关键作用，中国华能实现碳中和目标的路径和关键技术选择等。

5. 碳中和绿色技术联合研发中心

2021年2月，中国科学院过程工程研究所、燕山石化、中国石化工程建设有限公司（SEI）联手成立碳中和绿色技术联合研发中心，目的在于解决绿色低碳原创技术产业化和人才平台共享等问题。三方将充分发挥各自优势，推动绿色低碳科研成果高效转化为卓越生产力，在建设碳中和工业示范园区、探索创新研发中心建设模式、构建产学研融合机制等方面加强合作，为加快开展碳达峰碳中和战略研究及降碳行动作出应有贡献。

6. 绿色设计与碳中和长三角研究中心

2021年2月，绿色设计与碳中和长三角研究中心是世界绿色设计组织在长三角设立的首个研究基地，依托华东理工大学艺术设计与传媒学院建设发展。研究中心"立足上海、放眼长三角、借力国际"，以绿色设计研究为重点，以生态文化建设和低碳技术与规划为支撑，服务国家减排战略。该研究中心将以我国实现"碳达峰"与"碳中和"的战略目标为导向，专注于绿色设计全过程的研究与实践。

7. 山西碳中和战略创新研究院

2021年3月，山西碳中和战略创新研究院在山西转型综合改革示范区发起设立。山西碳中和战略创新研究院将充分发挥行业内头部企业的资源和平台优势，以中国工程院院士倪维斗院士为首席科学家，着力组建一个国内一流的学术专家和运营管理的团队，深度促进能源、信息、智能制造、金融等多产业融合，进一步加强相关领域的技术攻关和先进科技成果产业化，同时充分利用绿色金融模式，发挥碳基金、绿色贷款等多种金融手段，培育现代低碳经济，助力研究院的低碳产业研究成果在山西转型综合改革示范区实现转化，推动山西省能源革命，促进全面转型升级，促进国家绿色产业发展。

8. 西北大学榆林碳中和学院

2021年5月，西北大学与榆林市人民政府共建西北大学榆林碳中和科创中心签约仪式暨西北大学榆林碳中和学院揭牌仪式在榆林举行。这是全国首家校地联合综合性碳中和科创平台，将开展碳中和人才培养、科学研究、产业孵化、国际交流合作等全链条布局，推动高技术成果转化，打造碳中和创新链和产业链协同共进的双创源头。

9. 上海交通大学碳中和发展研究院

2021年5月，上海交通大学宣布成立碳中和发展研究院。研究院定位于碳中和高端智库和碳中和技术促进，对内积极推动能源、环境、信息、管理和金融等优势学科的交叉融合，对外广泛开展与政府、企业和国际各方的协同合作，实现基于学科交叉的科学研究和政产学研的有机结合，旨在为我国碳达峰碳中和目标的实现提供技术和决策支撑。

10. 中国人民大学生态文明研究院

2021年6月，中国人民大学成立生态文明研究院，关注碳达峰与碳中和等跨学科研究。立足进入新发展阶段，贯彻新发展理念，构建新发展格局对生态文明建设提出的新任务新要求，聚焦当前中国及全球面临的重大生态环境问题，关注碳达峰与碳中和等跨学科研究。开展理论体系、关键技术、工程应用、管理支撑等方面的跨学科研究，为建设美丽中国，推进生态文明可持续发展，实现人与自然和谐共生的现代化贡献人大智慧。

11. 人民碳中和研究院

2021年7月，人民碳中和研究院挂牌成立。研究院将发挥党报传播力、影响力和公信力，坚持宏观和微观相结合、理论和实践相结合、国内和国际相结合，搭建政产学研同生共长平台，以共建生态推进绿色发展，助力碳达峰碳中和目标如期实现。

12. 福建师范大学碳中和研究院

2021年7月，福建师范大学碳中和研究院成立。福建师范大学碳中和研究院是面向碳中和重大战略，深度服务社会经济发展转型，以期实现低碳甚至零碳排放和基于技术变革的增汇目标的综合性研究院，是全省首家碳中和研究院。主要开展碳中和基础理论、减排增汇技术、清洁能源、产业结构调整、政策法规、碳核算、碳交易和碳金融体系构建等综合研究，为国家、省和各级地方政府提供碳达峰碳中和政策咨询，为企业提供绿色转型解决方案，为福建省的碳中和战略提供技术支撑和智力保障。

13. 西南石油大学碳中和研究院

2021年7月，西南石油大学碳中和研究院正式成立并挂牌，设立"天然气绿色开发利用研究中心""零碳能源系统研究中心""储能技术研究中心""二氧化碳高效捕集与绿色转化研究中心"4个研究中心。这是我国能源类高校和地矿油类高校成立的第一个碳中和研究院。

14. 清华大学碳中和研究院

2021年9月，清华大学正式成立碳中和研究院。成立研究院，是充分发挥一流大学在应对全球气候变化、实现碳中和基础理论与关键技术突破等方面创新引领作用的责任担当，也是为人类命运共同体、为全球可持续发展贡献智慧与力量的重要举措。

15. 华东理工大学碳中和未来技术学院

2021年9月，华东理工大学成立华东理工大学碳中和未来技术学院。未来技术学院加强碳中和未来技术系统性方案设计，坚持以自主创新为驱动核心，以更包容的心态迎接"双碳"背景下技术变革。

16. 中国人民大学双碳研究院

2021年9月，中国人民大学校长统筹全校优势资源，成立全国高校首个双碳研究院，与两家国家高端智库中国人民大学国家发展与战略研究院和中石油经研院合作共建"碳中和研究中心"。

17．南京工业大学碳中和协同创新研究院

2021年9月，南京工业大学碳中和协同创新研究院致力于服务碳达峰碳中和目标需求，重点在碳分离捕集与催化转化、生物质碳资源开发与循环、新能源与新材料、工业流程再造、低碳水泥与建筑节能等方面形成共性支撑技术。在碳中和、碳达峰核心关键技术研发与推广、人才培养、智库建设等方面发挥积极引领作用，努力建设成为支撑引领工业生产绿色转型发展的重要创新策源地和科技成果供给地。

18．鄂尔多斯碳中和研究院

2021年9月，鄂尔多斯碳中和研究院成立。鄂尔多斯碳中和研究院由鄂尔多斯市国有资产投资控股集团有限公司、鄂尔多斯市高质量发展投资有限公司共同出资设立，主要从事碳减排、碳转化、碳捕捉、碳封存技术研发与服务，大气污染治理和环境保护。为企业提供科技中介服务，为鄂尔多斯市转型发展提供技术支持，是集科技研发、成果转化、企业孵化、学术交流等功能于一体的科技创新平台。

19．东南大学碳中和世界大学联盟

2021年10月，由东南大学和英国伯明翰大学共同倡议发起的"碳中和世界大学联盟"成立。该联盟是全球首个聚焦碳中和技术领域人才培养和科研合作的世界大学联盟。为全球社会低碳发展，国家和地方实现"双碳"目标培养拥有国际视野和创新能力的拔尖人才，提供全球领先的技术创新支持。

20．中央民族大学碳中和研究院

2021年10月9日，中央民族大学经济学院碳中和高端论坛暨碳中和研究院成立大会在北京中央民族大学举行。来自国家民族事务委员会、教育部、生态环境部和自然资源部、中国科学院、国家应对气候变化战略研究和国际合作中心、中央财经大学、北京化工大学、中国人民大学、中央民族大学、中国碳中和50人论坛、北京止于至善投资管理公

司等单位的领导和专家学者出席成立大会。中央民族大学经济学院碳中和研究院的成立，标志着学校和学院将进一步聚焦国家重大战略需求，解决民族地区在实现"双碳"目标过程中环境和经济社会可持续发展面临的重大科技问题，为民族地区高质量发展提供重要支撑。

21. 中国城市碳中和指数实验室

2022年1月17日，世研智库和守望地球环境保护服务中心联合发起、共建的中国城市碳中和指数实验室在北京挂牌成立。中国城市碳中和指数是评价和衡量城市在碳达峰碳中和进程中的动态相对数，具有直观性和指导性，将提供城市在与碳中和相关的各个板块的数据支撑，成为衡量城市碳中和进程中的有效举措，进而为城市提供碳中和有效规划，以抓住"双碳"目标的机遇、全方位、战略性、差异化布局相关产业，助力国家双碳目标，为城市全方位布局降碳、减碳、零碳和负碳工作提供一定的指引和参考。

22. 中国科学技术大学碳中和研究院

2022年1月22日，中国科学技术大学碳中和研究院成立暨重点项目启动大会在东区师生活动中心举行。安徽省省长王清宪出席会议并讲话。校党委书记舒歌群、校长包信和出席会议。王清宪、包信和为碳中和研究院揭牌，并与研究院学术委员和合作单位代表座谈。中国科学技术大学将充分发挥好国家战略科技力量作用，围绕碳达峰碳中和等重大战略，加强学科建设和人才培养，完善合作机制，推进重大项目攻关，为实现高水平科技自立自强做出更大贡献。

23. "双碳"与金融研究中心

2022年1月28日，北京银行与中央财经大学战略合作签约仪式暨"中央财经大学—北京银行'双碳'与金融研究中心"揭牌仪式在北京银行大厦举行。此次战略合作精准对位绿色金融创新需求，将国家战略、高校智库与银行创新进行有机结合，将共同探索绿色金融服务创新前沿阵地，合作开展课题研究，促进能力培养，举办系列活动，携手助力"双碳"战略目标，践行社会责任与担当。

24．湖北碳中和技术创新研究院

2022年3月2日，湖北省科技厅已批复组建湖北碳中和技术创新研究院。研究院由华中科技大学牵头，联合武汉大学等省内高校、国家能源集团等优势产业科研力量共同组建，着力打造全国绿色低碳科技创新示范引领高地，带动长江经济带形成国际领先的碳中和战略性新兴产业集群。

2.10.2　国内外智库研究成果

1．麦肯锡：《2021年全球能源透视》

［译文节选］

1月，知名咨询顾问公司麦肯锡（McKinsey Company）发布《2021年全球能源透视》报告，对转型中的全球能源系统关键维度进行了深入介绍，并模拟了未来几十年能源需求将如何演变。

报告预测，化石燃料的总需求可能从2030年提前到2027年达到峰值。其中，全球石油的需求峰值可能会在2029年到达，天然气的需求峰值可能会在2037年出现。天然气需求达峰之后，因电力部门将从基本负荷提供者向灵活性补充角色转变，从而导致天然气需求快速下降。

在未来十年内，可再生能源将比现有的化石能源发电更便宜。这将引发太阳能光伏和陆上及海上风电装机容量的急剧增加（预计到2035年，太阳能和风能的新增装机容量将增加5太瓦，相当于在目前基础上再增长5倍）。

新冠肺炎疫情的影响永久改变了能量需求曲线。尽管需求在1到4年内有望反弹至2019年的水平，但仍没回到此前的增长水平和路径。电力和天然气的反弹要比石油需求来得更快，煤炭则不会恢复到新冠肺炎疫情前的需求水平。

麦肯锡在有关新冠肺炎疫情对经济增长的影响所做的研究中引入了一系列情景，以反映公共卫生应对措施的有效性水平以及政策干预的速度和力度，并基于"病毒仍在、增长回归"这一情景作为报告各种预测的基础。报告指出，鉴于许多经济复苏计划的规模巨大，刺激措施的重点在未来几十年的能源体系塑造中将起着关键作用。

2. 全球碳捕集与封存研究所:《全球碳捕集与封存现状2020》

[译文节选]

2021年1月,全球碳捕集与封存研究所(Global CCS Institute)发布《全球碳捕集与封存现状2020》报告,彰显了碳捕集与封存技术(CCS)在2050年前实现净零排放方面所发挥的重要作用。同时,报告还记录了CCS技术的现状和过去12个月的重要里程碑。报告就全球CCS设施规划、国际政策、二氧化碳封存以及CCS法律法规环境提供了详细信息并做出深入分析。

此外,报告对CCS在北美、欧洲、亚太和海湾合作委员会国家等四个区域取得的进展做了深度剖析,对CCS的重大创新和应用单独开辟一章加以阐述,并邀请来自工业、金融业、气候变化、能源行业、学界等各行各业的专家发表独到见解。

报告指出,自2019年以来,全球捕集封存能力上升33%,全球有65座商业CCS设施分别进入不同开发阶段。

3. 全球能源互联网发展合作组织:《中国2030年前碳达峰研究报告》

3月18日,全球能源互联网发展合作组织在北京举行"中国碳达峰碳中和成果发布暨研讨会",并重磅发布《中国2030年前碳达峰研究报告》,主要内容包括:2030年前实现碳达峰意义重大、任务艰巨,实现碳达峰的总体思路是以清洁低碳可持续发展为方向,以构建中国能源互联网为基础平台,加快实施"两个替代",促进"双主导、双脱钩"。

4. 渣打银行全球研究团队:2060年前中国在脱碳进程中需进行高达127万亿~192万亿元人民币的投资

5月18日,渣打银行全球研究团队发布报告显示,为达成碳中和目标,2060年前,中国在脱碳进程中需进行高达127万亿~192万亿元人民币的投资,相当于平均每年投资3.2万亿~4.8万亿元人民币。

该报告重点关注中国实现"双碳"目标所面临的机遇与挑战、碳达峰和碳中和的可能路径、减排所需经济转型、宏观经济及行业机会与成本、对外贸与投资的影响，以及绿色投资和绿色金融的作用。研究发现：考虑到中国能源密集型增长模式和以煤炭为主的能源消费体系，以及相对较短的碳达峰到碳中和的过渡期，实现这一目标对中国来说极具挑战。政府需兼顾中期内的增长目标与降低碳排放强度的约束性指标，有鉴于此，中国的年碳排放量约在2030年或之前达到峰值108亿~116亿吨。减碳要求中国经济推进重要转型，意味着服务业、低碳和高科技制造业的GDP占比上升，且能源消费由化石能源转向可再生能源。中国强大的制造业能力和规模经济，使其在从可再生能源的研发到大规模生产和消费并实现盈利的跨越中处于有利地位。金融业在为绿色投资融资、管理气候变化和产业转型风险，以及推进碳排放合理定价方面将起重要作用。

5. 安永会计师事务所：《双碳背景下中国能源行业转型之路》报告

7月27日，安永会计师事务所发布《双碳背景下中国能源行业转型之路》报告。报告从技术、金融和政策角度探讨我国经济增长带动能源需求持续增长的大背景下，高碳化能源的结构转型，以及"双碳"目标为能源行业带来的挑战与机遇。

报告指出，实现能源生产领域减碳必须加快清洁能源替代化石能源，提高其在一次能源总用量的比例，电力行业是重中之重。在发展新能源装机方面，到2030年，我国电源装机总量将增长至38亿千瓦，清洁能源装机占比将达到68%。未来十年，清洁能源装机将增加约16亿千瓦，2020年到2030年复合增长率为10.5%。

6. 中国宏观经济研究院：建立投资项目"碳评"制度从源头上促进绿色低碳发展

建立投资项目"碳评"制度的初步设想，建议低碳发展主管部门对固定资产投资项目实施低碳减碳评价制度。

投资项目碳评制度的主要内容和要求：①投资项目概况包括项目建设单位简介和项目建设地址、建设规模、主要建设内容、建设标准和投资规模等；②投资项目所在区域碳排放总量情况及控制性指标；③投资项目碳排放情况及其可能造成影响的分析和预测；④减少碳排放的主要非工程措施和主要工程措施及其经济、技术论证；⑤经济损益分析；⑥对投资项目实施低碳减碳监测的建议；⑦碳评主要结论和建议。

7. 剑桥大学：实现碳中和，需要加紧研发哪些课题

剑桥大学学者发表文章指出，实现净零排放的目标需要技术、社会和基于自然的解决方案的组合，提出了在未来10年需要优先研究的领域和课题涉及电力系统、建筑、公路交通、航空和海运、工业、土地、海洋、农业、垃圾、温室气体的移除。

（1）电力系统分为发电、储能、系统规划与运行、电网四大类。

1）发电需要优先研究的内容。

a. 新的形状和安装模式的薄膜太阳能电池材料；

b. 如何设计风力涡轮机，以在叶片、涡轮机、塔架等约束条件下提供灵活的电力输出；

c. 采用低成本的方式，为具有碳捕获和储存功能的天然气厂提供灵活性；

d. 如何降低海上漂浮风电的成本；

e. 提高潮流涡轮机的稳健性，开发新技术，例如海上漂浮风电、波浪和潮汐发电；

f. 小型模块化核反应堆的可行性；

g.（海洋）可再生能源对自然资本和生态系统服务的累积影响，以及监测和缓解这些影响的方案。

2）储能需要优先研究的内容。

a. 高充放电循环效率技术（>60%）；

b. 降低电解槽成本和耗水量的方法；

c. 提高光催化制氢的效率；

d. 储氢；

e. 高能量密度蓄热；

f. 电池的替代材料；

g. 确定储能容量需求的方法。

3）系统规划和运行需要优先研究的内容。

a. 改进转换和控制系统，以提供稳定的电力系统运行；

b. 基于先进优化技术的新决策支持工具；

c. 气候变化对可再生能源发电的影响。

4）电网需要优先研究的内容。

a. 如何增加高压直流（HVDC）变流器和电缆的容量，并促进覆盖全国和国际大面积的多端网络的运行（如跨越纬度的HVDC互连，以传输太阳能）；

b. 气候变化对电网造成的压力。

（2）工业分为CCUS、能源效率和氟化气体三大类。

1）CCUS需要优先研究的内容是解决CCUS加快部署的瓶颈，实施系统方法，将集群级工程和环境/技术解决方案与经济、行为和政策相结合。

2）能源效率需要优先研究的内容。

a. 产业厂址之间的整合，以优化能源/资源利用；

b. 产业协同的潜力，即产业集群层面的循环经济；

c. 关键材料和技术所需金属的供应。

3）氟化气体需要优先研究的内容。

a. 自下而上和自上而下清单之间的差异，更好地监测和量化氟化气体排放；

b. 现有技术的改进（例如铝的生产用脱碳阳极、置换气体）；

c. 探索气候缓解方案和替代方案，对新兴技术进行广泛的生命周期分析；

d. 将减排技术从半导体扩展到铝和稀土制造。

（3）温室气体的移除需要优先研究的内容。

1）如何平衡二氧化碳去除与实现其他可持续发展目标；

2）可持续的生物量资源利用；

3）改进二氧化碳捕获和储存的技术方法；

4）非二氧化碳温室气体的捕集；

5）将碳封存与二氧化碳利用联系起来的创新方法。

8. 德勤会计师事务所：碳中和道路上的税收策略

商业领袖们对于他们设定的目标给予了越来越多的关注，特别是在发展过程中和他们目标背道而驰的环境、社会及公司治理（ESG）目标。这将气候应对和碳中和道路摆在商业战略中更加核心的位置。税收将在未来成为决策的核心议题，而这将会和经济领袖带领企业打造组织机构、迈入世界低碳未来息息相关。

碳中和发展的道路。 气候变化是我们这个时代的决定性问题。政府政策、客户、员工和消费者的需求、投资者压力和技术都趋于推动脱碳。在这种背景下，企业的角色正在改变，因为社会越来越要求企业充当一股积极的力量。企业将在应对气候变化方面发挥关键作用，许多组织已经公开承诺要减少温室气体的排放。

为什么对税务团队很重要。 对许多组织来说，气候变化将对商业运营产生深远的影响。与任何业务转型一样，业务模式和供应链的变化都将带来截然不同的税收结果。政府在实现碳中和的路上将在税收领域使用许多政策杠杆，从奖励和激励措施到面向碳排放征税。此外，针对气候承诺，政策制定者开始衡量是否要将税收和监管政策考虑进来。税务团队需要做好准备，应对可能出现的政策环境变化，确保税收考虑进商业决策，并拥有强大的技能和资源来应对新出现的商业机遇和挑战。

9. 普华永道会计师事务所：《碳资产白皮书》

碳中和是应对全球气候变化的必然选择。中国已明确提出"2030年碳达峰、2060年碳中和"的目标，将加速各行各业围绕低碳转型在战略、业务及产品等维度做出调整和能力提升。实现碳中和，不能单纯依靠现有技术和模式，需要通过市场机制鼓励持续开发低碳技术。

碳资产将成为企业发展和国际竞争的重要元素。投资开发前瞻性减排技术、布局综合效益高的优质自愿减排项目，是企业重塑核心竞争力的历史机遇。同时，企业还应当及时洞悉低碳发展的趋势，充分借助碳交易机制等市场化工具，有效管理和提升碳资产价值。

碳中和国际研究院由国际、国内生态环保、经济金融、实业科技等各界专家智库组成，致力于为环境权益定价、为低碳发展赋能，推动应对气候变化的国际合作。未来，我们愿与全球专家、企业深入交流、密切合作，持续创新低碳发展技术与模式，促进碳资产定价，助力全球碳中和。

全球气候治理进程不断推进，企业亟需建立绿色、韧性的发展模式。碳资产，即减碳增汇活动的价值发现过程将改变国家、企业乃至个体的发展模式，也是实现碳中和的重要途径之一。各市场主体对减排量的需求增加，碳资产价值将得到显著提升，进而对企业的减排策略、总资产价值等产生重要影响。

碳资产有望成为继数字资产之后另一个重要的资本，但目前，企业开发管理碳资产仍有诸多挑战。为扩大有效碳资产规模、促进企业低碳转型，我们提出碳资产三要素的框架，即提高碳资产底层数据质量、高标准开发减排技术，以及培育多层次的碳交易机制。

10. 国际能源署：《2021年全球能源评论》

[译文节选]

国际能源署（IEA）发布了《2021年全球能源评论》报告，确认了2020年的能源需求和二氧化碳排放预测结果，并在此基础上预测了2021年走势。

本报告认为，2021年全球各主要经济体正加速推广新冠肺炎疫苗接种，并普遍实施应对经济发展下滑的财政政策，对提振经济增长、刺激能源需求反弹发挥了积极作用。对此，本报告探讨了经济复苏是否有可将碳排放水平推至新高，以及实施可持续复苏新政将可多大程度遏制排放反弹，还指出了影响经济增长预测结果的不确定因素，主要包括全球疫苗推广速度、新冠肺炎病毒变异毒株出现的可能性，以及经济刺激计划的实施规模和实施效果。

本报告核心观点如下：

（1）新冠肺炎疫情持续影响全球能源需求。

（2）新兴市场能源需求较大，推动能源需求回升到2019年水平之上。

（3）2021年可能成为全球能源碳排放增量第二高的年份。

（4）运输业石油需求疲软，减缓碳排放反弹。

（5）2021年全球煤炭需求将超过2019年，并接近2014年的峰值。

（6）所有化石燃料中，2021年天然气需求较2019年将出现最大幅度的增长。

（7）电力需求增速将达到过去十年以来的最高水平。

（8）可再生能源需求增量在新冠肺炎疫情期间表现突出。

（9）2021年，可再生能源对全球电力供应增量的贡献率将超过50%。

（10）中国将贡献近半全球可再生能源发电量增量。

11. 国际能源署：《中国碳市场在电力行业低碳转型中的作用》

[译文节选]

国际能源署（IEA）发布了《中国碳市场在电力行业低碳转型中的作用》报告，旨在探索中国碳市场在推动电力行业减排和支持电力系统转型中的作用。报告基于对电力行业发展和政策趋势的理解，并依赖于对2020—2035年国家和省级层面的中国电力系统的深入建模。设计分析了三种情景（无碳价情景、碳市场情景、碳市场拍卖情景），并研究了中国碳市场基于产出和基准值的设计对发电相关碳排放、技术和成本的影响以及区域间的差异性影响。报告就如何使碳市场在激励电力行业经济有效和结构性减排方面发挥更大作用、进一步服务于中国长期气候目标提出建议。

该报告提出以下政策建议：

（1）持续收紧配额基准值、逐步融合基准线，保证基于产出的碳市场的有效性。

（2）加速电力体制改革以加强碳市场的作用。

（3）适时逐步引入配额拍卖制度，为燃料替代提供更强的碳价信号，同时创造拍卖收入。

（4）逐步将碳市场转向总量控制的设计，设置固定的排放量上限，以保证碳排放总量的确定性，支持碳达峰和碳中和目标。

（5）加强碳市场在电力行业实施过程中和扩展到其他行业后的政策协调，包括碳市场与可再生能源发展、能效提升、支持CCUS发展等政策的协调。

12. 国际可再生能源署:《借助可再生能源实现零排放》

[译文节选]

2021年9月21日,国际可再生能源署(IRENA)发布《借助可再生能源实现零排放》报告。报告认为,在2050年实现所有领域的二氧化碳零排放,特别是要消除工业和交通运输领域中的碳排放,才能满足1.5℃的气候目标。报告为政府提供了10项建议。

IRENA认为,有几个行业的脱碳会特别困难,包括能源消耗最大的四个工业领域(钢铁、化工和石化、水泥和石灰以及电解铝行业)和三个关键的运输行业(公路货运、航空和航运)。这七个领域的能源消耗和生产过程占到全部排放的38%。报告发现,到2050年,终端能源消耗中的43%现在依然没有做出重大政策调整。

该报告分析了这些行业如何在2060年前实现零排放,并评估出可再生能源和相关技术的使用可以帮助实现这一目标。具体每个领域的脱碳选项包括效率提高、电气化、直接供热和使用可再生能源的燃料生产以及二氧化碳去除措施等。

该报告指出,如果不采取这些措施,到本世纪中叶,工业领域的能源消耗和生产过程产生的排放量可能达到114亿吨,运输领域产生的排放量可达86亿吨。除了这几个领域做出具体行动外,在更高层级还需要跨领域行动。

13. 联合国环境规划署:《2021年排放差距报告:热火朝天》

2021年10月联合国环境规划署发布《2021年排放差距报告:热火朝天》。报告指出,全球新版和更新版国家自主贡献目标仅在2030年预测排放量基础上减排了7.5%,而实现《巴黎协定》1.5℃温控目标需减排55%。更新后的2030年气候承诺将世界置于"截至本世纪末升温至少2.7℃"的轨道上。这远高于《巴黎协议》设定的温控目标,并将引发灾难性的气候变化。

14. 中金研究院:构建"碳市场为主,碳税为辅"的碳定价体系

与碳税相比,作为一种数量型碳定价机制,碳市场在增强了碳减排

量确定性的同时，付出的代价是碳价的不确定性。高度波动的碳价意味着企业投资低碳技术的回报预期是不确定的，这不利于促进碳中和相关技术进步。

分析表明，电力、钢铁两个行业更适合采取碳定价机制，这两个行业合计占到了总排放的62%。因此，从排放占比的角度看，碳市场虽然不适合作为约束全部行业的定价机制，但确应成为最主要的碳定价机制。如前所述，与碳税相比，价格不确定性较大、对创新的激励不足是碳市场存在的主要问题。从欧盟、美国碳市场运行的实践来看，通过合理的交易机制设计能够在一定程度上缓解这两个问题。具体而言，是在配额分配环节推行以拍卖为主的交易机制，在配额交易环节引入期货等衍生品，即构建以"拍卖+期货"为核心的碳市场交易机制。

15. 清华大学绿色金融发展研究中心：金融机构碳核算的发展现状与建议

我国的企业碳核算工作结果要达到可比性强、准确性高、实用度高的水平，仍面临诸多挑战。要进一步推动我国企业（资产）层面上的碳核算实践，促进金融行业气候风险分析工作的开展，建议在以下几个方面努力：

第一，补充出台未覆盖行业的碳核算报告标准。目前已出台标准和纳入核算范围的行业，主要是碳密集程度较高的行业。对其他行业的碳核算缺乏标准指导。碳中和目标的实现需要各个行业的共同努力，同时金融资产也涉及几乎所有行业。因此，补充出台未覆盖行业的碳核算报告标准，将有助于实现核算金融资产的碳排放的全覆盖。

第二，加强部门之间的信息共享与交流。目前，满足碳核算门槛的八大行业类别的企业已经多年上报碳排放核算数据信息，但是金融机构或金融监管机构对这些信息缺乏直接和公开的获取渠道，提高了碳核算工作前期数据获取的难度和成本。建议环保部门建立信息披露平台，方便金融部门获得相关信息。

第三，出台约束性法律法规，明确碳核算责任。目前出台的碳核算行业标准基本都属于推荐性的标准，缺少法规的约束力，参与的企业和行业局限于特定的试点省市或特定的行业。出台相关的法律法规能加速碳核算工作开展的深度、广度和可比性，为我国经济转型奠定基础。

第四，鼓励关于金融机构碳核算的方法研究。我国现有针对企业（组织）和项目的温室气体核算指南都不包含企业上下游运输产生的排放、企业使用产品的碳足迹以及这些产品使用过程中的排放。对金融机构和其他服务型组织和企业来说，上述不包含的碳排放量不容忽视。再者，确认资产排放数据后，国内仍缺少界定金融资产的碳排放责任的权威标准。在碳中和与防控转型风险的双重背景下，亟须开发符合国情的金融机构温室气体核算指引（南）。针对金融机构的碳排放方法和标准，国际上PCAF做了有效的尝试，但对于资产类别的覆盖尚为有限，且计算中涉及变量的定义细节尚未标准化。我国需要在这些方面进行更深入的探索和研究。

3

实践案例

3.1 基于"双碳"目标下湖南省能源发展路径研究

碳达峰碳中和目标提出以来，国网湖南经济技术研究院迅速响应，率先开展了湖南省双碳路径及能源电力转型发展研究，聚焦能源形态顶层设计与电源体系发展脉络，提出"双碳"目标下湖南省能源电力发展最优路径，通过构建细化的能源—环境—经济发展模型，全面核算湖南省碳排放及碳汇现状，开展双碳目标下能源形态顶层设计研究，聚焦双碳目标下我省电源发展路径研究。

碳达峰是湖南省打造国家先进制造业高地的重大机遇，但湖南省实现碳达峰也面临着诸多挑战。首先是能源需求持续增长的挑战。湖南省处于工业化城镇化后期，预计"十四五""十五五"能源需求年均增速分别为2.93%、1.92%左右，既要控排放又要保增长，给碳达峰带来巨大挑战。其次是高碳化能源结构带来的挑战。湖南省化石能源占一次能源消费比重约为76%，煤炭占比约为55%，呈现"一煤独大"的格局，清洁能源占一次能源比重高于全国平均水平。三是重型化产业结构带来的挑战。2020年湖南省六大高耗能产业能耗占规模化工业能耗约84%，产业结构高碳特征明显，传统产业转型升级挑战大。除此之外，实现碳达峰目标的路径也存在极大的不确定性，它取决于经济发展水平、经济结构布局、能源系统的低碳转型力度、排放规制政策选择等多个方面，且不同政策工具在促进碳排放达峰或提早达峰的成本和收益并不相同。碳排放峰值的出现应是湖南省能源、经济、环境等多个系统成本收益综合最优的结果，也应是湖南省产业部门多方整体协同优化调整的结果。

3.1.1 湖南省能源消费与碳排放现状

1. 湖南省能源消费现状

能源消费总量是指一个国家（地区）国民经济各行业和居民生活在一定时期内消费的各种能源的总和，包括原煤和原油及其制品、天然气、水电、风电、核能等，不包括低热值燃料、生物质能和太阳能等的利用。

湖南省2008—2020年能源消费总量趋势如图3-1所示。从整体上看，湖南能源消费呈现M型阶段型增长。2008—2011年湖南省能源消费增长较快，年均增速8.5%。2012年后受国家节能减排、经济转型等政策影响，能源消费总量增速放缓，个别年份消费总量负增长；2015年开始能源消费总量再次呈现稳步增长，2020年湖南省能源消费总量为16275万吨标煤，约占全国总量3.3%，排名全国第13。

随着能源转型逐步推进，湖南省能源消费中煤炭比重逐年下降，由"十二五"初期70%左右下降至"十三五"末期60%左右；石油消费比

图3-1 湖南省2008—2020年能源消费总量趋势

重逐年稳步提升，由2008年15.9%提升至2019年22.3%；水电及风电消费比重由2008年13.2%提升至2016年16.5%，2017—2019年占比回降至15.7%左右。整体而言，湖南能源消费供需结构仍以煤炭、石油、天然气等化石能源为主，2020年煤炭、石油、天然气及非化石能源消费占比分别为55%、18%、3%、24%。

2. 湖南省碳排放量估算

以湖南省规模以上工业企业化石能耗数据为基础，主要针对煤炭、石油、天然气三种能源，根据《省级温室气体清单编制指南》与《综合能耗计算通则》，对湖南省碳排放量进行估算，2020年湖南省化石能源碳排放总量约3.1亿吨（见图3-2），约占全国总量2.9%，排名全国第

15；全省碳排放强度0.8吨/万元，约为全国水平68%；人均碳排放4.5吨/人，约为全国水平63%。从能源种类来看，煤炭、石油、天然气产生的碳排放占比分别为77%、20%、3%，与全国水平基本一致。

从行业能耗来看，鉴于数据可获取性，选取2009—2017湖南省各行业碳排放量为样本（见图3-3），采用平均值估算2020年各行业碳排放占比情况。其中，在制造、电力、交通三大行业碳排放占比最高，分

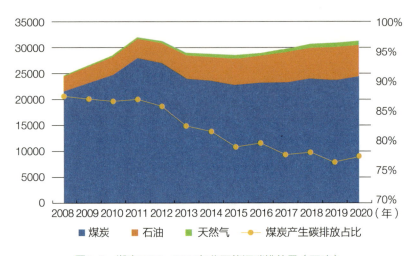

图3-2　湖南2008—2020年化石能源碳排放量（万吨）

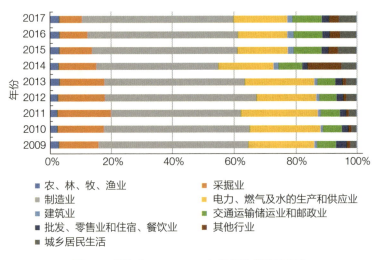

图3-3　湖南省2009—2017年各行业碳排放占比

别为50%、20%、10%。由于湖南电源结构中清洁电源占比较高，电力行业碳排占比远低于全国41%的平均水平。

3. 湖南省碳汇量估算

碳储量为静态值，而碳汇量为动态数值，即某一段时间内森林碳储量增量。根据《湖南"十四五"林业草原发展规划》设定的2025年、2035年相关发展目标，推测2060年森林资源发展趋势，并根据公式计算未来的碳汇量，得到相关指标如表3-1所示。

2020年湖南省碳汇量1113万吨，折算成CO_2约为4100万吨；预计2060年湖南省碳汇量1914万吨，折算成CO_2约为7000万吨。

表3-1 湖南省2020—2060年森林资源各项指标

指标	2020年	2025年	2030年	2035年	2060年
森林覆盖率（%）	59.96%	60.25%	60.50%	60.75%	62.00%
森林面积（万公顷）	1270.0	1276.1	1281.4	1286.7	1313.2
活立木总蓄积量（万米³）	61800	73557	87218	105082	210164
森林蓄积量（万米³）	58811	70000	83000	100000	200000
森林储碳量（万吨）	133329	138470	144286	151750	195258
森林年均碳汇量（万吨）	1012	1028	1163	1493	1740
湿地、水域等其他系统年均碳汇量（万吨）	101	103	116	149	174
总碳汇量（万吨）	1113	1131	1279	1642	1914
折算成CO_2量（万吨）	4084	4151	4695	6027	7026

3.1.2 双碳目标下湖南省能源发展路径

目前，湖南省经济已迈入高质量发展阶段。未来一段时间内湖南省GDP仍将保持中高增速，预计2020—2025年GDP年均增速5.5%，2025—2030年年均增速4.7%。中远期经济将保持稳定增长，增速逐步趋缓，预计2030—2050年年均增速3.1%，2050—2060年年均增速1.8%（见图3-4）。

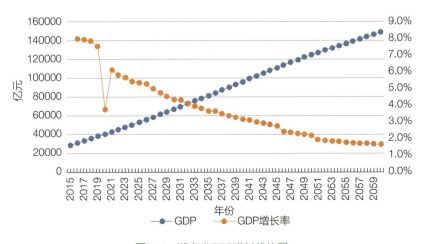

图3-4　湖南省GDP增长趋势图

单位GDP能耗是一次能源供应总量与GDP的比率，反映了能源消费水平和节能降耗状况，是能源与经济关系的重要体现。根据湖南省碳排放增长率与能源消费及GDP相关数据拟合分析，经济增长势必带来能源消费，以碳基能源为主的消费结构导致碳排放量的同步增长，碳排放与经济增长脱钩将成为湖南省实现双碳目标的必要条件。二氧化碳的排放主要来自人类对化石能源的利用，故非化石能源占一次能源消费比重反映了能源与环境之间的关系。

若单位GDP能耗、非化石能源占一次能源消费比重均不变；由于碳排放总量与GDP增长态势一致，碳排放不会达峰；若单位GDP能耗变化、非化石能源占一次能源消费比重不变，随着单位GDP能耗升高，碳达峰所需的时间延长（见图3-5）；若单位GDP能耗不变、非化石能源占一次能源消费比重变化，随着非化石能源占比升高，碳达峰时间越靠前（见图3-6）。

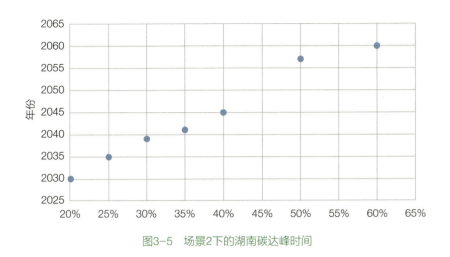

图3-5　场景2下的湖南碳达峰时间

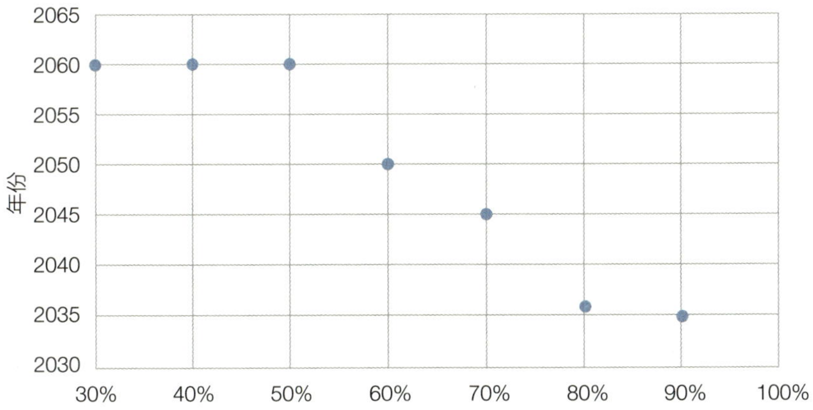

图3-6　场景3下的湖南碳达峰时间

下面以单位GDP能耗和非化石能源占一次能源消费比重为对象，针对2030年碳达峰、2060年碳中和开展多维度敏感性分析，深入探讨湖南能源发展路径方案。

1. 研究思路

经济增长、能源消费、碳排放三者之间相互关联耦合，选取LEAP模型构建能源—环境—经济模型，分情景、分部门、分能源品种测算能源需求和碳排放（见图3-7）。

设定2060年单位GDP能耗强度、非化石能源消费比重两个指标，

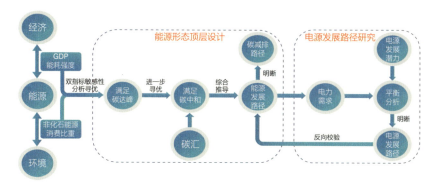

图3-7 能源电力发展路径研究思路

通过对两个指标组合以及敏感性寻优分析，推演不同目标场景下碳排放发展趋势。分别得到满足2030年前碳达峰、2060年碳中和的有效解区域，计算湖南省能源发展的高、中、低三个方案并给出推荐方案。根据推荐方案确定的能源发展路径开展行业碳减排分析、电能替代测算和电力需求预测。

2．针对2030年碳达峰分析

通过设定不同的2060年与2020年单位GDP能耗比值以及2060年非化石能源占一次能源消费比重，可得到不同的能源发展路径方案，其相应的碳达峰时间如表3-2所示，碳排放峰值如表3-3所示，其中灰色区域为满足2030年及之前碳达峰的解区域。

从整体上来看，灰色可行解的区域范围较广，这表明在对产业结构和能源结构进行针对性调控的前提下，碳达峰的实现路径选择余地相对较大：在2060年单位GDP能耗降至目前的70%以下，或者2060年非化石能源占一次能源消费比重超过40%，均有满足2030年及以前碳达峰的场景，且碳峰值也基本处于3亿～3.8亿吨之间。

3．针对2060年碳中和分析

通过设定不同的2060年与2020年单位GDP能耗比值目标，以及2060年非化石能源占一次能源消费比重目标，计算得到2060年湖南省碳排放量如表3-4所示。

基于2060年湖南碳汇能力约为0.7亿吨，将2060年实现碳中和的可

表3-2 不同指标下的湖南碳达峰时间

2060年非化石能源占一次能源消费比重	2060年与2020年单位GDP能耗比值								
	20%	25%	30%	35%	40%	50%	60%	70%	80%
30%	2031	2033	2034	2038	2042	2050	2052	2056	2060
40%	2030	2031	2032	2034	2037	2041	2050	2055	2060
50%	2029	2030	2030	2031	2032	2037	2043	2047	2050
60%	2028	2029	2030	2030	2030	2031	2035	2040	2045
70%	2027	2029	2030	2030	2030	2030	2032	2035	2037
80%	2023	2027	2030	2030	2030	2030	2030	2032	2034
90%	2022	2026	2030	2030	2030	2030	2030	2030	2031

表3-3　不同指标下的湖南碳排放峰值

2060年非化石能源占一次能源消费比重	2060年与2020年单位GDP能耗比值								
	20%	25%	30%	35%	40%	50%	60%	70%	80%
30%	3.42	3.61	3.65	3.83	4.17	4.70	5.43	6.30	7.18
40%	3.32	3.48	3.53	3.65	3.88	4.24	4.80	5.48	6.15
50%	3.23	3.39	3.43	3.50	3.68	3.92	4.30	4.79	5.28
60%	3.16	3.30	3.35	3.41	3.56	3.76	3.99	4.32	4.65
70%	3.11	3.22	3.28	3.35	3.48	3.68	3.84	4.04	4.25
80%	3.08	3.15	3.21	3.31	3.41	3.60	3.76	3.91	4.06
90%	3.06	3.09	3.15	3.26	3.34	3.53	3.68	3.81	3.93

表3-4 不同指标下的湖南2060年碳排放量

2060年非化石能源占一次能源消费比重 \ 2060年与2020年单位GDP能耗比值	20%	25%	30%	35%	40%	50%	60%	70%	80%
30%	2.21	2.46	2.90	3.35	3.80	4.70	5.60	6.50	7.39
40%	2.01	2.26	2.52	2.90	3.29	4.06	4.83	5.60	6.37
50%	1.49	1.81	2.14	2.46	2.78	3.42	4.06	4.70	5.34
60%	1.24	1.49	1.75	2.01	2.26	2.78	3.29	3.80	4.32
70%	0.98	1.17	1.37	1.56	1.75	2.14	2.52	2.90	3.29
80%	0.72	0.85	0.98	1.11	1.24	1.49	1.75	2.01	2.26
90%	0.47	0.53	0.60	0.66	0.73	0.85	0.98	1.11	1.24

行方案划分为三类:

高方案:考虑碳补集技术的发展,且碳汇量只满足能源系统碳排放,碳排放量为0.7亿~1.2亿吨;

中方案:不考虑碳补集技术的发展且碳汇量只满足能源系统碳排放,或考虑碳补集技术的发展且碳汇量满足全社会碳排放,则碳排放量在0.56亿~0.7亿吨之间;

低方案:不考虑碳补集技术的发展且碳汇量满足全社会碳排放,碳排放量低于0.56亿吨。

从表3-4可以看出,黑色区域对应高方案的解区域,其相应的湖南省2060年非化石能源占一次能源消费比重为70%~80%,2060年与2020年单位GDP能耗比值为20%~70%;深灰区域对应中方案的解区域,相应2060年非化石能源占一次能源消费比重为90%,单位GDP能耗比值为30%~35%;灰色区域对应低方案的解区域,2060年非化石能源需占一次能源消费比重90%以上,2060年单位GDP能耗比值需降至2020年的20%~25%。综合上述分析,湖南省实现2060年碳中和所需条件非常严格,难度较大。

4. 湖南省能源最优发展路径分析

以上述方案为基础,进一步计算得到3种方案下的最优能源发展路径如表3-5所示。

表3-5 湖南省能源发展路径

指标	高方案	中方案	低方案
2060年非化石能源占一次能源消费比重(%)	75.3	85.7	94.5
2060年与2020年单位GDP能耗比值(%)	31	26	23
碳达峰时间	2030年	2029年	2026年

指标	高方案	中方案	低方案
碳排放峰值（万吨）	36061	35732	33409
2060年碳排放总量（万吨）	11132	6551	3481
能源达峰时间	2035年	2030年	2030年
能源消费峰值（万吨标煤）	21567	21134	19729
2060年能源消费总量（万吨标煤）	18607	15682	13820
2060年电能占终端能源消费比重（%）	63.2	82.9	93.4
2060年全社会电量（亿千瓦时）	5817	5695	5640
2060年单位GDP能耗（吨标准煤/万元）	0.125	0.105	0.093
2060年单位GDP碳排放（吨/万元）	0.060	0.030	0.009
电力碳（万吨）	4601	4520	4483

在湖南省2060年非化石能源占一次能源消费比重达到85.7%，单位GDP能耗降为0.105吨标煤/万元的场景下，2060年碳排放值约为6500万吨，略低于全省7000万吨的碳汇能力，全社会电量约5700亿千瓦时，负荷约1.1亿千瓦，电能占终端能源消费比重约83%，工业、建筑、交通、商业、居民行业电气化率分别约88%、84%、80%、96%、69%。中方案场景的各项指标处于其他2种场景的中间水平，发展更为均衡合理，该发展路径是实现湖南省碳中和目标的最优能源发展路径。

3.1.3　结语

实现碳达峰和碳中和是党中央、国务院统筹国际国内两个大局做出的重大战略决策，对加快促进生态文明建设、保障能源安全高效、推动经济转型升级、引领应对气候变化、实现"两个一百年"奋斗目标具有重大意义。

随着产业结构持续优化和能耗强度降低，湖南省2030年前完成碳达峰目标存在的场景较多。但在湖南省森林碳汇能力提升有限的情况下，湖南省实现碳中和的条件非常苛刻。以均衡合理的发展路径实现2060年碳中和目标，非化石能源占一次能源消费比重需提升至86%，且单位GDP能耗需降至0.1吨标煤/万元，湖南的产业结构调整、能源发展、节能减排将面临巨大压力。

实现"双碳"目标是一场广泛而深刻的变革，要提高战略思维能力，把系统观念贯穿"双碳"工作全过程，结合湖南省实际需大力持续实施能源开发清洁替代、能源使用电能替代，构建以新能源为主体的新型电力系统，加快形成以清洁能源为基础的经济产业体系和绿色生产生活方式，实现能源与碳脱钩、经济与碳排放脱钩的新发展形态，促进湖南省能源、经济、环境的可持续协调发展。

作者简介

谭玉东男，博士，高级工程师，主要研究方向为能源电力供应与保障，电力交易。E-mail: yudongtan@126.com

周年光男，博士，教授级高级工程师，主要研究方向为热动动力工程，高电压技术和电力系统稳定分析，E-mail: hee5391@163.com

文明男，博士，教授级高级工程师，主要研究方向为能源电力供应与保障，电力市场与电价。E-mail: 176393430@qq.com

谢欣涛男，学士，教授级高级工程师，主要研究方向为电网规划、能源电力经济。

3.2 构建新型电力系统背景下的基层供电公司工作实践

"十四五"是实现"双碳"目标的关键期和窗口期，也是连云港市清洁能源低碳转型的关键时期。连云港市邻接黄海，海岛资源丰富，拥有9个旅游性海岛，同时也是国内七大化工示范基地之一。国网江苏省电力有限公司连云港供电分公司（以下简称国网连云港供电公司）作为基层供电企业，近年来以实际行动积极探寻如何构建源网荷储协同互动的平衡保障体系，在海岛微电网、岸电储能、零碳县域等领域取得了一系列重要成果，为连云港电网早日建成新型电力系统、实现"双碳"目标打下了坚实基础。

3.2.1 海岛微网探索电力供应新模式

分布式微电网是消纳新能源的有效途径，大电网配合微电网更是新型电力系统建设过程中不可或缺的角色。江苏省共有26座岛礁，而连云港境内就有20座。其中，车牛山岛等9座海岛被定位为旅游型海岛。国网连云港供电公司通过五年时间，建成了连云港全域海岛智能微电网。其中，在车牛山岛，建成了国内首个交直流混合型海岛微电网，如图3-8所示。在连岛，建成了能源互联网践行区。随着"双碳"目标的提出，国网连云港供电公司正积极探寻海岛微电网的全新供电模式，旨在通过建设贯通开放的能源信息网与主动高效优质便捷的能源服务体系来更好的服务新型电力系统建设。

3.2.2 岸电储能助力双碳落地新阶段

"双碳"目标背景下，船用岸电的推广应用是未来发展大趋势。连云港作为港口城市，港口负荷本身具有强随机性和冲击性，对未来高比例新能源接入的电网存在较大影响。因此，为保障港口负荷的供电可靠性，国网连云港供电公司积极投身岸电储能建设，并于今年建成投运国

图3-8　微电网现场图

内首套岸电储能一体化系统。该系统相当于为连云港电网配备了一个大型充电宝，可以满足岸电系统满负荷下航吊、龙门吊等多种随机性、冲击性负荷的接入。不仅如此，岸电储能的投入更有效地降低了船舶靠港期间的运行成本，如图3-9所示。

图3-9　岸电储能现场图

3.2.3 零碳县域赋能城市绿色新发展

随着新能源装机容量的迅猛发展，在未来县域电网必将大量承接新能源的接入。连云港市灌云县新能源发电资源丰富，新能源年发电量约为13亿千瓦时，占全县年用电量的88%以上，而在"十四五"期间预计将达到100%以上。作为基层企业，国网连云港供电公司以灌云县域为试点对象，投身开发了具备透明感知与精准控制示范的县域示范项目，该项目同时也是国家电网有限公司2021年度能源互联网专项试点示范项目之一。通过对风、光发电出力的精准预测，合理安排用电，可以有效增加新能源的使用量，进而提高新能源的接入比例，从县域级别率先实现"双碳"目标，进而向上层层推广，如图3-10所示，为灌云县域电网调度现场图。

图3-10　灌云县域电网调度现场图

智库简介

国网连云港供电公司成立于1976年，下辖赣榆区和东海、灌云、灌南4个区县供电企业，全口径用工4300余人，供电营业窗口79个，服务全市255万用电客户。该公司远景规划建设"一特九星全环网"目标网架，即1座交流1000千伏特高压变电站、9座500千伏变电站和220千伏电网三分区全环网结构。

专家简介

李红国网连云港供电公司科技互联网部副主任，高级工程师。曾获全国电力职工技术成果三等奖、国家电网有限公司经研体系科技进步二等奖等荣誉。

宋家康国网连云港供电公司电力调度控制中心调度员，硕士研究生。曾获国网公司人工智能调控大赛第三赛道二等奖、江苏省电力有限公司安规竞赛二等奖等荣誉。

4

"双碳"
大事记

4.1 政府要闻

4.1.1 中央政府要闻

1. 国务院印发《国务院关于加快建立健全绿色低碳循环发展经济体系的指导意见》

2021年2月22日，国务院印发《关于加快建立健全绿色低碳循环发展经济体系的指导意见》提出，到2025年，产业结构、能源结构、运输结构明显优化，绿色产业比重显著提升，碳排放强度明显降低，绿色低碳循环发展的生产体系、流通体系、消费体系初步形成。到2035年，绿色发展内生动力显著增强，绿色产业规模迈上新台阶，重点行业、重点产品能源资源利用效率达到国际先进水平，广泛形成绿色生产生活方式，碳排放达峰后稳中有降，生态环境根本好转，"美丽中国"建设目标基本实现。

2. 中央政治局会议首提碳达峰碳中和

2021年4月30日，中共中央政治局召开会议，会议强调，要有序推进碳达峰碳中和工作，积极发展新能源。这是中央政治局会议首提碳达峰碳中和。

3. 中共中央办公厅 国务院办公厅印发《关于深化生态保护补偿制度改革的意见》

2021年9月12日，中共中央办公厅 国务院办公厅印发了《关于深化生态保护补偿制度改革的意见》，指出生态保护补偿制度作为生态文明制度的重要组成部分，是落实生态保护权责、调动各方参与生态保护积极性、推进生态文明建设的重要手段。为深入贯彻习近平生态文明思想，进一步深化生态保护补偿制度改革，加快生态文明制度体系建设，要求各地区各部门结合实际认真贯彻落实。

4．中共中央、国务院印发《国家标准化发展纲要》

2021年10月10日，中共中央、国务院印发了《国家标准化发展纲要》。要求完善绿色发展标准化保障，加快节能标准更新升级，提升重点产品能耗限额要求，完善能源核算、检测认证、评估、审计等配套标准。不断完善生态环境质量和生态环境风险管控标准，持续改善生态环境质量。建立健全清洁生产标准、绿色金融和生态旅游等绿色发展标准、绿色建造和建设标准。

5．中共中央、国务院印发《关于完整准确全面贯彻新发展理念做好碳达峰碳中和工作的意见》

2021年10月24日，中共中央、国务院印发《关于完整准确全面贯彻新发展理念做好碳达峰碳中和工作的意见》。明确了碳达峰碳中和工作重点任务：一是推进经济社会发展全面绿色转型，二是深度调整产业结构，三是加快构建清洁低碳安全高效能源体系，四是加快推进低碳交通运输体系建设，五是提升城乡建设绿色低碳发展质量，六是加强绿色低碳重大科技攻关和推广应用，七是持续巩固提升碳汇能力，八是提高对外开放绿色低碳发展水平，九是健全法律法规标准和统计监测体系，十是完善政策机制。

6．国务院印发2030年前碳达峰行动方案

2021年10月26日，国务院印发《2030年前碳达峰行动方案》。提出加快建设新型电力系统，构建新能源占比逐渐提高的新型电力系统，推动清洁电力资源大范围优化配置。大力提升电力系统综合调节能力，加快灵活调节电源建设，引导自备电厂、传统高载能工业负荷、工商业可中断负荷、电动汽车充电网络、虚拟电厂等参与系统调节，建设坚强智能电网，提升电网安全保障水平。积极发展"新能源+储能"、源网荷储一体化和多能互补，支持分布式新能源合理配置储能系统。制定新一轮抽水蓄能电站中长期发展规划，完善促进抽水蓄能发展的政策机制。加快新型储能示范推广应用。深化电力体制改革，加快构建全国统一电力市场体系。到2025年，新型储能装机容量达到3000万千瓦以

上。到2030年，抽水蓄能电站装机容量达到1.2亿千瓦左右，省级电网基本具备5%以上的尖峰负荷响应能力。

7. 中美达成强化气候行动联合宣言

2021年11月10日，中国和美国在联合国气候变化格拉斯哥大会期间发布《中美关于在21世纪20年代强化气候行动的格拉斯哥联合宣言》。双方赞赏迄今为止开展的工作，承诺继续共同努力，并与各方一道，加强《巴黎协定》的实施。在共同但有区别的责任和各自能力原则、考虑各国国情的基础上，采取强化的气候行动，有效应对气候危机。双方同意建立"21世纪20年代强化气候行动工作组"，推动两国气候变化合作和多边进程。

8. 国务院印发《"十四五"节能减排综合工作方案》

2022年1月24日，国务院印发《"十四五"节能减排综合工作方案》。提出要完善市场化机制，深化用能权有偿使用和交易试点，加强用能权交易与碳排放权交易的统筹衔接，推动能源要素向优质项目、企业、产业及经济发展条件好的地区流动。

该方案明确，到2025年，全国单位国内生产总值能源消耗比2020年下降13.5%，能源消费总量得到合理控制，化学需氧量、氨氮、氮氧化物、挥发性有机物排放总量比2020年分别下降8%、8%、10%、10%以上。

9. 生态环境部

颁布《碳排放权交易管理办法（试行）》

《碳排放权交易管理办法（试行）》已于2020年12月25日审议通过，自2021年2月1日起施行。该办法提出生态环境部根据国家温室气体排放控制要求，综合考虑经济增长、产业结构调整、能源结构优化、大气污染物排放协同控制等因素，制定碳排放配额总量确定与分配方案。

发布《碳排放权登记管理规则（试行）》《碳排放权交易管理规则（试行）》和《碳排放权结算管理规则（试行）》

2021年5月17日，为进一步规范全国碳排放权登记、交易、结算活动，保护全国碳排放权交易市场各参与方合法权益，生态环境部根据《碳排放权交易管理办法（试行）》，组织制定了《碳排放权登记管理规则（试行）》《碳排放权交易管理规则（试行）》和《碳排放权结算管理规则（试行）》。这是碳市场交易和履约的关键性、原则性规则。碳市场启动再次取得实质进展，全国碳市场交易临近实操阶段。

印发《关于加强高耗能、高排放建设项目生态环境源头防控的指导意见》

2021年5月31日，生态环境部印发《关于加强高耗能、高排放建设项目生态环境源头防控的指导意见》，提出推进"两高"行业减污降碳协同控制，将碳排放影响评价纳入环境影响评价体系。该意见要求：各级生态环境部门和行政审批部门应积极推进"两高"项目环评开展试点工作，衔接落实有关区域和行业碳达峰行动方案、清洁能源替代、清洁运输、煤炭消费总量控制等政策要求。在环评工作中，统筹开展污染物和碳排放的源项识别、源强核算、减污降碳措施可行性论证及方案比选，提出协同控制最优方案。鼓励有条件的地区、企业探索实施减污降碳协同治理和碳捕集、封存、综合利用工程试点、示范。

印发《关于开展重点行业建设项目碳排放环境影响评价试点的通知》

2021年7月27日，生态环境部印发《关于开展重点行业建设项目碳排放环境影响评价试点的通知》组织在河北省、吉林省、浙江省、山东省、广东省、重庆市、陕西省等地开展重点行业建设项目碳排放环境影响评价试点。

试点行业为电力、钢铁、建材、有色、石化和化工等重点行业，试点地区根据各地实际选取试点行业和建设项目，主要开展建设项目二氧化碳（CO_2）排放环境影响评价，有条件的地区还可开展以甲烷（CH_4）、氧化亚氮（N_2O）、氢氟碳化物（HFCs）、全氟碳化物（PFCs）、六氟化硫（SF_6）、三氟化氮（NF_3）等其他温室气体排放为主的建设项目环境影响评价试点。

印发《关于推进国家生态工业示范园区碳达峰碳中和相关工作的通知》

2021年9月1日，生态环境部国家生态工业示范园区建设协调领导小组办公室印发《关于推进国家生态工业示范园区碳达峰碳中和相关工作的通知》。该通知面向各国家生态工业示范园区，部署了四项重点任务，包括优化能源结构和产业结构，积极推动示范园区产业结构向低碳新业态发展；推动低碳技术创新应用转化，开展能源替代技术，CCUS技术，工艺降碳技术，低碳管理技术等有利于促进碳达峰关键技术的研究和开发；构建双碳目标管理平台，对示范园区开展清洁能源替代、提高能源利用效率，持续调整改善示范园区能源结构所产生的减污降碳协同效应进行有效地的跟踪和评估；强化绿色低碳理念宣传教育。

发布《关于做好全国碳排放权交易市场数据质量监督管理相关工作的通知》

2021年10月25日，生态环境部发布《关于做好全国碳排放权交易市场数据质量监督管理相关工作的通知》，要求迅速开展企业碳排放数据质量自查工作，各地生态环境局对本行政区域内重点排放单位2019和2020年度的排放报告和核查报告组织进行全面自查，于2021年11月30日前将整改工作台账和数据质量自查报告报送生态环境部。

10. 国家发展和改革委员会

印发《2021年新型城镇化和城乡融合发展重点任务》

2021年4月13日，国家发展和改革委员会印发《2021年新型城镇化和城乡融合发展重点任务》，提出控制城市温室气体排放，推动能源清洁低碳安全高效利用，深入推进工业、建筑、交通等领域绿色低碳转型，其中重点提到建设低碳绿色城市的相关工作。为"建设轨道上的城市群和都市圈"，《2021年新型城镇化和城乡融合发展重点任务》提出将加快规划建设京津冀、长三角、粤港澳大湾区等重点城市群城际铁路，支持其他有条件城市群合理规划建设城际轨道交通。

从八方面推进碳达峰碳中和工作

2021年4月19日，国家发展和改革委员会新闻发言人孟玮在新闻发布会上表示，为力争2030年前实现碳达峰，2060年前实现碳中和，将从八个方面重点开展工作：一是推动产业结构优化升级，不断提高产业绿色低碳发展水平。二是大力调整能源结构，实施可再生能源替代行动。三是坚持和完善能耗双控制度，狠抓重点领域节能。四是加大科技攻关力度，推动绿色低碳技术实现重大突破。五是坚持政府和市场两手发力，完善绿色低碳政策体系和市场化机制。六是加强生态保护修复，提升生态系统碳汇能力。七是推动全民节约，营造绿色低碳生活新风尚。八是加强国际交流合作，推进绿色丝绸之路建设，参与和引领全球气候和环境治理。

发布《关于钢铁冶炼项目备案管理的意见》

· 2021年4月27日，国家发展和改革委员会针对钢铁冶炼项目备案管理印发《关于钢铁冶炼项目备案管理的意见》，明确了现有"中央+地方"的两级组织管理模式，突出了"不得以任何名义、任何方式备案新增钢铁产能的钢铁项目"的要求。该文件进一步规范了钢铁项目备案管理工作，为我国钢铁行业更好的适应高质量发展新要求、持续推进供给侧结构性改革提供了方向指引。

发布《关于进一步加强节能监察工作的通知》

2021年5月20日，国家发展和改革委员会办公厅发布《关于进一步加强节能监察工作的通知》。该通知主要内容分为三部分。一是提升节能监察效能。针对节能监察薄弱环节，提出了加强统筹协调、提升监察能力、规范监察行为、增强服务意识、强化结果运用等5项工作要求。二是明确重点监察内容。聚焦"两高"项目节能审查制度执行情况、单位产品能耗限额标准执行情况、用能设备和生产工艺淘汰制度执行情况、重点用能单位节能管理制度执行情况、节能服务机构开展服务情况等5个重点内容，明确了监察对象和监察内容。三是建立常态化工作机制。要求各地区节能主管部门制定年度节能监察计划，对重点用能单位和高耗能项目实施重点监控，按年度报送节能监察工作总结，推动节能监察工作制度化、常态化。

印发《"十四五"公共机构节约能源资源工作规划》

2021年6月1日，国家机关事务管理局、国家发展和改革委员会编制了《"十四五"公共机构节约能源资源工作规划》。在实施低碳引领行动方面，该规划要求对标碳达峰碳中和目标，编制公共机构碳排放核算指南，组织开展公共机构碳排放量统计。制定公共机构低碳引领行动方案，明确碳达峰目标和实现路径。开展公共机构绿色低碳试点，结合实际深化公共机构参与碳排放权交易试点。积极参与绿色低碳发展国际交流，宣传中国公共机构推进节能降碳的成效经验，与有关国际组织、国家和地区加强合作，吸收借鉴先进适用的绿色低碳技术和管理模式。

印发《"十四五"循环经济发展规划》

2021年7月7日，国家发展和改革委员会印发了《"十四五"循环经济发展规划》。提出到2025年，主要资源产出率比2020年提高约20%，单位GDP能源消耗、用水量比2020年分别降低13.5%、16%左右，农作物秸秆综合利用率保持在86%以上，大宗固废综合利用率达到60%，建筑垃圾综合利用率达到60%，废纸、废钢利用量分别达到6000万吨和3.2亿吨，再生有色金属产量达到2000万吨，资源循环利用产业产值达到5万亿元。

发布《关于加快推动新型储能发展的指导意见》

2021年7月15日，国家发展和改革委员会、国家能源局制发《关于加快推动新型储能发展的指导意见》。提出到2025年，实现新型储能从商业化初期向规模化发展转变。新型储能技术创新能力显著提高，核心技术装备自主可控水平大幅提升，在高安全、低成本、高可靠、长寿命等方面取得长足进步，标准体系基本完善，产业体系日趋完备，市场环境和商业模式基本成熟，装机规模达3000万千瓦以上。

印发《2021年上半年各地区能耗双控目标完成情况晴雨表》，纠正运动式减碳

2021年8月17日，国家发展和改革委员会举行例行新闻发布会。新闻发言人孟玮在发布会上表示，近日，国家发展和改革委员会印发《2021年上半年各地区能耗双控目标完成情况晴雨表》，从能耗强度降低情况看，今年上半年，青海、宁夏、广西、广东、福建、新疆、云南、陕西、江苏9个省（区）能耗强度同比不降反升，10个省份能耗强度降低率未达到进度要求，全国节能形势十分严峻，有的机构蹭热度、追热点，热衷于打标签、发牌子，碳中和"帽子"满天飞。今年暂停国家规划布局的重大项目以外的"两高"项目节能审查。

2021年以来，各地区各部门在推进碳达峰碳中和相关工作中确实出现了工作着力点有所"跑偏"，目标设定过高、脱离实际、"抢头彩"心切。遏制"两高"行动乏力，节能减排基础不牢。

国家发展和改革委员会承担着碳达峰碳中和工作领导小组办公室职责，正在会同有关部门，抓紧制定完善碳达峰碳中和"1+N"政策体系。

印发《完善能源消费强度和总量双控制度方案》

2021年9月11日，国家发展和改革委员会印发《完善能源消费强度和总量双控制度方案》。提出到2025年，能耗双控制度更加健全，能源资源配置更加合理、利用效率大幅提高。到2030年，能耗双控制度进一步完善，能耗强度继续大幅下降，能源消费总量得到合理控制，能源结构更加优化。到2035年，能源资源优化配置、全面节约制度更加成熟和定型，有力支撑碳排放达峰后稳中有降目标实现。

方案要求坚决管控高耗能高排放项目。各省（自治区、直辖市）要建立在建、拟建、存量高耗能高排放项目（以下称"两高"项目）清单，明确处置意见，调整情况及时报送国家发展改革委。对新增能耗5万吨标准煤及以上的"两高"项目，国家发展改革委会同有关部门对照能效水平、环保要求、产业政策、相关规划等要求加强窗口指导；对新增能耗5万吨标准煤以下的"两高"项目，各地区根据能耗双控目标任务加强管理，严格把关。对不符合要求的"两高"项目，各地区要严把节能审查、环评审批等准入关，金融机构不得提供信贷支持。

印发《关于严格能效约束推动重点领域节能降碳的若干意见》

2021年10月18日，国家发展和改革委员会、工业和信息化部、生态环境部、国家市场监督管理总局、国家能源局共同印发了《关于严格能效约束推动重点领域节能降碳的若干意见》。明确了重点领域节能降碳的主要目标，即到2025年，通过实施节能降碳行动，钢铁、电解铝、水泥、平板玻璃、炼油、乙烯、合成氨、电石等重点行业和数据中心达到标杆水平的产能比例超过30%，行业整体能效水平明显提升，碳排放强度明显下降，绿色低碳发展能力显著增强。到2030年，重点行业能效基准水平和标杆水平进一步提高，达到标杆水平企业比例大幅提升，行业整体能效水平和碳排放强度达到国际先进水平，为如期实现碳达峰目标提供有力支撑。

印发《贯彻落实碳达峰碳中和目标要求　推动数据中心和5G等新型基础设施绿色高质量发展实施方案》

2021年12月8日，国家发展和改革委员会、中共中央网络安全和信息化委员会办公室、工业和信息化部、国家能源局近日联合印发《贯彻落实碳达峰碳中和目标要求　推动数据中心和5G等新型基础设施绿色高质量发展实施方案》，提出提高算力能效、利用绿色能源，到2025年，数据中心和5G基本形成绿色集约的一体化运行格局。该方案指出，数据中心、5G是支撑未来经济社会发展的战略资源和公共基础设施，也是关系新型基础设施节能降耗的最关键环节。有序推动以数据中心、5G为代表的新型基础设施绿色高质量发展，发挥其"一业带百业"作用，助力实现碳达峰碳中和目标。

发布《关于完善能源绿色低碳转型体制机制和政策措施的意见》

2022年2月10日，国家发展和改革委员会、国家能源局发布《关于完善能源绿色低碳转型体制机制和政策措施的意见》。该意见从完善国家能源战略和规划实施的协同推进机制、完善引导绿色能源消费的制度和政策体系、建立绿色低碳为导向的能源开发利用新机制等方面提出了多项举措。提出推动构建以清洁低碳能源为主体的能源供应体系。以沙漠、戈壁、荒漠地区为重点，加快推进大型风电、光伏发电基地建设，对区域内现有煤电机组进行升级改造，探索建立送受两端协同为新能源电力输送提供调节的机制，支持新能源电力能建尽建、能并尽并、能发尽发。根据该意见，到2030年，基本建立完整的能源绿色低碳发展基本制度和政策体系，形成非化石能源既基本满足能源需求增量，又规模化替代化石能源存量，能源安全保障能力得到全面增强的能源生产消费格局。

11. 财政部

牵头起草《关于财政支持做好碳达峰碳中和工作的指导意见》

2021年8月5日，国家财政部在答复全国人大代表意见中表示，正牵头起草《关于财政支持做好碳达峰碳中和工作的指导意见》，拟充实完善一系列财税支持政策，积极构建有力促进绿色低碳发展的财税政策体系，充分发挥财政在国家治理中的基础和重要支柱作用，引导和带动更多政策和社会资金支持绿色低碳发展。财政部表示将继续通过现有资金渠道加大投入力度，并强化监督指导，推动地方科学规范安排资金，切实提高资金使用效益，更好地支持碳达峰碳中和工作。

12．中国人民银行

启动建立全国性碳核算体系

2021年4月1日，国务院新闻办公室就构建新发展格局，金融支持区域协调发展有关情况举行发布会。中国人民银行副行长刘桂平指出，把碳达峰碳中和工作做到位，最核心、最基础，也是难度比较大的一项工作就是要探索建立全国性的碳核算体系。这项工作已经启动。

发布《银行业金融机构绿色金融评价方案》

2021年6月9日，中国人民银行发布《关于印发〈银行业金融机构绿色金融评价方案〉的通知》。根据该方案，绿色金融评价工作自2021年7月起实施。该方案中明确绿色金融业务是指银行业金融机构开展的各项符合绿色金融标准及相关规定的业务，包括但不限于绿色贷款、绿色证券、绿色股权投资、绿色租赁、绿色信托、绿色理财等。绿色金融评价是指中国人民银行及其分支机构对银行业金融机构绿色金融业务开展情况进行综合评价，并依据评价结果对银行业金融机构实行激励约束的制度安排。

推出碳减排支持工具

2021年11月8日，中国人民银行正式宣布创设推出碳减排支持工具这一结构性货币政策工具，以稳步有序、精准直达方式，支持清洁能源、节能环保、碳减排技术等重点领域的发展，并撬动更多社会资金促进碳减排。

13．国务院国有资产监督管理委员会

大力推进智能电网、储能、氢能等技术研发应用

2021年4月16日，国务院新闻办公室举行新闻发布会，国务院国有资产监督管理委员会秘书长、新闻发言人彭华岗指出，针对碳达峰碳中和目标将采取几项行动，包括加快推进绿色低碳技术攻关和应用，积极参与节能减排领域的国家实验室、重大科技创新平台建设，大力推进智能电网、储能、氢能、碳补给等技术的研发应用。

14. 农业农村部

与国家发展改革委农村经济司研讨推进农业农村碳达峰碳中和工作

2021年8月23日，农业农村部科技教育司、计划财务司与国家发展改革委农村经济司组织召开农业农村碳达峰碳中和座谈会。会议强调，农业农村减排固碳是实现碳达峰碳中和的重要举措，要在确保国家粮食安全和重要农产品供给的基础上，采取有效措施，加快转变农业发展方式，提升农业农村减排固碳能力，促进农业绿色低碳循环发展。要积极推进沼气等生物质能高效利用，尽快解决"三沼"即解决沼气、沼液、沼渣出口问题，加快农业农村有机废弃物资源化利用。要加强宣传引导，强化低碳食品消费意识。

会议要求，要围绕中央碳达峰碳中和有关决策部署，抓紧完善农业农村领域碳达峰方案，研究提出农业农村减排固碳的政策措施。在推进农业农村减排固碳中，充分发挥已有政策作用，推进政策落实落地；要加强与正在研究出台的政策有效衔接，形成政策合力；要找准切入点，积极推动出台新的扶持政策，如抓紧建立农业农村减排固碳监测评价体系，完善核算认证体系，探索农业农村碳排放交易有效路径等，建立绿色农产品低碳生产示范区、农业农村低碳零碳先行区。

15. 科技部

成立"双碳"工作领导小组，将设立"碳中和关键技术研究与示范"重点专项

2021年3月10日，科技部部长王志刚主持召开了科技部碳达峰碳中和科技工作领导小组第一次会议，围绕加快碳达峰碳中和，会议部署了三项工作：一是要抓紧研究形成《碳达峰碳中和科技创新行动方案》，统筹推进科技创新支撑引领碳达峰碳中和工作；二是要加快推进《碳中和技术发展路线图》编制，提出我国碳中和技术选择、发展路径和有关部署建议；三是推动设立"碳中和关键技术研究与示范"重点专项。

全国科技工作会议：实施科技支撑碳达峰碳中和行动

2022年1月6日，2022年全国科技工作会议在北京以视频形式召开。会议指出，2021年，科技有力支撑民生改善，编制科技支撑碳达峰碳中和行动方案、碳中和技术发展路线图，大气污染联防联控、煤炭清洁高效利用等技术加快应用推广。2022年，要重点实施科技支撑碳达峰碳中和行动，加快推动绿色低碳转型。

16. 人力资源和社会保障部

新增职业：碳排放管理员

2021年1月15日，人力资源和社会保障部发布《关于对拟发布集成电路工程技术人员等职业信息进行公示的公告》，对新增和调整变更的职业信息进行公式，其中新增碳排放管理员。

17. 工业和信息化部

公布2021年碳达峰碳中和专项行业标准制修订计划

2021年12月22日，工业和信息化部发布《关于印发2021年碳达峰碳中和专项行业标准制修订项目计划的通知》，该通知列出2021年计划制修订行业标准共计110项，均为支撑工业和信息化领域碳达峰碳中和工作的重点标准，重点支持石化化工、钢铁、有色、建材等重点行业基础通用、核算核查、技术与装备类等标准。

工业和信息化部等三部门发布促进钢铁工业高质量发展指导意见

2022年2月7日，工业和信息化部、国家发展和改革委员会、生态环境部发布《关于促进钢铁工业高质量发展的指导意见》。指出力争到2025年，钢铁工业基本形成布局结构合理、资源供应稳定、技术装备先进、质量品牌突出、智能化水平高、全球竞争力强、绿色低碳可持续的高质量发展格局。绿色低碳深入推进。构建产业间耦合发展的资源循环利用体系，80%以上钢铁产能完成超低排放改造，吨钢综合能耗降低2%以上，水资源消耗强度降低10%以上，确保2030年前碳达峰。

18. 国家标准化管理委员会

印发《"十四五"推动高质量发展的国家标准体系建设规划》

2021年12月14日，国家标准化管理委员会、住房和城乡建设部、应急管理部等10部委联合印发《"十四五"推动高质量发展的国家标准体系建设规划》，到2025年，推动高质量发展的国家标准体系基本建成，国家标准供给和保障能力明显提升，国家标准体系的系统性、协调性、开放性和适用性显著增强，标准化质量效益不断显现。

19. 教育部

印发《高等学校碳中和科技创新行动计划》

2021年7月15日，教育部制定印发《高等学校碳中和科技创新行动计划》，旨在引导高等学校把发展科技第一生产力、培养人才第一资源、增强创新第一动力更好地结合起来，为做好碳达峰碳中和工作提供科技支撑和人才保障。

20. 中国民用航空局

碳达峰碳中和纳入民航发展整体布局

2022年1月7日，中国民用航空局、国家发展和改革委员会、交通运输部联合印发《"十四五"民用航空发展规划》，全面开启了多领域民航强国建设新征程。碳达峰碳中和被纳入民航"十四五"高质量发展整体布局中，该规划首次设置了绿色发展专篇。明确要求全行业要按照国家碳达峰碳中和总体要求，加快形成民航全领域、全主体、全要素的绿色低碳循环发展模式。

4.1.2 地方政府要闻

1. 北京市

北京发布《关于做好2021年重点碳排放单位管理和碳排放权交易试点工作的通知》

2021年4月9日，北京市生态环境局发布《关于做好2021年重点碳排放单位管理和碳排放权交易试点工作的通知》，主要内容包括：调整重点碳排放单位范围、调整企业碳排放核算和报告要求、调整配额核定方法、碳排放报告和监测计划报送、第三方核查报告报送、碳排放配额发放、配额清算、碳排放权交易执法、配额账户管理等。

2. 四川省

四川省推出全国首个省级碳中和推广方案

2021年4月15日，全国首个社会活动层面上的碳中和省级推广方案——《四川省积极有序推广和规范碳中和方案》正式出台，明确四川省将分阶段、有步骤推动各类社会活动实施碳中和。

四川省发布《关于省属企业碳达峰碳中和的指导意见》

2021年6月6日，四川省国资国企"碳达峰·碳中和"主题活动在成都举行。会上，四川省政府国有资产监督管理委员会发布《关于省属企业碳达峰碳中和的指导意见》，明确提出省属企业要充分发挥引领带头作用，大力压减落后产能，推广应用低碳零碳负碳技术，在四川省企业中率先实现二氧化碳排放达峰，万元产值综合能耗与碳排放强度均达到国内同行业先进水平。

四川省发布全国首份碳资产生态创新行动倡议

2021年8月25日，在四川省成都市召开的主题为"'双碳'新时代，转型新机遇"的应对气候变化新征程研讨会上，来自22个单位的专家联合发布全国首份碳资产生态创新行动倡议——《四川省碳资产提升创新行动倡议》，从树立碳资产理念意识、创新碳排放治理模式、增强碳资产管理能力、提升碳减排服务水平、促进碳普惠社会参与方面提出30条具体倡议。

3. 河北省

河北省加快建立健全绿色低碳循环发展经济体系

2021年4月29日，河北省人民政府办公厅印发《关于建立健全绿色低碳循环发展经济体系的实施意见》。明确到2025年，河北省地级城市空气质量优良天数比例比2020年提高10个百分点以上，单位GDP能耗下降15%，单位GDP二氧化碳排放下降19%，高新技术产业增加值占规模以上工业比重提高到25%左右，非化石能源消费占比提高到11%。

河北省出台做好碳达峰碳中和工作意见

2022年1月5日，中国共产党河北省委员会、河北省人民政府出台了《关于完整准确全面贯彻新发展理念认真做好碳达峰碳中和工作的实施意见》。该意见提出河北省将着力调整优化产业结构、能源结构、交通运输结构，实施重点行业领域减污降碳和可再生能源替代行动，坚定不移走生态优先、绿色低碳的高质量发展道路。

河北省将深度调整优化产业结构，坚决遏制高耗能高排放项目盲目发展，严禁建设不符合要求的高耗能高排放项目。此外，河北省还将加大节能减排力度，加快构建清洁低碳安全高效的能源体系；有效调整优化运输结构，加快推进低碳交通运输体系建设；大力推广低碳生产生活和建筑方式，全面提升城乡建设绿色低碳发展质量。河北省还将建立健全碳达峰碳中和综合评价考核制度，组织开展碳达峰目标任务年度评估。

4．广东省

广东省深圳牵头组建"先行示范区碳中和联盟"

2021年5月7日，据深圳市排放权交易所的统计显示，深圳市碳市场配额累计总成交量约5900.51万吨，总成交金额约13.85亿元，核证自愿减排量（CCER）成交量约2023.36万吨。深圳市以全国试点碳市场2.5%的配额规模，实现了15.8%的交易量和17%的交易额。同时，牵头组建"先行示范区碳中和联盟"，为全市乃至全省碳达峰行动方案的实施和碳中和路径的布局提供智力、技术支撑。

广东省深圳市促进工业"碳达峰"绿色发展扶持最高资助1000万

2021年8月16日、17日，深圳工业和信息化局先后发布了《深圳市工业和信息化局支持绿色发展促进工业"碳达峰"扶持计划操作规程的通知》《支持绿色发展促进工业"碳达峰"扶持计划申请指南的通知》。两个通知明确支持绿色发展促进工业"碳达峰"工作包括工业和信息化领域的绿色制造体系建设、能源资源节约及综合利用、自愿性清洁生产等内容，单个项目资助金额最高可达1000万元。

5．江苏省

江苏省印发2021年推动碳达峰碳中和工作计划

2021年5月13日，《江苏省生态环境厅2021年推动碳达峰碳中和工作计划》印发。该计划是全国首创省生态环境系统关于碳达峰碳中和的年度工作计划，是全省生态环境系统打好减污降碳协同"主动仗"的"布阵图"。该计划分"加强碳达峰工作顶层设计""推动重点领域碳达峰工作""建立碳减排监测统计考核体系""加强碳达峰法规、政策、技术研究""加强碳达峰工作组织保障"等5大类22项任务，坚持因地制宜、突出重点、协调联动、注重实操，加强短期行动与长期方案的衔接。

江苏省委省政府出台推动高质量发展做好碳达峰碳中和工作实施意见

2022年1月15日，中国共产党江苏省委员会、江苏省人民政府印发关于推动高质量发展做好碳达峰碳中和工作实施意见的通知，明确到2025年，绿色低碳循环发展经济体系初步形成，重点行业能源利用效率达到国际先进水平，二氧化碳排放增量得到有效控制，"美丽江苏"建设初显成效。单位地区生产总值能耗、单位地区生产总值二氧化碳排放、非化石能源消费比重完成国家下达目标任务，森林覆盖率持续提升，为实现碳达峰碳中和奠定坚实基础。

6．浙江省

浙江出台碳达峰碳中和科技创新行动方案

2021年6月18日，浙江省印发《浙江省碳达峰碳中和科技创新行动方案》，这是在全国率先出台的碳达峰碳中和科技创新行动方案。方案瞄准能源消费总量等4个核心指标，围绕零碳电力技术创新、零碳非电能源技术发展、零碳工业流程重塑、低碳技术集成与优化、CCUS及碳汇技术等5个技术方向制定了技术路线图；提出了科技创新基础前沿研究、关键核心技术创新、先进技术成果转化、创新平台能级提升、创新创业主体培育、高端人才团队引育、可持续发展示范引领、低碳技术开放合作等"八大工程"和22项具体行动措施。

7．上海市

上海市印发2021年节能减排和应对气候变化重点工作安排

2021年7月1日，上海市发展和改革委员会印发《上海市2021年节能减排和应对气候变化重点工作安排》的通知。2021年上海市的工作目标是：单位生产总值（GDP）综合能耗、单位GDP二氧化碳排放量分别比上年下降1.5%左右；全市能源消费增量控制在450万吨标准煤左右；二氧化碳排放增量控制在900万吨左右；煤炭消费总量控制在4200万吨以内；主要污染物氮氧化物、挥发性有机物、化学需氧量和氨氮排放总量分别下降2%、1%、3%和2%；细颗粒物（PM2.5）浓度巩固改善，空气质量指数（AQI）优良率与上年持平并力争有所提升。

上海市发布《上海加快打造国际绿色金融枢纽服务碳达峰碳中和目标的实施意见》

2021年10月19日，上海市发布《上海加快打造国际绿色金融枢纽服务碳达峰碳中和目标的实施意见》。该实施意见明确了总体目标：到2025年，上海市绿色金融市场能级显著提升，绿色直接融资主平台作用更加凸显，绿色信贷占比明显提高，绿色金融产品业务创新更加活跃，绿色金融组织机构体系进一步完善，形成国际一流绿色金融发展环境，对全国绿色低碳发展的支撑更加有力，在全球绿色金融合作中的角色更加重要，基本建成具有国际影响力的碳交易、定价、创新中心，基本确立国际绿色金融枢纽地位。

8．福建省

福建省把碳达峰碳中和纳入"生态省"建设布局

2021年8月10日，福建举行"奋斗百年路启航新征程"系列主题新闻发布会（第五场），福建省发展和改革委员会有关负责人介绍，福建省将深化"生态省"和国家生态文明试验区建设，把碳达峰碳中和纳入"生态省"建设布局，以降碳为重点战略方向，推动减污降碳协同增效，以绿色低碳循环发展为主线，促进经济社会发展全面绿色转型。

9．河南省

河南省发布《关于加快建立健全绿色低碳循环发展经济体系的实施意见》

2021年8月18日，河南省人民政府发布《关于加快建立健全绿色低碳循环发展经济体系的实施意见》。该意见从健全绿色低碳循环发展的生产体系、流通体系、消费体系等环节进行详细部署，并就推动能源体系绿色低碳转型提出具体目标，到2025年，河南省非化石能源占能源消费总量比重提高5个百分点以上。

10. 山东省

山东省印发《关于支持开展碳排放权抵质押贷款的意见》

2021年9月1日，中国人民银行济南分行联合山东省生态环境厅、山东省地方金融监管局、山东银保监局制定印发《关于支持开展碳排放权抵质押贷款的意见》，为山东省在全国率先推动碳排放权抵质押贷款规范化、标准化、规模化发展提供有力支撑。

11. 湖北省

湖北省武汉市出台碳达峰方案

2021年9月18日，武汉市人民政府发布《武汉市二氧化碳排放达峰评估工作方案》明确武汉市将按照"1+N"编制体系，科学开展全市碳达峰评估工作。其中，"1"为《武汉市碳达峰评估报告》，进一步明确碳达峰路线图，为重点行业、重点领域、重点地区碳减排行动提供工作思路、行动指导；"N"为若干专项评估报告，包括能源、工业、建筑、交通、农业等重点领域碳达峰评估报告，为市级评估报告提供支撑。

根据《武汉市碳排放达峰行动计划（2017—2022年）》，到2022年，武汉市碳排放量基本达到峰值，碳排放量控制在1.73亿吨，为全国最早一批明确提出碳排放峰值量化目标的城市，据了解，也是国内最早明确出台碳达峰路线图的城市。

12. 天津市

天津市发布碳达峰碳中和促进条例

2021年9月27日，天津市第十七届人民代表大会常务委员会第二十九次会议通过《天津市碳达峰碳中和促进条例》，自2021年11月1日起施行。这是全国首部以促进实现碳达峰碳中和目标为立法主旨的省级地方性法规。该《条例》以法规形式明确管理体制、基本制度和绿色转型、降碳增汇的政策措施，将为实现天津市"双碳"目标提供坚强法治保障。

13. 宁夏回族自治区

宁夏回族自治区出台能耗双控三年行动计划

2021年11月3日，宁夏回族自治区印发《宁夏回族自治区能耗双控三年行动计划（2021—2023年）》，明确该区到2023年单位GDP能耗和单位工业增加值能耗分别较2021年累计下降9.6%、11.3%，累计节能挖潜900万吨标准煤。

该行动计划对限制类产业产能，明确了淘汰退出标准及资源配置等政策要求。提出对焦化、电石、铁合金、电解铝、化工、建材等高耗能行业重点用能企业实施节能降碳改造，大力推进煤炭节约利用。要求改造后重点用能行业单位产品能耗达到国内先进水平，加快高耗能行业结构调整。

14. 江西省

江西出台首个省级促"双碳"决定

2021年11月19日，江西省十三届人大常委会第三十四次会议第二次全体会议表决通过《江西省人民代表大会常务委员会关于支持和保障碳达峰碳中和工作促进江西绿色转型发展的决定》，以确保江西省如期实现碳达峰碳中和。据了解，这是全国首个省级人大常委会围绕支持和保障"双碳"工作作出的决定。该决定提出要加快建立完善激励扶持政策体系，大力加强标准建设、统计、监测、监管和考核评价，提升城乡建设绿色低碳发展质量，加快建设绿色低碳交通运输体系，广泛深入开展碳达峰碳中和宣传教育。

1. 国家电网有限公司发布碳达峰碳中和行动方案

2021年3月1日，国家电网有限公司发布碳达峰碳中和行动方案。行动方案提出，国家电网有限公司将以"碳达峰"为基础前提，"碳中和"为最终目标，加快推进能源供给多元化清洁化低碳化、能源消费高效化减量化电气化。

2. 中国南方电网有限责任公司发布服务"碳达峰碳中和"工作方案

2021年3月18日，中国南方电网有限责任公司对外发布服务碳达峰碳中和工作方案，从5个方面提出21项措施，将大力推动供给侧能源清洁替代，以"新电气化"为抓手推动能源消费方式变革，全面建设现代化电网，带动产业链、价值链上下游，加快构建清洁低碳安全高效的能源体系。

3. 中国南方电网有限责任公司建成国内首个能源消费侧企业碳排放监测平台

2021年3月26日，南方电网报发布消息称，中国南方电网有限公司在国内率先建成首个能源消费侧碳排放监测平台。该平台根据国家颁布的碳核算标准，以行业级、企业级电力消费数据为基础，融合应用中国碳核算数据库能源消耗数据及相关经济数据，实现对中国南方电网有限责任公司经营范围内各区域、各行业乃至各企业的碳排放总量、单位GDP碳排放强度的测算及动态监测，并通过应用企业碳排放总量数据，结合碳中和目标下的年度碳预算，构建企业碳中和发展指数。

4. 中国海洋石油集团有限公司成立碳中和研究所

2021年4月2日，中国海洋石油集团有限公司成立碳中和研究所。碳中和研究所的主要工作职责是研究制订中国海油碳达峰碳中和发展战略，为中国海油碳达峰碳中和发展规划和区域规划提供研究和决策支持等，通过统筹做好碳达峰碳中和顶层设计，强化资源整合和智库建设，推动中国海油绿色低碳转型迈上新台阶。

5. 中国华能集团有限公司清洁能源研究院与嘉能可碳捕集运输与封存公司签约

2021年4月10日，在第六届碳捕集利用与封存国际论坛期间，华能清能院与全球最大的多元化自然资源公司之一——嘉能可碳捕集运输与封存公司签署了一份关于CCUS技术合作的协议，承诺支持部署CCUS等低排放技术，减少使用化石燃料和其他工业过程产生的温室气体排放。同时，启动了位于澳大利亚昆士兰州的Millmerran电厂二氧化碳捕集与封存示范项目，该项目将利用中国华能集团有限公司的碳捕集技术将捕集到的二氧化碳运输并永久封存在深度超过2千米的咸水层中。这是中国参与的首个国际二氧化碳捕集与封存一体化项目。

6. 国家光伏、储能实证实验平台开建，助力"碳中和"

2021年4月10日，国家光伏、储能实证实验平台在黑龙江省大庆市开工，作为推动新能源行业技术进步、加速成果转化、促进产业发展的创新平台，将努力为全球新能源行业发展贡献中国智慧、中国方案和中国标准，助力碳达峰碳中和目标的实现。

该平台将成为光伏、储能行业发展的公共服务平台，"十四五"期间总投资约60亿元，拟实证实验约640种方案，布局6个实证实验区。

7. 中国开发出首个蓝碳[1]交易项目

2021年4月11日，广东省湛江红树林造林项目通过核证碳标准开发和管理组织的评审，成功注册为我国首个符合核证碳标准（VCS）和气候社区生物多样性标准（CCB）的红树林碳汇项目，并成为我国开发的首个蓝碳交易项目。

---

❶ 蓝碳是利用海洋活动及海洋生物吸收大气中的二氧化碳，并将其固定、储存在海洋中的过程、活动和机制。

该项目由自然资源部第三海洋研究所组织并与广东湛江红树林国家级自然保护区管理局合作完成。项目将保护区范围内2015—2019年期间种植的380公顷红树林按照VCS和CCB标准进行开发，预计在2015—2055年间产生16万吨二氧化碳减排量。

8. 中国燃气控股有限公司与中海石油气电集团有限责任公司签署合作框架协议，联手布局氢能产业

2021年4月12日，中国燃气控股有限公司发布公告，与中海石油气电集团有限责任公司签署《关于氢能技术研发和推广应用合作框架协议》，双方合作内容包括：在天然气制氢方面，开展撬装天然气制氢项目合作；在天然气加气站方面，开展加氢站建设及安全评估、高压氢气储存和加注设备、加气站改建及扩建加氢设计等项目合作；在综合能源供应方面，开展多能互补综合能源供应项目合作。

9. 中国氢能源及燃料电池产业创新战略联盟发布《中国氢能源及燃料电池产业白皮书2020》

2021年4月21日，中国氢能源及燃料电池产业创新战略联盟（简称"中国氢能联盟"）发布《中国氢能源及燃料电池产业白皮书2020》。指出脱碳成为本轮氢能产业发展的第一驱动力，可再生能源制氢有望在2030年实现平价，在2060年碳中和情景下氢能在我国终端能源消费中占比将达20%左右，可再生能源制氢规模有望达到1亿吨，完善低碳清洁氢政策体系是氢能助力碳中和的关键。

10. 钢铁行业低碳工作推进委员会成立

2021年4月22日，在上海中国宝武钢铁集团有限公司召开的钢铁行业低碳工作推进委员会成立大会暨钢铁行业低碳发展路径研讨会上，"钢铁行业低碳工作推进委员会"正式成立。该委员会是在中国钢铁工业协会领导下的推进钢铁行业低碳工作的阶段性、专业化组织，是中国钢铁工业协会的非常设机构，下设低碳发展研究工作组、低碳技术研究工作组、低碳标准研究工作组3个工作组，以及3个承担具体工作的研究基地：低碳发展研究基地、低碳技术研究基地、低碳标准研究基地。

11. 国家电网有限公司发布《国家电网公司能源互联网规划》

2021年4月26日，由国家电网有限公司主办、国网福建省电力有限公司承办的"第四届数字中国建设峰会能源互联网分论坛"在福州海峡国际会展中心大会堂举行，本届分论坛主题为"双碳引领能源互联，数据驱动创新发展"。论坛发布了《国家电网公司能源互联网规划》，规划的设计思路紧密围绕实现双碳目标和构建新型电力系统，规划建设能源互联网。一是以坚强网架为平台，促进多能互补，多元互动，确保能源安全供应；二是通过电网数字化转型全面提升处理、应用安全等能力，推动智能电网向智慧电网升级。

规划提出，到2025年基本建成，2035年全面建成具有中国特色国际领先的能源互联网，电能占终端消费比重30%，跨省输入能够达到3亿千瓦。

12. 中国钢铁工业协会已形成《钢铁行业低碳技术路线图》讨论稿

2021年4月27日，中国钢铁工业协会在北京召开信息发布会，中国钢铁工业协会副秘书长黄导透露，中国钢铁工业协会正牵头组织制定《钢铁行业低碳技术路线图》，目前已经形成了讨论稿，下一步，中国钢铁工业协会将更广泛地征求行业各方面的意见，然后经过钢铁行业低碳工作推进委员会认真研究审核后进行发布。目前，中国钢铁工业协会科技环保部正在努力配合政府各部委，抓紧测算最新的碳排放总量。可以说，确定碳排放总量以及钢铁行业所占比例，是下一步工作的基础。

13. 国家能源投资集团有限责任公司与北京交通大学签署战略合作协议

2021年5月12日，国家能源投资集团有限责任公司与北京交通大学在京签署战略合作协议。根据协议，双方围绕国家交通领域重大战略需求和国家能源集团运输业务领域的科技创新发展方向，在重载铁路科技创新、国家级研发平台建设、交通运输人才培养等方面加强合作，共同推进科技成果产业化，引领行业科技进步。

14. 中国南方电网有限责任公司发布《南方电网公司建设新型电力系统行动方案（2021—2030年）白皮书》

2021年5月15日，中国南方电网有限责任公司发布《南方电网公司建设新型电力系统行动方案（2021—2030年）白皮书》，并举行数字电网推动构建新型电力系统专家研讨会。

中国工程院院士、中国南方电网有限责任公司专家委员会主任委员李立涅表示，新型电力系统的显著特征是风电、光伏等新能源在电源结构中占据主导地位，由于新能源具有随机性、波动性、间歇性等特点，电网在持续可靠供电、安全稳定等方面面临重大挑战。基于"电力+算力"的系统平衡理论是新型电力系统的理论基础，要以信息化、数字化构建新型电力系统，使系统"可见、可知、可控"，实现新能源"无条件"上网。

中国南方电网有限责任公司提出，通过数字电网建设，到2025年，中国南方电网有限责任公司将具备新型电力系统"绿色高效、柔性开放、数字赋能"的基本特征，支撑南方五省区新能源装机新增1亿千瓦以上，非化石能源占比达到60%以上。到2030年，基本建成新型电力系统，支撑新能源装机再新增1亿千瓦以上，非化石能源占比达到65%以上。其中，新能源装机达到2.5亿千瓦以上，成为南方五省区第一大电源。

15. 全国人大环境与资源保护委员会在国家电网有限公司召开座谈会

2021年5月25日，全国人大环境与资源保护委员会在国家电网有限公司召开充分发挥法律在推进碳达峰碳中和、积极应对气候变化中的重要作用座谈会。全国人大常委会副委员长沈跃跃出席会议并强调，要以强烈的政治担当、抓铁有痕的劲头推动"双碳"工作。座谈会上，国家发展改革委、生态环境部、国家能源局、国家电网有限公司、中国南方电网有限责任公司分别汇报了推进碳达峰碳中和工作的最新进展，就下一步人大有关立法和监督工作提出意见与建议。

16. 风光储多能互补全国首个"碳中和"工业园区落地福建省

2021年5月28日，北京绿色交易所向福建省三峡海上风电国际产业园颁发"碳中和"证书，标志着该产业园成为全国首个实现"碳中和"的工业园区。

三峡集团按照"智慧园区、绿色园区"的定位，充分利用当地优越的风资源、良好的光资源建设绿色、清洁能源，积极推进小型发配电系统——智能微网建设。该项目包含屋顶光伏、测试风机、储能及微网控制系统等四个部分。目前，屋顶光伏项目已并网发电，测试风机项目建设正在积极推进。项目全部投运后，年平均发电量为5360万千瓦时，相当于每年节省标煤近6590吨，减少碳排放量约3.8万吨。

17. 中国铝业集团有限公司力争2025年前实现碳达峰、2035年降碳40%

2021年6月8日，中国铝业集团有限公司（简称"中铝集团"）发布《中铝集团碳达峰碳中和行动方案》，明确提出"力争2025年前实现碳达峰、2035年降碳40%，持续发展低碳冶金技术，优化能源结构，率先在行业内实现碳中和"的总体目标。

中铝集团积极开发利用清洁能源，推动风电、光伏等新能源项目建设，调整产业能源结构。截至2020年，中铝集团绿色能源电解铝占比达49.98%。当日发布的中铝集团"2020降碳报告"显示，2020年，中铝集团新建项目环保投入约15.6亿元，尾矿库、脱硫脱硝等环保技术改造项目投入约17.2亿元。2020年，中铝集团开展"五项治理"，主要污染物二氧化硫、氮氧化物累计排放量同比分别下降10.92%、67.06%。

18. 中国华电集团有限公司与青海省政府签署战略合作协议，助力青海省打造国家清洁能源产业高地

2021年6月15日，青海省人民政府与中国华电集团有限公司（简称"中国华电"）在西宁市签署战略合作协议。"十四五"是碳达峰的关键期和窗口期，中国华电将以签署战略合作协议为新起点，加大在青海的项目投资和产业发展力度，努力打造装备制造原创技术"策源地"和现

代产业链"链长",在源网荷储一体化、多能互补综合智慧能源、可再生能源制氢等方面开展合作,助力青海省打造国家清洁能源产业高地。

19. 中国联通发布碳达峰碳中和十四五行动计划

2021年6月17日,中国联通发布《"碳达峰、碳中和"十四五行动计划》,明确实施"3+5+1+1"行动计划。"3"是指围绕低碳循环发展,建立3大碳管理体系——碳数据管理体系、碳足迹管理体系、能源交易管理体系。"5"是指聚焦5大绿色发展方向,一是推动移动基站低碳运营;二是建设绿色低碳数据中心;三是深入推进各类通信机房绿色低碳化重构;四是加快推进网络精简优化,老旧设备退网;五是提高智慧能源管理水平。"1"是指深化拓展共建共享,深入推进行业基础设施资源共建共享,试点扩大合作对象范围。最后一个"1"是指数字赋能行业应用,助力千行百业节能降碳。

20. 中国华电集团有限公司发布"十三五"碳排放白皮书及碳达峰行动方案

2021年6月18日,中国华电"十三五"碳排放白皮书暨碳达峰行动方案发布会在京举行。根据行动方案,中国华电力争2025年实现碳达峰,新增新能源装机7500万千瓦,非化石能源装机占比超过50%。《中国华电"十三五"碳排放白皮书》显示,"十三五"期间,中国华电五年累计减排二氧化碳5.5亿吨,其中电源结构调整减排4.5亿吨;节能减排降耗减排1亿吨。碳排放量增速明显趋缓,强度持续下降,全口径供电碳排放强度较"十二五"末下降53克/千瓦时,创历史最好水平。

21. 中国能源建设股份有限公司举办践行"双碳"战略目标行动方案(白皮书)发布会

2021年6月18日,中国能源建设股份有限公司在京举办践行"双碳"战略目标行动方案(白皮书)发布会,行动方案(白皮书)共分为4个部分,分别是前言、中国能源建设股份有限公司观点和主张、优势能力和实践贡献、对策举措和行动。

22. 国家电网有限公司统筹推动全国统一的电力市场、碳市场协同发展

2021年6月28日，国家电网有限公司董事、总经理张智刚在2021年国际能源变革对话上发表主旨演讲——构建新型电力系统，为实现碳达峰碳中和提供重要支撑。

目前，国家电网有限公司开展的工作主要围绕六个方面。一是加快电网的转型发展，把提高电网大范围优化配置能力作为长期任务，持续优化区域和省级主网架，着眼建设现代智慧配电网，持续加大配电网的投入力度，积极适应分布式清洁能源并网和多元负荷的用电需要。二是聚焦服务新能源大规模开发利用，持续强化全网的统一调度，着眼提高电力系统的灵活调节能力，着眼更好地服务新能源发展。三是大力支持电能替代，适应能源消费电气化发展趋势，聚焦交通运输、工业和农业生产、居民生活等领域，大力实施以电代煤、以电代油。四是利用数字技术为传统电网赋能是提升电网资源优化配置效率和智能互动水平的重要手段，针对电力生产由大容量集中式向大规模分布式转变的技术特征，需要我们积极利用数字技术提升电力系统控制水平和效能。五是强化关键核心技术攻关，"十四五"期间，要集中力量开展基础理论、核心技术、"卡脖子"技术和关键设备攻关，积极推动新型电力系统示范区建设。六是推进技术标准先行，主动对接国家行业相关部门和产业上下游单位标准化组织，积极开展国际交流合作。

23. 中国规模最大的平价绿证交易达成

2021年7月1日，国内领先的新能源投资企业景旦新能源公司与苹果供应链企业L公司、国际权威绿证签发机构APX，三方达成10万张平价绿证交易合作，这是中国迄今为止规模最大的平价绿证交易。

据了解，此次平价绿证交易价格在25～30元/张（即0.025～0.03元/千瓦时）。这10万张平价绿证将为L公司的工厂提供1亿千瓦时绿色电力环境权益属性，助力其实现100%绿电的目标。

此次交易是国际权威绿证签发机构APX在中国首个平价绿证交易，也是迄今为止全球规模最大的平价绿证交易，单笔交易量已经超过

了I-REC（International REC Standard，I-RECs）和中国绿证（Green Electricity Certificate，GECs）两大体系的平价绿证累计交易量。

24. 中国石油化工股份有限公司开建我国首个百万吨级CCUS项目

2021年7月6日，中国石油化工股份有限公司即将开启齐鲁石化—胜利油田CCUS项目，涵盖碳捕集、利用和封存三个环节，建成后将成为国内最大CCUS全产业链示范基地，也是我国首个百万吨级CCUS项目建设，将为国家推进CCUS规模化发展提供应用案例。

此次中国石油化工股份有限公司启动建设的百万吨级CCUS项目，由齐鲁石化二氧化碳捕集和胜利油田二氧化碳驱油与封存两部分组成。齐鲁石化捕集提供二氧化碳运送至胜利油田进行驱油封存，实现了二氧化碳捕集、驱油与封存一体化应用，把二氧化碳封在地下，把油驱出来。

25. 全国首个碳中和融资租赁服务平台在广州南沙正式启用

2021年7月8日，南方电网碳中和融资租赁服务平台在广州南沙正式揭牌启用。平台启用当日与两个项目同步签约，项目规模超过10亿元。

南方电网碳中和融资租赁服务平台是融资项目、租赁公司和银行对接的平台，由银行为租赁公司的租赁项目提供资金支持，通过平台实现多方资金融通，拓宽融资渠道。该平台属于全国首创，聚焦服务清洁能源、储能、电动汽车、节能减排技术等绿色能源产业领域，采用区块链、大数据、人工智能等技术，构建高效、低成本的碳中和绿色金融服务体系，旨在通过建立融资租赁费用与碳排放量挂钩的浮动机制，积极推动碳排放主体主动减少碳排放量，助力国家"双碳"目标实现。

26. 中国移动发布"碳中和"行动方案

2021年7月15日，中国移动联合产业链合作伙伴代表在京举行"C2三能——中国移动碳达峰碳中和行动计划"发布会。并提出到"十四五"期末，在公司电信业务总量增加1.6倍的情况下，碳排放总量控制在5600万吨以内。单位电信业务总量综合能耗、单位电信业务总量碳排放两项指标降幅均超过20%，企业自身节电量超过400亿千瓦时，节能通过"六绿"实现以下内容：一是以绿色架构、节能技术为驱动打造绿色网络；二是以能源消费电气化、绿电应用规模化为目标推进绿色用能；三是以科学制定设备节能技术规范、完善绿色采购制度为保障建设绿色供应链；四是以线上化、低碳化为方向倡导绿色办公；五是以拓展信息服务应用、推广"智慧环保"解决方案为依托深化绿色赋能；六是以加强宣贯教育、弘扬绿色低碳理念为抓手创建绿色文化。

27. 中国石油化工股份有限公司完成全国碳市场首笔大宗协议交易

2021年7月21日，中国石油化工股份有限公司顺利完成全国碳市场首笔大宗协议交易，从华润集团买入10万吨全国碳市场碳配额。上海环境能源交易所官方成交数据显示，该笔交易为全国碳市场正式上线以来的首笔大宗协议交易。

碳排放权协议转让将包括挂牌协议交易和大宗协议交易两种方式，其中10万吨以下以挂牌协议交易方式成交，10万吨以上（含10万吨）以大宗协议交易方式成交。

目前，全国碳排放权交易市场采用"双城"模式，交易中心设在上海市，碳配额登记系统设在湖北武汉市。根据上海环境能源交易所披露的交易数据显示，2021年7月21日全国碳市场的全天收盘价为54.40元/吨，较前一日上涨2.1%，当天最高价为55.50元/吨，最低价为54.07元/吨。

28.《中国二氧化碳捕集利用与封存（CCUS）年度报告（2021）——中国CCUS路径研究》正式发布

2021年7月23日，在生态环境部应对气候变化司指导下，由生态环境部环境规划院联合中国科学院武汉岩土力学研究所、中国21世纪议程管理中心组织撰写的《中国二氧化碳捕集利用与封存（CCUS）年度报告（2021）——中国CCUS路径研究》正式发布。

报告提出四项政策建议：一是明确面向碳中和目标的CCUS技术发展路径；二是完善CCUS政策支持与标准规范体系；三是规划布局CCUS基础设施建设；四是有序开展大规模CCUS示范与产业化集群建设。

29．全国首个近"零碳"新能源车充电站启用

2021年7月29日，全国首个近"零碳"新能源车综合充电站在天津启用。该综合充电站的屋顶、车棚上有光伏板，地下有热泵和满足各式各样充电需求的71个充电车位。该充电站使用了测量传感、智能传输、优化控制等技术，实现了近"零碳"运营，每年预计可减少碳排放约4575吨。该充电站不但给电动汽车充电用上了清洁电能，还探索出了未来城市低碳甚至是"零碳"转型发展的新路径。

30．我国碳卫星公布全球碳通量数据集

2021年8月15日，基于我国首颗全球二氧化碳监测科学实验卫星（中国碳卫星）的观测，科学家近日获取了全球碳通量数据集，标志着我国具备全球碳收支的空间定量监测能力，是国际上继日本、美国之后第三个掌握该技术的国家。

利用大气浓度测量，进而计算碳排放和碳吸收的方法，优势在于"看得广、看得清"，与侧重"看得准、看得全"的地面观测形成有效互补。研究者除了依靠卫星观测资料，还需通过先进的同化计算系统，模拟出大气二氧化碳传输过程和每个时刻、每个地方大气二氧化碳的含量，并与卫星观测协调一致，得到一个最接近真实的碳通量数值。

31．中国电信集团有限公司发布双碳行动计划"十四五"末能耗碳排放下降23%以上

2021年8月25日，中国电信集团有限公司发布碳达峰碳中和行动计划。到"十四五"期末，将实现单位电信业务总量综合能耗和单位电信业务总量碳排放下降23%以上，实现4G/5G网络共建共享节电量超过450亿千瓦时，新建5G基站节电比例不低于20%，大型、超大型绿色数据中心占比超过80%，新建数据中心PUE低于1.3。

此次发布的碳达峰碳中和"1236"行动计划主要内容是："1"是指坚持一个战略重点，绿色低碳发展是企业"云改数转"战略的重要内容。"2"是把握两个发力方向，即对内强化技术创新和管理升级，推动企业碳排放强度持续下降；对外优化产品供给和服务质量，以数字技

术赋能全社会绿色低碳发展。"3"是践行三个基本策略，即处理好节能降碳与5G、数据中心高速发展的关系，全面推进云网融合的安全、绿色新型信息基础设施建设，确保高质量发展；处理好充分竞争与开放合作的关系，全面使能产业链、供应链和全社会绿色发展，实现合作共赢、协同发展；处理好科技创新与可持续发展的关系，加大科研攻关力度和关键资源投入，推动企业可持续发展。"6"是推进六大绿色行动，即建设绿色新云网、打造绿色新运营、构建绿色新生态、赋能绿色新发展、催生绿色新科技、筑牢绿色新支撑。

32. 绿色电力交易试点正式启动

2021年9月7日，绿电交易试点启动会在北京市和广州市同步召开，绿色电力交易试点正式启动，共17个省259家市场主体参与首批交易，达成成交电量79.35亿千瓦时。其中，国家电网有限公司经营区域成交电量68.98亿千瓦时，中国南方电网有限责任公司经营区域成交电量10.37亿千瓦时。本次交易预计将减少标煤燃烧243.60万吨，减排二氧化碳607.18万吨。

33. 太原钢铁（集团）有限公司国内首发光伏行业关键材料

2021年9月9日，首台（套）国产化亚洲硅业项目N08810材质冷氢化反应器发运仪式在兰州市举行。该装置核心材料——N08810镍基合金特厚钢板由太原钢铁（集团）有限公司供货。此次供货，标志着太原钢铁（集团）有限公司国内首发光伏多晶硅行业关键材料成功替代进口，以材料助力绿色行业发展，推动"双碳"目标进程。

34. 中国环境与发展国际合作委员会建立碳排放总量控制制度

2021年9月9日，中国环境与发展国际合作委员会（简称"国合会"）发布《全球气候变化治理与中国贡献》，提出了我国碳定价制度渐进完善的建议，一是要加快碳资产产权确立的研究和实施，加强气候信息披露，为实现碳资产确权提供政策支撑；二是稳步加快全国碳排放权交易体系建设，为碳市场设立明确的总量控制目标，逐步增加有偿拍卖配额的比例，优先将可再生能源尽早引入目前以电力行业为主的全国碳排放权交易体系，并逐步纳入其他重点排放行业；三是根据控制交易成本的原则制定混合式碳定价体系，将排放集中度较高的企业纳入碳交易体系，将排放集中度较低的企业纳入碳税体系等。

中国环境与发展国际合作委员会是国务院于1992年批准成立的国际性高层政策咨询机构，其主要任务是向中国政府提供前瞻性、战略性、预警性政策建议。

35.《3060零碳生物质能发展潜力蓝皮书》在北京市发布

2021年9月14日，在2021（第三届）全球生物质能创新发展高峰论坛暨有机固废资源（能源）化利用科技装备展筹办期间，中国产业发展促进会生物质能产业分会、德国国际合作组织（GIZ）、生态环境部环境工程评估中心、北京松杉低碳技术研究院在北京联合举办了《3060零碳生物质能发展潜力蓝皮书》发布会。与会者一致认为，作为全球公认的零碳可再生能源，"十四五"时期，我国发展生物质能首先是为了解决城乡各类有机废弃物的无害化、减量化处置问题，其次才是资源化和能源化利用。

36. 高温气冷堆碳中和制氢产业技术联盟在清华大学成立

2021年9月18日，为推动高温气冷堆制氢技术和产业发展，攻克关键核心技术问题，打造世界一流产学研用结合的新型协同攻关联合体，助力"碳达峰碳中和"国家战略目标实现，高温气冷堆碳中和制氢产业技术联盟在清华大学成立。

高温气冷堆碳中和制氢产业技术联盟是一个科技、产业、金融相协同的创新联合体，由清华大学、中国核工业集团有限公司、中国华能集团有限公司、中国宝武钢铁集团有限公司、中国中信集团有限公司五方联合发起成立。联盟以我国先进的高温气冷堆技术为基础，通过超高温气冷堆制氢的研发，开发氢冶炼、氢化工等应用技术，将高温气冷堆技术与钢铁冶炼、化工等具体应用场景相结合，打造工业规模示范项目，并在国内外开展产业化推广，努力实现相关行业的二氧化碳极低排放，助力"碳中和"梦想变为现实。

37. 中国碳中和发展力指数在厦门产权交易中心线上发布

2021年9月22日，厦门大学"碳中和发展力"研究团队在厦门产权交易中心在线发布了中国碳中和发展力指数。该研究团队首席专家孙传旺教授称，中国碳中和发展力指数以"五力"驱动模型为基本框架，将地区碳中和发展力结构化分解为成长力、转型力、竞争力、协调力和持续力，并结合地方政府的碳中和政策舆情分析等辅助指标，形成一套"五+N"的指标体系。

38. 我国首船全周期碳中和石油获认证

2021年9月22日，中国石油化工股份有限公司、中国远洋海运集团有限公司、中国东方航空集团有限公司在上海市联合举办我国首船全生命周期碳中和石油认证仪式，上海环境能源交易所分别向三家企业颁发我国首张碳中和石油认证书。中国石油化工股份有限公司、中国远洋海运集团有限公司、中国东方航空集团有限公司通过积极实施节能减排策略及购买国家核证自愿减排量（CCER）来抵消石油全生命周期的碳排放，并聘请了上海环境能源交易所作为碳中和认证机构。本次购买的减排项目主要包括：江西丰林碳汇造林项目、大理州宾川县干塘子并网光伏电站项目、两岸新能源合作海南航天50兆瓦光伏项目、黑龙江密山林场（柳毛）风电厂项目、贵州省三都水族自治县农村沼气利用项目、湖北省枣阳市农村户用沼气项目、国能赤峰生物质发电项目等，在资助边远地区发展农林种植业、开发低碳绿色能源以及扶贫脱贫的同时，实现了完整意义上的我国首船碳中和石油。

39. 华为技术有限公司发布《全球能源转型及零碳发展白皮书》，助力能源数字化转型

2021年9月23日，主题为"数字赋智能源，开启低碳时代"的华为能源峰会在线举行，会上正式发布华为技术有限公司与德勤会计师事务所（中国）共同创作的《全球能源转型及零碳发展白皮书》。峰会基于华为能源T3战略深入解读了能源转型、数字化转型及零碳转型，华为能源T3发展模型提出，建设零碳智慧能源体系，实现全球零碳发展，

应构建"零碳转型、能源转型、数字化转型"三大核心能力。

通过零碳转型能力，推动各行业结合自身特点全面开展碳资产管理和脱碳行动，从低碳向近零碳发展，最终实现碳中和。

通过能源转型能力，推动能源生产与消费方式向绿色高效方向转变，从单一集中式向多元分布式的能源供应转变，最终达到能源的综合协同，提升能源综合利用效率。

通过数字化转型能力，从传统的信息化向数字化和智能化方向演进，为零碳转型和能源转型提供数字化支撑，以数据为核心生产要素驱动传统能源体系向零碳智慧能源体系转变。

40. 华北电力大学发布"碳达峰碳中和"行动计划

2021年9月24日，华北电力大学在第五届中国能源产业发展年会及创新成就展上正式发布了"碳达峰碳中和"行动计划。该校将通过学科专业、人才培养、科技创新、开放合作、师资队伍、校园行动6个方面的20条举措，全力打造服务碳中和的人才培养高地、基础研究和科技突破策源地。

根据华北电力大学碳达峰碳中和行动计划，学校将实施学科专业拓新行动、人才培养提质行动、科技创新登攀行动、开放合作升级行动、师资高端汇聚行动、零碳校园建设行动等六项行动，推出20条具体举措。华北电力大学将以"碳达峰碳中和"行动计划为牵引，推动人、财、物等资源精准流向关键环节与重点领域，全面加强碳中和急需紧缺人才和高层次创新人才培养，大力支持教师承担或参与碳中和领域国家重大科技任务，积极培育碳中和国家级创新平台和产教协同联合体，重点建设碳中和相关学科专业。

41. 中国海洋石油集团有限公司"双碳"技术和评价体系实现两项国内首创

2021年9月27日，中国海洋石油集团有限公司"双碳"监控关键支撑技术突破和评价体系研究项目及成果通过有关部门鉴定。

该项目由海油发展安全环保公司节能环保监测中心承担，该技术体系解决了复杂条件下大直径烟道烟气流速测量技术难题，实现了两项国内首创模型，分别为企业碳排放关键因子库、碳排放价格预测模型和包含"绿色工厂"数据指标库的低碳评价模型。

42．必维集团携手远景科技集团发布"国际零碳产业园标准"

2021年10月12日，"2021鄂尔多斯零碳产业峰会"隆重召开。峰会以"零碳新工业，科技新生态"为主题，推出了全球首个零碳产业园——鄂尔多斯"远景零碳产业园"，同时由远景科技集团和必维集团（Bureau Veritas）共同发布国际零碳产业园标准。

该标准与国际接轨，与SBTi 科学碳目标的要求一致，并为未来符合"国际零碳产业园标准"的零碳产业园划定四大特征：构建以零碳能源为基础的新工业体系，推动零碳产业和技术的发展和应用，具有智能管理内核，以及为区域创造低碳转型动能。

43．中国东方航空集团有限公司执飞中国首班全生命周期碳中和航班

2021年10月12日，中国东方航空集团有限公司MU5103"上海虹桥—北京首都"成功首航我国第一班全生命周期碳中和航班。从2021年10月12日到12月10日，中国东方航空集团有限公司及旗下上海航空，将在国内13条精品航线、共780余个航班上，实现燃油的"全生命周期碳中和"。中国东方航空集团有限公司碳中和航班的碳信用额度，由购买国家核证自愿减排量（CCER）而来，减排项目主要包括江西丰林碳汇造林项目、汉能海南州光伏发电有限公司共和50兆瓦并网光伏发电项目、南京金陵天然气联合循环并网发电项目。

44．天津港"智慧零碳"码头投产运营

2021年10月17日，历时21个月建设的天津港北疆港区C段智能化集装箱码头正式投产运营。这是全球首个"智慧零碳"码头，与传统码头相比，该码头没有化石能源，全部用电，电力供应则全部来源于风电光电，实现了能源消耗和生产环节的零碳。同时，码头工艺、流程、设备、建筑全方位实现低能耗，比传统自动化码头节能17%以上。

45. 中国节能发布碳达峰碳中和行动方案

2021年10月20日，中国节能环保集团有限公司（简称"中国节能"）发布《中国节能环保集团有限公司碳达峰碳中和行动方案》，并成立中国节能双碳指导委员会。该方案提出构建"1+3+3"碳达峰碳中和战略部署。

"1"是"以成为世界一流的碳达峰碳中和解决方案服务商为宗旨"，在尽早实现自身碳达峰碳中和的同时，致力打造成为绿色产业高质量发展领军者以及低碳零碳负碳原创技术策源地，着力提升技术创新能力、智力供给能力以及示范带动能力，力争成为国家实现碳达峰碳中和的重要参与者、突出贡献者和积极引领者。第一个"3"是将分3个阶段逐步推动实现碳达峰碳中和。第一步，力争到2028年实现二氧化碳排放达峰。到2030年，"成为世界一流的碳达峰碳中和解决方案服务商"的目标基本实现，服务对象从传统领域扩展到新基建等新兴领域，旗下绿色产业服务社会减碳的贡献在"十三五"的基础上翻两番；第二步，努力争取到2040年左右实现运营碳中和。力争在重点细分领域掌握1~2项世界领跑、世界并跑的低碳零碳负碳技术；第三步，力争到2050年实现供应链碳中和，力争到2060年消除历史化石燃料碳排放。

第二个"3"是将从产业发展、技术创新和自身减排3大角度做出具体工作部署，构建服务国家碳达峰碳中和战略的业务布局，持续迭代创新涉碳技术产品服务方案，积极引领中低排放型企业碳达峰碳中和行动，确保如期实现目标。

46. 国内首个新型二氧化碳储能验证项目开工建设

2021年10月22日，东方电气集团东方汽轮机有限公司、百穰新能源科技（深圳）有限公司和西安交通大学能源与动力工程学院共同举行国内首个"新型二氧化碳储能验证项目"的开工仪式，标志着我国这一储能技术迈开了真正工程化应用的步伐。

47. 中国标准化研究院发布《碳达峰碳中和标准体系建设进展报告》

2021年10月22日，由中国标准化研究院资源环境研究分院组织编写的《碳达峰碳中和标准体系建设进展报告》在"绿色低碳转型标准化技术研讨会暨第七届绿色生产与消费交流会"上正式发布。该报告是针对碳达峰碳中和标准体系建设做出的阶段性研究成果。

该报告显示，我国在石油、天然气、煤炭、电力等传统能源领域的国家标准共计有900余项。在现有国家标准中，覆盖计量、能耗限额、能效、在线监测、检测、系统优化用能、能量平衡、能源管理、节能量与节能技术评价、分布式能源及绩效评估等节能类国家标准390余项，现行强制性能耗限额与能效标准分别为112项和75项。碳排放领域涉及计量、监测、核算、管理和评估等系列标准，已发布温室气体管理相关16项国家标准，正在修订的标准30余项。此外，绿色制造、包装和评价等国家标准有50余项，循环经济类国家标准10余项。

另外，上述传统能源领域行业标准共计6100项，其中涉及绿色、节能、可再生能源、循环经济、能效、能耗、温室气体等多个领域的行业标准700余项。

48. 全球低碳冶金创新联盟成立大会暨2021全球低碳冶金创新论坛举行

2021年11月16日，由中国宝武钢铁集团有限公司发起并主办的全球低碳冶金创新联盟成立大会暨2021全球低碳冶金创新论坛在中国宝武钢铁会博中心举行，来自15个国家的企业家、专家、学者集聚一堂，共商应对低碳挑战之策，共谋开创绿色未来之路。

49. 2022年度煤炭中长期合同签订及汇总工作全面启动

2021年12月13日，国家发展改革委出台专项方案，2022年度煤炭中长期合同签订及汇总工作全面启动。

按照方案要求，2022年，本地区核定产能30万吨以上煤炭生产企业中长期合同签订数量要达到自有资源量80%以上，发电供热用煤的中长期供需合同要实现全覆盖。煤炭中长期合同签订后，要在全国煤炭交易中心平台上录入汇总。

4.3 资本市场

4.3.1 2021年大事件盘点

1. 全国碳市场正式开市

2021年7月16日，全国碳市场启动仪式于北京市、上海市、武汉市三地同时举办。占全国碳排放40%以上的超2000家发电企业作为首批交易主体走进市场，覆盖约45亿吨碳排放，规模为全球之最。12月15日，成交量突破1亿吨大关，累计成交额44.26亿元。

2. 中国建立绿色股票指数和环境权融资工具

2021年9月12日，中共中央办公厅、国务院办公厅印发了《关于深化生态补偿机制改革的意见》。该意见提出，研究开发基于水权、污染权和碳排放权的绿色股指、碳排放期货交易和融资工具。

3. 北京环境交易所更名北京绿色交易所

2021年9月17日，为响应国家碳达峰碳中和等愿景，北京环境交易所正式更名为北京绿色交易所，来推动全国绿色金融项目的发展。

4.《国家标准化发展纲要》印发，建立健全碳达峰碳中和标准

2021年10月11日，中共中央、国务院印发《国家标准化发展纲要》，提出要健全和推广金融领域科技、产品、服务与基础设施等标准，有效防范化解金融风险。围绕金融等领域智慧化转型需求，加快完善相关标准。研究制定服务贸易标准，完善数字金融等标准。建立健全碳达峰碳中和标准。

5. 中国人民银行集中发布多项金融标准，首个金融强制标准将实施

2021年10月25日，中国人民银行集中发布47项金融领域的标准，涵盖从金融产品与服务、绿色金融、金融数据、金融安全、支付清算到

金融科技和金融监管等各领域。值得注意的是，首次发布两项绿色金融标准，并实现金融强制标准零的突破，意味着中国的金融标准体系更多元。

6．上海证券交易所将发布中证碳中和指数及相关ETF产品

2021年10月25日，上海证券交易所将和上海环境能源交易所联合发布中证碳中和指数，未来将开发相关ETF产品。

7．中国人民银行推出碳减排支持工具

2021年11月8日，中国人民银行宣布创设推出碳减排支持工具，通过"先贷后借"的直达机制，对金融机构向碳减排重点领域内相关企业发放的符合条件的碳减排贷款，按贷款本金的60%提供资金支持，利率为1.75%。此外，中国人民银行还计划指导金融机构开展压力测试，逐步将气候变化相关风险纳入宏观审慎政策框架。

8．北京交易所正式开市交易

2021年11月15日，北京交易所正式开市，新设立的北京交易所专门服务于创新型中小企业，致力于弥补资本市场短板，不断改革和完善中国实体经济。

9．中国将允许发行可持续熊猫债券

2021年11月16日，中国人民银行下属的自律机构全国金融市场交易商协会（NAFMII）宣布启动试点计划。熊猫债是境外发行人在中国市场发行的人民币债券。试点期间，境外政府机构、国际开发机构、境外非金融企业均可在交易商协会注册发行社会债券和可持续发展债券。

10．再设立2000亿元支持煤炭清洁高效利用专项再贷款

2021年11月17日，国务院总理李克强主持召开国务院常务会议，决定设立支持煤炭清洁高效利用专项再贷款，促进绿色低碳发展。会议决定，在前期设立碳减排金融支持工具的基础上，再设立2000亿

元支持煤炭清洁高效利用专项再贷款，形成政策规模，推动绿色低碳发展。

11. 中央经济工作会议强调双碳工作要求

2021年12月8日至10日召开的中央经济工作会议就"双碳"来年工作做出部署，要求加快构建清洁低碳安全高效能源体系，增加新能源消纳能力，推动煤炭和新能源优化组合，并确立了"全国统筹、节约优先、双轮驱动、内外畅通、防范风险"的工作原则。此外，会议还提出，实现碳达峰碳中和是推动高质量发展的内在要求，要坚定不移推进，但不可能毕其功于一役。

4.3.2 2021年金融产品盘点

1. 绿色债券

国家开发银行发行碳中和专题"债券通"绿色金融债券

2021年3月18日，国家开发银行在上海清算所的支持下面向全球投资人发行碳中和专题"债券通"绿色金融债券。本期债券发行规模200亿元，发行利率3.07%，发行期限3年。该债券为我国首单获得国际气候债券倡议组织（CBI）贴标认证的碳中和债券，在国内也已获第三方认证机构联合赤道认证通过，并将跟踪核查、验证。国家开发银行本期债券所募集资金将用于风电、光伏等具有显著碳减排和碳吸收效果的绿色项目。与普通绿色债券相比，资金用途更加聚焦低碳领域。

交银国际信托有限公司成功发行"中国三峡新能源（集团）股份有限公司2021年度第一期绿色资产支持票据（碳中和债）"

2021年3月30日，交银国际信托有限公司联动交通银行在银行间市场成功发行"中国三峡新能源（集团）股份有限公司2021年度第一期绿色资产支持票据（碳中和债）"，是银行间债券市场首单新能源补贴绿色公募"碳中和"ABN（资产支持票据）产品，也是湖北省首单"碳中和"债务融资工具。该项目募集资金11.15亿元，期限3年，主体及债项评级为AAA级，票面利率3.97%，创近期同类型产品最低票面利率。该项目底层资产以三峡新能源集团持有的应收可再生能源电价附加收益作为基础资产，基础资产为符合国家绿色产业目录的100%纯"绿色"资产。

中国石油化工集团有限公司"绿色债券"——权益出资型碳中和债

2021年4月2日，中国石油化工集团有限公司首次成功发行"绿色债券"——权益出资型碳中和债，发行规模11亿元，发行期限3年，募集资金将用于该公司光伏、风电、地热等绿色项目，是国内油气企业发行的第一支碳中和债。

国家能源集团国电电力发行绿色中期票据

2021年4月4日，国际气候债券倡议组织宣布，国家能源集团国电电力发行的2021年度第一期绿色中期票据，经第三方机构绿融（北京）投资服务有限公司（The iGreen Bank）依据气候债券标准核查，被正式认证为气候债券。该债券成为国内首支国际认证气候债券，也是国内市场非金融机构发行的首支国际国内双标认证碳中和债券。

中国人民银行等三部门印发《绿色债券支持项目目录（2021年版）》，助力实现碳达峰碳中和目标

2021年4月21日，中国人民银行、国家发展改革委、证监会联合发布《绿色债券支持项目目录（2021年版）》[简称"《绿债目录（2021年版）》"]。《绿债目录（2021年版）》实现三个重点突破。一是绿色项目界定标准更加科学准确。煤炭等化石能源清洁利用等高碳排放项目不再纳入支持范围，并采纳国际通行的"无重大损害"原则，使减碳约束更加严格。二是债券发行管理模式更加优化。首次统一了绿色债券相关管理部门对绿色项目的界定标准，有效降低了绿色债券发行、交易和管理成本，提升了绿色债券市场的定价效率。三是为我国绿色债券发展提供了稳定框架和灵活空间。

交通银行推出首单全资用于风电项目的"碳中和"债券

2021年4月21日，交通银行主承销的华能国际电力股份有限公司2021年度第二期绿色中期票据（碳中和债）成功发行，成为全国首单募集资金全部用于风电项目的"碳中和"债券，也是市场推出较早的权益出资型"碳中和"债券。

该笔债券募集资金将全部用于"陆上风电"和"海上风电"绿色低碳产业项目。经第三方评估机构测算，在实现相同年度上网电量的情况下，相比火力发电，此风电项目可节约标准煤219.62万吨，减排二氧化硫1340.40吨，减排氮氧化物1397.74吨，减排烟尘272.38吨，节能减排效果显著。

国内首批可持续发展挂钩债券发行

2021年5月10日，中国华能、大唐国际、长江电力、国电电力、陕煤集团、柳钢集团、红狮集团首批7单可持续发展挂钩债券成功发行。据悉，首批项目均为两年及以上中长期债券，发行金额合计73亿元。初期重点聚焦于高碳行业的减排需求，首批发行的7单项目全部具备显著的碳减排或污染物减排效应。

可持续发展挂钩债券最早出现于2019年的欧洲，国际资本市场协会2020年6月推出指导性文件《可持续发展挂钩债券原则》，提供了可持续发展挂钩债券具体指导标准。截至目前，国际上可持续发展挂钩债券累计发行总额约180亿美元，发行人涉及电力、钢铁、水泥、建筑等多个行业。

中信信托首笔碳中和绿色可续期债项目成功落地

2021年5月31日，中信信托·云南水务碳中和绿色可续期债权投资集合资金信托计划（下称"本计划"）成功落地实施。本计划投资于云南水务投资股份有限公司可续期债权，信托规模人民币20亿元；资金用于支持云南水务污水处理、固废处理等绿色环保产业项目建设，并通过财务结构的改善进一步巩固其在全国水务上市公司的领跑地位，助力其成为全国绿色环保产业领军企业之一。

南京银行成功发行40亿元绿色金融债券

2021年6月15日，南京银行公告，经中国银行保险监督管理委员会江苏监管局和中国人民银行批准，公司于近日在全国银行间债券市场成功发行"南京银行股份有限公司2021年第一期绿色金融债券"（"本期债券"）。本期债券发行总额为人民币40亿元，品种为3年期固定利率债券，票面利率为3.28%，于2021年6月15日发行完毕。

国内首单用于森林碳汇的碳中和债达36亿元

2021年9月23日，中国农业发展银行在中央结算公司通过公开招标方式，面向全球投资者成功发行国内首单用于森林碳汇的碳中和债券36亿元，发行期限为2年期，发行利率为2%，认购倍率为8.61倍，募集资金将全部用于支持造林及再造林等森林碳汇项目的贷款投放。

该期债券是国内首单用于森林碳汇的碳中和债券暨中国农业发展银行首次柜台债券，严格按照中国人民银行等监管部门要求的"可测度、可核查、可验证"原则，支持项目经中节能咨询有限公司认证，符合中国人民银行、国家发展改革委、证监会联合发布的《绿色债券支持项目目录（2021年版）》，且首次采用中国环境科学学会气候投融资专业委员会制订的T/CSTE 0061—2021《气候投融资支持项目分类指南》标准，将有力促进林业绿化面积提高，促进区域水源涵养、水土保持、土壤保育、固碳释氧、净化空气，碳汇效应显著。

2. 绿色信贷

"碳e融"——绿色信贷

2021年3月31日，国网英大股份有限公司联合国网上海市电力公司正式推出"碳e融"，绿色认证助力企业低碳绿色发展。国网英大碳资产管理（上海）有限公司与国网上海市电力公司联合，对国家电网有限公司上游供应链企业航空工业宝胜科技创新股份有限公司进行了现场认证，并出具供应链企业首份《绿色认证报告》。这是英大碳资产（上海）有限公司与国网上海市电力公司深度合作、基于"智慧供应链"项目而自主构建的《绿色企业认证评级标准》。根据认证评估结果，中国农业银行宝应支行顺利下发了对宝胜股份的绿色信贷批文并放款5000万元，贷款利率较银行同期LPR（贷款市场报价利率）有大幅下降。

我国绿色贷款余额超13万亿元

2021年5月2日，中国人民银行发布的最新数据显示：截至今年一季度末，我国本外币绿色贷款余额13.03万亿元，同比增长24.6%，高于各项贷款增速12.3个百分点，其中投向具有直接和间接碳减排效益项目的贷款分别为6.47万亿元和2.29万亿元，合计占绿色贷款的67.3%。

国家开发银行设立5000亿元专项贷款服务能源领域"碳达峰碳中和"

2021年6月9日，国家开发银行制定《支持能源领域实现"碳达峰、碳中和"战略目标工作方案》，"十四五"期间设立总规模为5000亿元（等值人民币，含外汇）的能源领域"碳达峰碳中和"专项贷款，其中2021年安排发放1000亿元，助力构建清洁低碳安全高效的能源体系。

据介绍，该专项贷款将主要用于支持重点流域干流水电、沿海核电、平价风电和光伏发电、海上风电、"风光水火储一体化"综合能源基地、跨区输电通道、抽水蓄能、储能及氢能试点示范、天然气产供储销体系建设、煤层气抽采利用等。国家开发银行将建立绿色通道，为相关项目给予差异化信贷政策支持。

全国首单湿地碳汇贷在青岛落地

2021年8月18日，兴业银行青岛分行以胶州湾湿地碳汇为质押，向青岛胶州湾上合示范区发展有限公司发放贷款1800万元，专项用于企业购买增加碳吸收的高碳汇湿地作物等以保护海洋湿地，这是全国首单湿地碳汇贷。

林业碳汇融资第一单落地安徽宣城市

2021年9月22日，宣城市首批林业碳汇预期收益权质押贷款正式签约，中国农业银行泾县支行与泾县国有林业发展有限公司、建行泾县支行与泾县兆林木材加工厂分别签署林业碳汇预期收益权质押贷款合同，共为企业融资78万元。

据悉，为响应"碳达峰碳中和"号召，中国农业银行宣城市分行和中国建设银行宣城市分行积极探索，有针对性地推出特色绿色金融产品，本次融资是利用两家企业经营山场监测所得碳汇量，参考市场价格确定碳汇价值作为质押物，贷款主要用于造林、抚育等工作。

3. 绿色基金

深圳拟设立碳排放交易基金，碳排放权交易有望激活

2021年6月10日，深圳市司法局发布《深圳市碳排放权交易管理暂行办法（征求意见稿）》，对2014年3月版的《暂行办法》作出修订。深圳拟设立碳排放交易基金，对政府配额有偿分配的收入进行管理，提出将发挥基金的引导和杠杆作用，募集更多社会资本参与碳排放权交易。

有业内人士指出，此举类似引入"做市商"制度，以激活碳排放权在二级市场上的流通。从可惠及的子基金类型来看，此前尚无专属投资碳排放权交易的基金，碳中和以及环保主题的投资基金也可在投向上予以兼容。分析人士指出，已并入相关基金投资组合的碳排放权有望优先受益。

国网新兴产业基金母基金在沪完成设立

2021年6月29日，国网新兴产业基金母基金［工商登记名称为"国网新兴（上海）私募基金合伙企业（有限合伙）"］在上海市浦东新区登记设立。该基金主要服务于国家电网有限公司新兴产业发展，助力"碳达峰碳中和"，推动产业结构调整和转型升级，全力打造新兴产业创新发展高地。基金重点围绕工业芯片、IGBT、数据库、综合能源服务、储能及清洁能源、北斗及地理信息、海上风电并网装备、电子商务、电动汽车服务、数据资产运营、传感器、智能终端、电力5G、区块链开展投资。

碳排放信托基金发布英国政府绿色金融项目发行期报告

［**译文摘录**］2021年7月2日，受英国财政部和英国债务管理办公室委托，碳排放信托基金发布了一项影响力报告，其中制定了一项通过发行绿色金融债券和零售绿色储蓄债券的财政支出计划。

这些绿色金融计划的目标是应对气候变化和其他环境挑战，资助亟需投资的基础设施建设，并在整个英国创造绿色就业机会。这是英国财政部的第一个主权绿色金融债券，它打算在未来发行更多的类似债券。

作为这个绿色融资计划的一部分，英国政府将为清洁交通、可再生能源、能源效率、污染预防和控制、生活和自然资源以及适应气候变化等各种项目提供资金。在这些领域发力，将会为英国政府带来环境和社会的双重利益，这对其到2035年减少78%的碳排放并到2050年达到净零的目标至关重要。

国内规模最大碳中和主题基金设立建信投资参与首轮基金意向出资

2021年7月15日，由中国宝武钢铁集团有限公司携手国家绿色发展基金股份有限公司、中国太平洋保险（集团）股份有限公司、建信金融资产投资有限公司共同发起的宝武碳中和股权投资基金设立签约仪式在上海浦东宝武大厦隆重举行。

该基金是目前国内市场上规模最大的碳中和主题基金，总规模500亿元，首期100亿元。基金意向投资阵容强大，包括中国宝武钢铁集团有限公司、国家绿色发展基金、中国太平洋保险（集团）股份有限公司、建信金融资产投资有限公司、中银资产管理有限公司、新华人寿保险股份有限公司、中邮人寿保险股份有限公司、国家开发银行、光大永明人寿保险有限公司等。

武汉碳达峰基金、碳中和基金分别签下100亿元单子

2021年7月16日，在全国碳市场上线交易启动仪式湖北分会场暨首届30·60国际会议上，武汉碳达峰基金、碳中和基金分别签下100亿元单子。湖北省生态环境厅与国家开发银行、中国农业银行、中国工商银行等各大金融机构，签约《金融机构支持全国碳市场发展战略合作协议》，武汉光谷联合产权交易所、湖北碳排放权交易中心代表湖北两山绿色产业投资基金管理有限公司与武昌区政府、各大金融机构、产业资本签约了规模为100亿元的"武汉碳达峰基金"，代表武汉知识产权交易所与国家电力投资集团、盛隆电气集团、正邦集团签约了规模为100亿元的"碳中和基金"，与五大电力公司和腾讯公司签订了《碳市场战略协议》，推动资本向绿色产业集中，擦亮高质量发展的绿色底色。

国能绿色低碳发展投资基金正式成立

2021年11月11日，由国家能源集团资本控股有限公司（以下简称"资本控股"）联合中国神华能源股份有限公司、国电电力发展股份有限公司、龙源电力集团股份有限公司发起设立的国能绿色低碳发展投资基金在北京市正式成立。

该基金以按单个项目出资需求实缴资本金，基金期限为8年（投资期3年，退出期5年），基金采用"母子基金"架构，母子基金规模共计150亿元，其中，母基金规模为60亿元，国电资本控股有限公司与中国神华能源股份有限公司分别出资20亿元，国电电力发展股份有限公司与龙源电力集团股份有限公司分别出资10亿元。低碳投资基金将瞄准新技术、新产业、新业态，重点投向低碳项目投资并购、集团主业和产业链上下游战略性项目、集团重点科研项目转化及产业化应用、成员单位混合所有制改革等领域，并根据不同投资领域引入不同风险偏好的社会资本。

该基金已于2021年9月29日完成工商注册，2021年10月18日完成了首批实缴出资。

4．绿色信托

碳中和绿色信托

2021年2月24日，中国银行保险报网称，中航信托与中国节能协会碳交易产业联盟、上海宝碳新能源环保科技有限公司联合设立了全国首单碳中和主题绿色信托计划。该项目由中航信托作为受托人发起，初始规模为3000万元，通过主动管理的基金化运作方式，募集资金投资于各方共同精选并认可的专业投资主体，投资标的覆盖全国范围内可交易的优质碳资产，项目期限不低2年，以充分履行受托管理职责，发挥碳信托的制度功能优势。

全国首单CCER碳中和服务信托成功发行

2021年4月21日，中国海洋石油集团有限公司所属中海信托股份有限公司与中国海洋石油集团有限公司所属中海油能源发展股份有限公司举行签约仪式。双方共同宣布，全国首单以CCER（Chinese Certified Emission Reduction，即中国核证减排量）为基础资产的碳中和服务信托——"中海蔚蓝CCER碳中和服务信托"成立。此次碳中和信托的交易结构为中国海油能源发展股份有限公司将其持有的国家核证碳减排量作为信托基础资产，交由中海信托股份有限公司设立财产权信托，再将其取得的信托受益权通过信托公司转让信托份额的形式募集资金，最终将募集资金全部投入绿色环保、节能减排产业，从而实现以绿生绿、以绿增绿的绿色能源发展路径。

5．ESG理财产品

兴业银行推出首款混合类ESG理财产品——ESG兴动绿色发展

2021年10月11日，兴业银行理财子公司兴银理财正式推出首款混合类ESG理财产品——"ESG兴动绿色发展"。该产品由兴银理财与知名基金公司合作管理，其中，"ESG兴动绿色发展"不低于70%的仓位投资于债权类资产，不超过30%的仓位投资于权益资产，以获得绝对收益目标为主。通过"固收打底+权益增强"的产品设计，致力于向下控制波动，向上争取收益弹性。该产品将立足绿色产业投资，寻找绿色科技产业中的优秀公司，尤其是通过科技创新带来明显竞争优势的公司，在承担社会责任的同时把握产业投资机会。

6. 结构性存款

中信银行发行国内首只碳中和主题结构性存款产品

2021年5月10日，中信银行成功发行国内首只挂钩"碳中和"绿色金融债的结构性存款产品，在金融支持绿色经济发展方面再进一步。本次"碳中和"主题产品落地，一方面发挥了银行新产品设计能力，通过结构性存款产品有效提升了碳中和绿色债券的市场交易活跃度；另一方面体现了银行宣传引导功能，通过实际金融产品向自身客户传导了碳达峰碳中和的绿色金融理念。本次"碳中和"主题产品发行的合作方中金公司表示，该交易积极推动了金融工具在经济转型中的支持引导功能，是国内场外衍生品的一次创新探索，在推动绿色金融发展的同时，丰富了利率衍生品的交易品种。

上海银行结构性存款首度挂钩碳中和债券指数

2021年6月3日，上海银行（601229）成功发行面向企业客户的首支挂钩上海清算所碳中和债券指数的结构性存款产品，产品实际收益率与存续期间的债券指数表现挂钩，实现清洁浮动。

上海清算所于今年2021年3月18日正式发布全国第一只碳中和债券指数——上海清算所碳中和债券指数，以及时、准确地反映碳中和债券市场整体价格走势和市场发展情况，为境内外金融市场提供优质的碳中和债券指数化投资标的。该指数中样本券的募集资金用途符合国内外主要绿色债券标准指南中绿色低碳产业项目要求，具备碳减排效益，符合碳中和目标。上海银行本次碳中和债券指数衍生品平盘交易对手为国泰君安证券股份有限公司。

国内首单碳中和股票指数结构性存款成功落地

2021年12月28日，由国网英大长三角金融中心联手民生银行推出的国内首个碳中和股票指数挂钩结构性存款产品成功上线发行。

本次发行的结构性存款产品是挂钩今年5月由国网英大长三角金融中心与华证指数公司联合发布的碳中和指数（SSI. 995035）的存款产品，创新性地将碳中和行业红利与银行存款相结合，既为责任型投资人提供了低风险绿色金融产品的多元化选择，又为责任型金融机构提供了培养公众绿色意识的抓手，使我国碳中和进程与企业和个人生活变得息息相关。

7. 碳排放权融资

交通银行成功完成长三角地区首笔碳配额质押融资

2021年4月28日，交通银行携手上海环境能源交易所、申能碳科技有限公司共同完成长三角地区首笔碳配额质押融资。碳配额质押是指为担保债务的履行，符合条件的配额合法所有人将配额出质给符合条件的质权人，并通过交易所办理登记的行为。上海环境能源交易所制定的业务规则，从制度层面上规范了配额质押登记行为，确保了质押双方的合法权利，推动了碳资产融资功能发挥，助推了绿色金融体系构建。该笔业务是基于上海环境能源交易所碳排放配额系统发放的首笔融资，也是长三角地区首笔以碳排放权质押作为增信措施的贷款，是金融机构助力"碳达峰碳中和"的最新尝试。

民生银行落地全国市场首笔碳排放权担保业务

2021年8月26日，民生银行依托全国碳排放权注册登记结算系统（中碳登），联合国家能源集团龙源（北京）碳资产管理技术有限公司、中国大唐集团大唐碳资产有限公司、国家电力投资集团北京电能碳资产管理有限公司，为三家中央企业集团下属发电企业国电内蒙古东胜热电有限公司、大唐七台河发电有限责任公司和贵州黔西中水发电有限公司成功办理碳排放权担保贷款，实现了全国市场首笔碳排放权担保业务落地。该笔业务是民生银行在全国碳排放权交易市场正式启动线上交易后的一次碳金融创新的成功尝试。

中国农业银行湖北省分行成功落地首笔全国碳交易市场碳排放权质押贷款

2021年8月27日，中国农业银行湖北省分行为湖北三宁化工股份有限公司成功发放碳排放权质押贷款1000万元，实现首笔全国碳交易市场碳排放权质押贷款落地。

据了解，这笔1000万元贷款在全国碳排放权注册登记结算机构进行了备案，并在中国人民银行征信中心动产融资统一登记公示系统办理质押登记和公示，有效规避了质押操作风险。

8. 碳资产保理

国内首单碳资产保理业务落地

2021年4月29日，英大汇通商业保理有限公司、国网英大碳资产管理（上海）有限公司及北京太铭基业投资咨询有限公司在北京市举行碳资产保理签约仪式，标志着国内首单以碳资产为质押的保理业务正式落地。

碳保理的成功落地，开创了保理行业服务双碳的新模式。英大碳资产及太铭咨询将作为碳保理业务的首批客户，共同完善保理公司对碳资产的融资定价机制，联合确认CCER资产折扣率，攻克了保理行业碳资产融资定价难题，为绿色保理业务发展提供了成功案例。

9. 股票指数

国内首只绿色金融股票指数在深圳发布：助力碳市场发展，打造绿色金融标杆

2021年8月2日，国内首只反映绿色金融产业发展的股票指数——国证香蜜湖绿色金融指数（代码980052）在深圳证券交易所正式发布。同日，深圳首批11家绿色金融机构成功授牌。

据了解，首只绿色金融指数以在深圳交易所和香港交易所上市，且涉及绿色金融业务的公司为选样标的，根据绿色金融评分和总市值排序，选取50家公司构成指数样本。目前，样本股包含深市A股24只，港股26只，涵盖银行、综合金融、工业服务、基础材料等领域，包含中国平安、招商银行、国信证券等知名企业。

国证中节能碳中和科技动力指数正式发布

2021年10月18日，深圳交易所全资子公司深圳证券信息有限公司联合中国节能环保（香港）投资有限公司发布国证中节能碳中和科技动力指数（代码：983160，简称"低碳科技"），旨在进一步呈现"碳达峰碳中和"科技服务产业上市公司运行特征，引导市场资源流向绿色低碳发展领域，助力资本市场更好服务"双碳"目标。

碳中和股票指数挂钩收益凭证产品正式上线

2021年11月9日，由国网英大长三角金融中心联手中信证券推出的首个碳中和股票指数挂钩收益凭证产品正式上线发行，首期产品试上线1000万元额度，上架即售罄，得到了市场认可。本次发行的收益凭证产品挂钩了今年5月国网英大长三角金融中心携手上海华证指数信息服务有限公司发布的碳中和指数（SSI. 995035）。该指数是用于衡量中国碳中和主力军行业总体价格水平和变动情况的股票指数，是中国资本市场第一个完整覆盖碳中和领域的可投资主题指数，为资本市场提供了"双碳"领域投资的重要标杆。

10. 商业票据

中国南方电网有限责任公司发行全国首只公募碳中和资产支持商业票据

2021年8月31日，"南网融资租赁公司2021年度融资租赁第一期绿色资产支持商业票据（ABCP）"成功发行。发行规模16亿元，票面利率2.58%。该债券系全国首只公募碳中和资产支持商业票据，也是南网融资租赁公司首次在公开市场完成资产支持票据发行，是南网融资租赁公司迈向市场、全面落实国家"双碳"战略道路上的重要里程碑。

本次募集资金将用于广东省揭阳神泉400兆瓦海上风电等13个绿色能源发电项目，投产后，预计每年可实现减排114.47万吨二氧化碳。该碳中和ABCP对优化能源结构，改善环境质量，引导资金流向绿色低碳领域有积极作用，彰显中国南方电网有限责任公司积极响应国家"双碳"战略、切实履行社会责任的良好企业形象。

11. 绿色投资

吉电股份定增22.41亿元！向风、光分别投入7.56亿、8.13亿元

2021年4月11日，吉电股份确定以3.48元/股的价格向包括吉林省投资集团有限公司、中海石油投资控股有限公司、新疆特变电工集团有限公司等15名投资者进行非公开发行，合计募资22.41亿元。

隆基股份与中国石油化工股份有限公司签署战略合作协议，全面开拓清洁能源应用市场

2021年4月13日，中国石油化工集团有限公司与隆基绿能科技股份有限公司在中国石油化工股份有限公司总部签署了战略合作协议，未来双方将以国家"2030年前碳达峰、2060年前碳中和"目标为指引，发挥各自优势，通过全方位协同，在分布式光伏、光伏+绿氢、化工材料等多领域形成深度的合作关系，共同开拓清洁能源应用市场。

蚂蚁集团公布碳中和路线图将稳步推进绿色投资

2021年4月22日，蚂蚁集团正式公布《蚂蚁集团碳中和路线图》。蚂蚁集团承诺在2030年实现净零排放。

吉电股份氢能产业项目落户中韩（长春）国际合作示范区

2021年4月26日，中韩（长春）国际合作示范区碳中和产业园开工暨国家电投长春氢能产业基地项目签约仪式举行。国家电力投资集团长春氢能产业基地项目是示范区碳中和产业园落户开工的首个重要项目，是国家电力投资集团打造国内制氢核心装备头部企业的战略布局，也是吉电股份建设长春氢能研发、制造、应用基地的关键项目。

海上风电龙头明阳智能投资30亿元进入光伏领域

2021年5月12日，明阳智慧能源集团股份公司（601615.SH）发布公告称，公司将投资30亿元用于"年产5000兆瓦光伏高效电池和5000兆瓦光伏高效组件"项目的建设。项目将分为三期进行，预计在2021年完成一期建设，2025年前完成全部三期建设。同时，拟设全资子公司明阳智慧能源高效光伏产业有限公司（暂名），负责该项目运营和管理。

该公司表示，此次光伏高效电池及组件项目建成投产后，公司将凭借自身资源优势和高效光伏技术优势，与公司风电业务相结合，在光伏行业广阔市场前景下，开拓高效光伏产品市场需求，扩大公司在新能源领域布局，符合公司清洁能源综合服务提供商的战略定位，有利于公司"两个一体化"战略布局和长远发展。

美团投入5亿元设立青山科技基金重点关注碳捕集和利用、低碳运输及储能等议题

2021年6月5日，美团发起设立公益性的青山科技基金，先期投入5亿元，携手行业生态相关方与科研工作者，共同助力绿色低碳未来。"美团青山科技奖"今年将重点关注绿色低碳包装、碳捕集和利用，以及低碳运输及储能等议题，奖项目前面向中国内地及港澳地区工作的45周岁及以下青年科研工作者，奖励人数为10人，奖励金额

100万元/人。

斥资13.39亿元水泥龙头广东塔牌集团股份有限公司出征光伏储能领域

日前，广东塔牌集团股份有限公司发布公告，将结合水泥行业实现碳达峰碳中和技术路径，为优化公司能源使用结构，降低用电成本，实现清洁低碳生产，打造低碳竞争力，公司投资约13.39亿元，拟在公司及公司下属子（分）公司和孙公司厂区及矿区等符合建设条件的场地，分期建设分布式光伏发电储能一体化项目。

4.4 学术交流

1. 谢在库院士：各行业碳达峰时间表不应"一刀切"

2021年3月29日，中国能源报称，谢在库院士表示，碳达峰过程不可一哄而上、层层加码。脱离资源禀赋实际、过分追求碳达峰，将大幅增加减排成本。

[发言节选]

"实现碳达峰是一项复杂的系统工程，需统筹考虑各行业投入产出效率、发展迫切程度、产业国际竞争力、治理成本及难度等多种因素。"谢在库认为，对于充分参与国际竞争的行业和产品、"卡脖子"关键技术，在其发展突破初期，可结合实际情况，在碳排放空间中预留部分容量，避免丧失机遇。

受碳排基数、用能方式、技术路线、产品性质等因素影响，不同行业在碳减排进程中的作用存在很大区别，把握好降碳节奏很关键。可推进钢铁、冶金、炼油等高耗能行业率先达峰。期间，既要考虑不同行业之间的差异，避免简单"一刀切"，也要对同一行业的所有企业一视同仁，在同一标准和尺度下开展碳减排工作。

"通过应用物联网、云计算等现代科技，提高全行业能耗监测和能源管理水平，推动能源效率提升。同时，要积极推广节能减排技术，加快全行业高能耗设备的升级换代。"谢在库院士称。

2. 杜祥琬院士：碳达峰碳中和工作是复杂的系统性工程，需要谋划最优的战略路径

2021年4月21日，盘古智库举行"碳达峰碳中和与地方高质量发展"专题研讨会系列活动，杜祥琬院士作《实现碳达峰、碳中和路径的思考》主题讲座。谈到碳达峰碳中和的实现路径，杜祥琬提出九个抓手。

[发言节选]

第一，能源减碳与蓝天保卫战。蓝天保卫战并不是针对减碳，而是

针对空气污染PM2.5，这两者有高度协同性，我国的目标首先是35微克/立方米。

第二，产业结构调整节能，同时管理节能、技术进步节能和文化节能等举措并举。现在高耗能产业占比过大，一些省份想用高耗能产业拉动经济复苏，坚决要抑制这样的冲动。

第三，电力行业减排，大力开发非化石能源电力。非化石能源是我国可以掌控的，发展高比例的非化石能源，必须发展智能电网，集中式和分布式相结合，提升配电网服务水平。建设以非化石能源电力为主的新能源电力系统，是以太阳能、风能为主，使电力是优质的、高质量的和灵活的。

第四，交通行业减排，切实倡导绿色出行，以可再生零碳燃料代替石油。

第五，工业减排。工业耗能占全社会耗能60%，要进行产业结构调整，抑制发展高耗能产业的冲动，通过技术进步降低碳强度。

第六，在建筑的建造和运行中，通过电气化、智能化、数字化加速建筑的低碳化。建筑改造不仅可以节能，还能产能，利用BIPV，与建筑结合的光伏，电力自发自用潜力巨大。能源产消一体化，要提高灵活性电源，储能、电动车、充电桩等成为一体化的新型建筑配电系统。

第七，发展循环经济，充分利用固体废弃物资源化，争取走向无废社会。

第八，发展碳汇，鼓励CCUS等碳移除和碳循环技术。以减排为着力点，同时努力发展碳汇，增加碳吸收，平衡排放量与碳汇值。

第九，依靠碳交易、气候投融资、能源转型基金、碳中和促进法等政策手段，引导碳减排。

3. 国家气候变化专家委员会委员、中国社科院学部委员潘家华：碳中和不能走偏　切忌喧宾夺主"大干快上"

2021年5月8日，在"中国碳中和50人论坛"成立大会上，潘家华发表"碳中和：不能走偏了"主题演讲。

[发言节选]

关于碳中和的解读，现在有些理解走偏了，以前对碳的关注度并不高。实际上，碳中和主要或基本上指的是化石能源的碳，其他的碳相对于化石能源燃烧产生的二氧化碳，并不是碳中和的主攻方向。

我们必须承认煤炭对中国经济发展的历史性贡献，没有煤炭，中国的经济发展到现在这样是不可能的，但是这并不表明，煤炭还有未来，这一点是必须明确的。

关于氢能，它是二次能源，如果它是源自化石能源，依然是高碳的，未来氢能必须来自零碳的可再生能源。

关于碳市场。从长远看，碳交易市场不可能蓬勃兴旺，市场功能也很有限，因为配额交易必须要交易成本低、交易主体多。而碳是无形产品，要核查、登记、交易，有众多环节，正常的运行其成本就很高。而碳交易市场中，化石能源排放大户大都是上游原材料企业，这些企业数量较少，易形成寡头；上游企业也可以轻易将碳成本转嫁出去。而从全球看，2050年前后，不少国家开始接近碳中和，最后碳排放大体归零，所以碳市场不可能做大，也不可能做强。

4. 丁仲礼院士：碳中和路线图，三端发力

2021年5月30日，在中国科学院学部第七届学术年会上，中国科学院院士丁仲礼作了题为《中国"碳中和"框架路线图研究》的专题报告，介绍了中国科学院学部近期围绕碳中和问题所布局的咨询项目进展情况。丁仲礼院士在报告中指出，碳中和看似很复杂，但概括起来就是一个"三端发力"的体系：

第一端是能源供应端，尽可能用非碳能源替代化石能源发电、制氢，构建"新型电力系统或能源供应系统"。

第二端是能源消费端，力争在居民生活、交通、工业、农业、建筑等绝大多数领域中，实现电力、氢能、地热、太阳能等非碳能源对化石能源消费的替代。

第三端是人为固碳端，通过生态建设、土壤固碳、碳捕集封存等组合工程去除不得不排放的二氧化碳。

简言之，就是选择合适的技术手段实现"减碳、固碳"，逐步达到碳中和。

5. 包信和院士：能源体系，构建以非化石能源为主体的新结构

2021年5月30日，中国科学院第二十次院士大会举行学部第七届学术年会全体院士学术报告会。包信和院士从能源化学和能源材料研究入手，深入分析化石能源优化利用、可再生能源规模化发展和CO_2高效转化利用等领域涉及的能源科学基础，并对促进实现碳中和的氢能技术、CO_2资源化利用技术等进行了展望。

[发言节选]

"现阶段，我国煤炭有两种主流利用方式——大量作为能源，直接燃烧发电，少量作为原料，制备化学品。电力、钢铁、建材、化工行业用煤，占比分别约为57%、16%、10%和8%。在技术成熟、成本降低的前提下，利用风、光和核等可清洁能源替代煤电，逐步降低煤在发电中的比例是必然趋势。同时，我国对化学品的需求量非常大，其制备离不开'碳'这一重要元素。我国很难像国外那样完全依赖石油化工，短期内通过生物质和二氧化碳循环利用解决碳资源问题又不现实，煤炭则成为最现实、最可靠的选项。"

"氢能利用效率高、无污染，还可与多种能源耦合，可以说是实现碳中和目标的关键。在未来能源构架中，氢能将与电力一起居于核心位置，为终端用户供能。氢能最大问题在于氢不是一次能源，需要通过转化实现。在制备、储存、供给、应用等体系中，制氢是重中之重。"

"煤制氢价格最便宜，但碳排放最强。从城市发电得到氢气，目前成本每千克为40～50元，价格最高。除了电价，多少度电产出1方氢也是决定其成本的关键。从原理看，只要是用碳作为能源和还原剂的地方，最终都能用氢替代，从而降低二氧化碳排放。"

6. 邹才能院士：制定"中国特色"碳中和实施路径

2021年6月7日，《中国科学报》第3版全文刊发邹才能院士署名文章《制定"中国特色"碳中和实施路径》。

与其他国家相比，中国在实现碳中和道路上将面临碳排放量大、能源消费以化石能源为主、碳达峰到碳中和缓冲时间短等诸多挑战。针对中国国情，不能复制国外碳中和模式，需要制定符合中国资源禀赋及国

情的碳中和实施路线。在实现碳中和的道路上，中国需要在电力、工业、建筑、农业等领域共同努力，减少"黑碳"的排放量和发挥"灰碳"的可利用性。具体包括推进煤炭高效清洁化利用，加快清洁用能替代，加大二氧化碳埋藏及封存应用，发展碳转化及森林碳汇，建立市场机制控制碳排放等。

7. 黄震院士："碳中和"并不是要实现"绝对零排放"，而是使碳排放量和清除量达到平衡

2021年7月8日，"2021科技创新助力碳达峰碳中和"高峰论坛在上海国际会议中心隆重举行。上海市政协副主席、中国工程院院士、上海交通大学副校长黄震厘清一个概念，"碳中和"并不是要实现"绝对零排放"，而是使碳排放量和清除量达到平衡，即通过颠覆性的创新技术，将碳排放对自然产生的影响降低到净零程度。例如，世界各国都在积极研发可再生合成燃料技术路线，构建以太阳能、风能、水能等可再生能源为主体的新型电力系统。

实现"双碳"目标，特别是碳中和与经济社会发展绝不是对立关系。现在政府部门或者科技领域，经常讲"弯道超车"，实现碳达峰碳中和不是"赛道超车"的概念，而是"换赛道"的概念，压根就不在原来的赛道上，是重新定义人类社会对资源利用的方式。因此，对所有企业和行业它是挑战，更是机遇。

碳达峰是量变，碳中和是质变，但碳达峰的量变是走不到碳中和质变的，"如果没有颠覆性技术出现，没有系统性社会变革，没有一场绿色革命，不可能实现碳中和。"未来碳中和的社会一定是紧紧围绕着零碳电力展开，黄震也一直建议各级政府尽最大力量提高非碳基电力发展的速度和供给能力。未来的煤电定位，将从目前的主体电力到保障性电力和提供电网的灵活性转变，这是大势所趋。

"双碳"将是一场绿色革命，会引发数以百万亿计的投资和产业机遇，也会构建全新的新零碳产业体系。可以说，谁在零碳技术上创新率领先，谁就是未来新赛道的引领者，就有可能引领下一轮产业革命。

8. 舒印彪院士：能源电力低碳转型关键路径及措施

2021年9月16～17日，中国质量（杭州）大会在杭州召开在"碳达峰碳中和标准化与可持续发展"分论坛上，舒印彪作了题为《能源电力低碳转型关键路径及措施》的主旨报告。

他指出，中国能源结构持续优化，节能减排成效明显，电力技术创新突破，能源电力低碳转型已经取得显著成效。过去10年，中国非化石能源消费比重从9.4%提高到15.9%，增速是世界同期平均水平的3.6倍。

舒印彪表示，要以"四化"（清洁化、电气化、数字化、标准化）为路径推进生产和消费绿色转型，构建清洁低碳安全高效的能源体系，经过碳达峰、深度低碳、零碳三个阶段打造零碳电力系统。他强调，要坚持节能优先、绿色发展，依靠科技创新，加快数字赋能，大力推进能源电力行业高质量发展。

9. 全国政协经济委员会副主任、中国发展研究基金会副理事长刘世锦：节能并不等同于减碳

2021年9月4日，2021中国国际金融年度论坛在北京举行。全国政协经济委员会副主任、中国发展研究基金会副理事长刘世锦出席会议并发言。

首先他指出，减碳不能单打一，而应该从我国现阶段国情出发，坚持降碳、减污、增绿、增长四位一体协同推进。

第二他表示，减碳不能搞"运动式"。应该明确实现碳达峰碳中和目标关键是用绿色技术替代传统技术，要减少碳排放，而不是减少生产能力，不是降低增长速度，更不是在不具备绿色技术的情况下人为打乱正常的供求秩序。

第三个问题，减碳不能指标错位。节能并不等同于减碳，我们的目标是在保证必要能源供应的前提下通过调整能源结构，用低碳或者零碳的能源替代高碳能源，逐步降低碳的含量。

下一步应在碳核算生态核算的基础上，形成包括碳减排、常规污染物防治、生态修复和经济增长四要素在内的各级政府、各企业、我们每

个人在内的绿色账户，确定承担绿色责任，界定产权和责任，鼓励各地积极开展这方面的探索创新。

10．贺克斌院士：实现碳中和并不轻松，关键在于科技创新

2021年9月5日，在中国国际服务贸易交易会举行的2021中国碳中和发展论坛上，中国工程院院士、清华大学碳中和研究院院长、清华大学环境学院教授、CIDEG理事贺克斌深入解读了我国实现碳中和面临的挑战、碳减排的路径选择以及可能带来的变革。

首先，资源增效减碳，达到同样的经济目标，但将能源需求降到最低，当前消费水平下，能耗每降1%，可减排1亿多吨二氧化碳；其次，能源结构降碳，大幅提升非化石能源比例，我们要重新认识我国的能源资源禀赋，只讲"富煤""缺油""少气"不能全面准确表述我国能源资源禀赋，丰富的可再生能源资源是我国能源资源禀赋的重要组成部分。同时，我们要利用地质空间存碳，通过CCUS技术来解决一部分二氧化碳。生态系统固碳也是实现碳中和的重要路径，通过各种生态建设手段，增强生态系统的碳汇能力。此外，市场机制融碳也可以发挥重要作用，碳市场会通过市场机制来推动各类技术更合理有效地应用。"五碳并举"实现碳中和将带来政府行为、企业行为和个人行为的重大变化，这场经济社会系统性变革涉及观念重塑、价值重估和产业重构，会带来广泛影响。

11．邬贺铨院士：5G频段高，基站多，总能耗为4G的4～9倍

2021年9月7日，以"数字助力，绿色发展"为主题的首届中国数字碳中和高峰论坛在成都举行。

中国气候变化事务特使解振华在视频讲话中表示，中国应在广泛推动大数据、互联网应用的同时，着力解决大数据中心自身能耗问题，积极引导"互联网+"绿色生活，大力推动智慧城市建设。

在中国工程院院士邬贺铨看来，5G因为工作频段高，基站总数多，总耗能是4G的4～9倍。因为网络话务量往往存在明显的潮汐效应，忙与闲时达到4倍的差距，未来可采用AI技术来精准预测网络业务与网络无线资源，智能关闭小区、扇区、波束，降低发射功率，在覆盖

范围不变的情况下，节约15%～25%的基站电力消耗。事实上，降低5G能耗，中国多方已开始积极行动。

中国联通与中国电信共享5G频率资源合建5G接入网，与各自单独建网相比，5G基站总数将减少20%～30%。华为技术有限公司联合上海移动，现网实测5G单模站点日均节能比例24.83%。

12. 中华环保联合会副主席兼秘书长谢玉红：实现"双碳"目标离不开数字化

2021年9月7日，首届中国数字碳中和高峰论坛在成都举行。本届论坛以"数字助力绿色发展"为主题。对此，中华环保联合会副主席兼秘书长谢玉红接受《每日经济新闻》记者专访时表示，实现"双碳"目标离不开数字化，要协同推动数字化和绿色化，充分发挥科技创新的支撑作用和金融资本的赋能作用，推动我国经济转型升级和可持续发展。

"一方面，数字科技将在C端助力城市生活提效减排。智慧城市融合城市管理和数字技术，通过数据管理优化城市运行，为居民带来便捷与高效的同时，实现碳排放的减少。另一方面，数字科技也将助力B端工业生产提效减排。在工业互联网赋能下，企业生产力和工作效率得到提升，同时让能源使用和碳排放有效减少，实现节能增效。"

"数字化"和"绿色化"是实现碳中和的两大驱动力。城市是碳中和目标实现的最大应用场景，而智慧城市建设是碳中和全面展开的最好抓手，以创新驱动和绿色零碳为导向的低碳城市、低碳产业、低碳生活、低碳环保等，则是实现碳中和愿景的重要途径。

具体而言，在政府层面，可通过建设全国碳排放数据库，全面、动态、系统掌握碳排放水平、行业及地区的分布，以便精准高效监测与管理；产业层面，通过控制工业领域排放、大力发展低碳产业，促进产业转型；基建层面，城市可持续发展的交通体系，满足居民出行需求，以最少的社会成本实现最大的交通效率；环保方面，则可通过推动生产生活方式低碳化转变，借助城市智能终端打好城市污染防治攻坚战。

13. 中国工程院院士西南行谈"双碳"

2021年9月24日，中国工程院院士西南行暨碳中和成都大会在成都青白江召开，曲久辉、郝吉明、侯立安、石碧、瞿金平、宋君强、张偲、贺克斌、王琪9位中国工程院院士出席。

中国工程院院士贺克斌在会上谈到，2019年主要国家能源结构中化石能源占比50%~85%，中国约为85%。但欧美化石能源中煤占比仅3%~17%，中国高达57%。碳中和对我国来说是一个很大的挑战。

中国人民解放军火箭军工程大学侯立安院士谈到，建筑行业是决定碳中和是否成功的关键所在，据世界可持续发展工商理事会的报告，建筑物能源消耗量占总能源消耗量的40%。规模化推广健康建筑、提高建筑节能水平、采用生态环境建材、充分利用新兴科技是建筑行业实现"双碳"目标的重要措施。中国工程院院士王琪表示，"废弃塑料是放错地方的资源，极具回收利用价值。"不规范生产、使用塑料制品和回收处置，会造成废弃塑料在环境中长期累积，浪费能源资源。解决该问题需要从合成、加工、应用、废弃物处理等环节入手，全方位全链条防治废弃塑料污染，发展绿色低碳循环经济，助推碳减排、碳中和。

14. 权威专家探讨我国碳监测空间遥感系统

2021年9月24日，"碳达峰碳中和"国家战略和空间遥感技术高峰论坛在中国航天科技集团五院举行。会议聚焦"碳达峰碳中和"（双碳）国家重大战略目标，汇聚碳遥感及应用领域领军专家和团队，共议"双碳"遥感监测体系与应用技术发展。

我国"双碳"领域权威专家丁仲礼院士、王金南院士，我国航天领域专家叶培建院士、王巍院士、杨孟飞院士，以及来自中国科学院、国防科技工业局、自然资源部等单位的代表出席论坛。

丁仲礼院士以《碳中和：三端发力体系及技术需求》为题作大会报告。丁院士指出，针对我国"碳收支"状况，应尽早建立系统的监测、计算、报告、检验的标准体系，保证"话语权在我"。"双碳"目标实现需要政府和市场"两只手"合力推动。

王金南院士以《中国碳达峰碳中和路径与对策》为题作大会报告。他指出，要让数字产业为"碳达峰碳中和"赋能增绿，发展气候模式和碳循环模拟预测、温室气体排放监测核算技术，建立较为可靠、长时间序列的中国温室气体/二氧化碳排放数据集，支撑城市碳排放管理和"双碳"规划。

我国于2016年成功发射中国碳卫星，成为国际第三颗温室气体卫星，用于全球大气二氧化碳浓度监测。

15. 衣宝廉院士：大力发展氢能助力实现碳达峰碳中和

在上海环境能源交易所举办的首届中国碳市场机制与绿氢评价高级培训班上衣宝廉院士表示，作为零碳能源，氢能是化石能源和可再生能源之间过渡和转换的桥梁。大力发展氢能，将有助力实现碳达峰碳中和。

在衣宝廉看来，氢能在我国能源转型中的作用主要包括：实现大规模、高效可再生能源消纳；在不同行业和地区间进行能量分配；充当能源缓冲载体，提高能源系统韧性；降低交通运输过程中的碳排放；降低工业用能领域的碳排放；代替焦炭用于冶金工业，降低碳排放；降低建筑采暖的碳排放。在低碳和能源转型背景下，我国目前最值得去发展和期待的氢能制备途径是可再生能源电解水制氢。

"目前主要储氢方式包括液态储氢、高压储氢、金属氢和化合物储氢。其中液态储氢和高压储氢最为常见，两者各有利弊，可以互为补充。化合物储氢则是一种有前景的氢储运方法。"衣宝廉说。

谈及氢能应用途径，衣宝廉认为，燃料电池汽车是氢能应用的突破口，要实现无补贴的燃料电池车商业化，必须大幅度降低燃料电池发动机的成本、氢气成本和加氢站的建设成本。通过降低成本手段，率先开展对加氢站依赖度低的商用车商业化应用，然后同步加大加氢站建设密度，推动乘用车示范商业化发展。

16. 郭剑波院士：新型电力系统面临的挑战以及有关机制思考

（1）构建新型电力系统面临的挑战。

1）新型电力系统面临充裕性挑战。一是新能源利用小时数低；二是新能源保证出力低；三是新能源出力分布大；四是新能源日内功率波动大；五是新能源出力存在季节性偏差；六是新能源日前功率预测绝对误差大。

2）新型电力系统仍将主要以交流同步机制运行。以新能源最大消纳为目标进行生产模拟测算，2030年同步机组出力占总负荷之比大于50%，80%的累计时段将分别达到全年时长的100%和61%左右；2060年同步机组出力占总负荷之比大于40%，50%的累计时段仍达全年时长的84%和53%。新型电力系统仍主要以交流同步机制运行。安全稳定问题会更加突出、市场机制设计难度增大。

3）新型电力系统面临的安全性挑战。一是系统惯量降低，调频能力下降，频率越限风险增加；二是无功支撑不足，电压稳定问题突出；三是新能源高占比地区暂态过电压严重；四是功角稳定特性复杂，不确定性增加；五是宽频振荡现象相继出现。

4）新型电力系统面临的机制挑战。一是新能源发电边际成本低、辅助服务需求高；二是利益主体庞杂交织；三是多目标协同难度大；四是基础理论和技术支撑体系仍需完善。

（2）"双碳"目标下的政策市场机制思考。

1）完善电价市场机制。新能源发电的不确定性、低边际成本特性，使得新能源高占比场景中，电力电量总量充盈与时空不平衡矛盾突出。需要加快构建促进新能源消纳的电价市场机制，在机制设计时需要考虑新能源与常规电源以及用户的配合机制，协调市场内多利益主体，实现价值提升和价值创造。

2）加快辅助服务市场建设。高比例新能源的并网，增加了电力系统对备用、调频、无功等辅助服务的需求，需要建设容量市场鼓励常规电源承担辅助服务，提高灵活调节电源的财务生存能力，对负荷侧响应提供补偿，引导可中断、可调节负荷参与系统调节。此外，在市场设计中需要研究考虑新能源接入的辅助服务需求计算方法，合理界定新能源应该承担的辅助服务义务，并在规划设计阶段加以考虑。

3）新能源利用成本传导机制。面对新能源装机和电量占比将持续快速提升的发展趋势，需要超前研究并着力构建新能源利用成本传导机制，明确界定新能源参与电力市场的权利与义务，合理评估高比例新能源系统成本水平，以市场化手段推动辅助服务费用由电源侧向用户侧转变，使得终端用电价格充分体现新能源消纳成本，还原电力的商品属性，引导新能源有序发展和优化布局。

4）建设碳市场、绿证市场。碳排放权交易市场是指以温室气体排放配额或温室气体减排信用为标的物进行交易的市场，是一种全新的环境经济政策工具。其最大的创新之处在于通过"市场化"的方式解决环境问题，通过发挥市场在资源配置中的作用，在交易过程中形成合理碳价并向企业传导，促使其淘汰落后产能或加大研发投资。

5）界定和协调电力的安全属性与商品属性。"双碳"目标下，电力在能源结构中的占比和作用日益突出，作为能源安全的重要保障，电力的安全属性进一步凸显。为保障安全，需要使电力系统具备足够覆盖全部负荷的可靠出力，但其实现代价和成本是巨大的，亟需发挥政策法规的引导作用，对电力的安全属性进行界定。一方面需利用电力的商品属性，通过市场化手段释放综合能源系统中各环节的灵活调节潜力；另一方面设计布局"生命线工程"，建设足够多的可靠电源保障安全底线，实现对保障性负荷的供给安全。

17. 谢克昌院士：持续推进能源革命，积极构建能源体系系统，认识"双碳"战略科学，实现"双碳"目标

2021年10月16日，由太原理工大学主办的2021碳基能源科技与"双碳"战略目标研讨会在山西太原举行。中国工程院院士、省部共建煤基能源清洁高效利用国家重点实验室首席科学家谢克昌，中国科学技术协会副主席周守为，陈勇、黄庆学、刘中民、金红光等两院院士，以及来自海内外等120余名专家学者出席了研讨会，并围绕大会主题展开了深入研讨。

谢克昌以《持续推进能源革命，积极构建能源体系系统，认识双碳战略科学，实现双碳目标》为题作了报告。他指出，建成清洁低碳、安全高效的能源体系是推进能源生产和消费革命的终极目标，后者也是实现碳达峰碳中和的必由之路，碳达峰是这一终极目标的阶段性目标，碳中和则是这一终极目标的量化体现。他建议，要开展碳减排措施性能评价，建立"双碳"技术分类评价体系，构建碳足迹精确核算方法与平台，加强基础研究，为全国一盘棋、全省一盘棋提供依据。要尊重客观规律合理引导减排措施，坚持共区三原则，强化碳排放责任划分，加强能源与智能技术深度融合，并警惕有可能发生的风险。

18. 周孝信院士："双碳"目标下我国能源电力系统发展前景和氢能利用

2021年10月23日，第五届IEEE能源互联网与能源系统集成会议在山西太原召开，会议主题是"碳中和与能源互联网"。会上，中国科学院院士周孝信作了题为"双碳目标下我国能源电力系统发展前景和氢能利用"的主旨报告。

新一代电力系统有五个主要特征：①高比例可再生能源电力系统；②高比例电力电子装备电力系统；③多能互补综合能源电力系统；④数字化智能化智慧能源电力系统；⑤清洁高效低碳零碳电力系统。最后一个特征就是说将来要达到的目标就是要低碳零碳，变成一个零碳的电力系统。五项核心指标分别是：①非化石能源在一次能源消费中比重；②非化石能源发电量在发电量中比重；③电能在终端消费中的比重；④系统总体能源利用效率；⑤能源电力系统二氧化碳排放总量。

八项关键技术分别是：①高效低成本电网支持型新能源发电和综合利用技术；②高可靠性低损耗率新型电力电子元器件装置和系统技术；③新型综合电力系统规划运行和控制保护技术；④清洁高效低成本氢能生产储运转化和应用技术；⑤安全高效低成本寿命新型储能技术；⑥数字化智能化和能源互联网技术；⑦新型输电和超导综合输能技术；⑧综合能源电力市场技术。

19. 中国金融学会会长，博鳌亚洲论坛副理事长周小川：在向低碳、零碳转型过程中需求侧是需要承担代价的

在向低碳、零碳转型过程中需求侧是需要承担代价的，电网系统是将碳价格向下分解传导的最重要的"二传手"。

[原文节选]

如果一定要征收边境调节税的话，应该要求西方国家把征收边境调节税的所有收入全部用于购买发展中国家出口的负值碳配额，也就是说用于支持发展中国家或者具体出口国的减排。可以试着换一种思路和做法，学习中国金融市场的做法，建立类似沪港通、深港通、沪伦通、中德D股通，把各个碳市场进行市场可控的连通。

碳市场连通问题需要有整体论证和规划。从起步来讲，应该允许发展中国家每年有一定数量的负值碳配额拿到欧洲碳市场去卖。

在谈论碳中和时，可能要承认有一定的通胀压力，需要管理好通胀；要把握好利益受损人群的不满等。对此要有思想准备，不可过于乐观。

要充分重视电力体制，特别是着力研究电网的作用。从价格信号的角度看，电网未来将是碳价格最核心的价格传导者，是最主要的"二传手"，类似于货币政策从基础货币供给向多层次货币量及价格传导的机制。

20．中国人民银行行长易纲：在碳中和约束条件下，有两个方面的任务格外紧迫

易纲行长在中国发展高层论坛圆桌会发表《用好正常货币政策空间推动绿色金融发展》讲话。

[发言节选]

第一，实现碳中和需要巨量投资，要以市场化的方式，引导金融体系提供所需要的投融资支持。对于实现碳达峰和碳中和的资金需求，各方面有不少测算，规模级别都是百万亿人民币。这样巨大的资金需求，政府资金只能覆盖很小一部分，缺口要靠市场资金弥补。这就需要建立、完善绿色金融政策体系，引导和激励金融体系以市场化的方式支持绿色投融资活动。

第二，气候变化会影响金融稳定和货币政策，需要及时评估、应对。国际研究普遍认为，气候变化可能导致极端天气等事件增多、经济损失增加；同时，绿色转型可能使高碳排放的资产价值下跌，影响企业和金融机构的资产质量。一方面，这会增加金融机构的信用风险、市场风险和流动性风险，进而影响整个金融体系的稳定。另一方面，这可能影响货币政策空间和传导渠道，扰动经济增速、生产率等变量，导致评估货币政策立场更为复杂。这是在维护金融稳定、实施货币政策上面临的新课题。

21. 清华大学金融与发展研究中心主任，北京绿色金融与可持续发展研究院院长马骏：以碳中和为目标完善绿色金融体系

2021年1月18日，马骏主任在《金融时报》刊发署名文章《以碳中和为目标完善绿色金融体系》。文中指出应该从两个方面加速构建落实碳达峰碳中和目标的政策体系。

一方面要求各地方和有关部门加快制定"双碳"路线图，出台一系列强化低碳、零碳转型的政策，强化各部门、地方政府和金融机构之间的协调配合；另一方面从标准、披露、激励和产品四个维度系统地调整相关政策，构建符合碳中和目标要求的绿色金融体系，保证社会资本充分参与低碳、零碳建设，有效防范气候相关风险。

具体而言，一是地方和产业部门应规划碳中和路线图。二是以碳中和目标完善绿色金融体系。根据绿色金融发展的经验，要满足如此大规模的投资需求，90%左右的资金必须依靠金融体系来动员和组织。

具体措施方面，一是要以碳中和为约束条件，修订绿色金融标准。按照碳中和目标修订绿色信贷、绿色产业标准，建立绿色基金、绿色保险的界定标准，同时，保证符合这些绿色标准的项目不会对其他可持续发展目标产生重大的负面影响。二是监管机构应该明确鼓励金融机构开展环境和气候风险分析，研判这些风险对金融稳定的影响，强化能力建设。

1. 西班牙众议院批准该国第一部《反气候变化法令》：到2030年可再生能源发电量至少达到74%

[译文节选]

2021年4月8日，西班牙众议院在大多数政党支持之下批准了西班牙第一部《反气候变化法令》。该法令承诺了4项基本目标：到2030年将二氧化碳排放量降低23%、2040年起停止销售汽油或柴油车、将清洁能源产量增加42%以上，以及减少5万人口以上的城市中汽车的碳排放区域。该法令同时设立了一个目标，西班牙最迟将在2050年实现碳中和。

2. 美英齐放话减排50%，日本：感到为难

共同社2021年4月14日报道，日本政府正在探讨2030年温室气体减排目标，美国和英国加大力度促使日方从目前的减排目标26%上调至50%。美英多名谈判相关人士透露了这一消息。以45%为减排目标展开国内协调的日本政府正苦于应对。今年七国集团（G7）峰会的主席国英国政府相关人士也明确说："和美国一样，正在努力促使日本提出减排50%的目标。"日本首相菅义伟在13日就2030年目标表示："将尽快推进探讨"。

3. 德国：宣布提前5年，至2045年实现碳中和

2021年5月6日，第十二届彼得斯堡气候对话视频会议开幕式上，德国总理默克尔表示，德国实现净零碳排放即"碳中和"的时间，将从2050年提前到2045年。默克尔还宣布，德国将提高减排目标，2030年温室气体排放较1990年减少65%，高于欧盟减排55%的目标。

德国能源转型智库（Agora Energiewende）发布报告称，德国的减排目标是可行的。为实现2045年达到碳中和的目标，德国需要尽快全面退出煤电，在近十年内增加投入1400万辆电动汽车，并于2032年

禁止销售燃油车。2030年后，德国须进一步加快可再生能源发电、工业脱碳以及电动汽车等产业的发展，农业部门的转型、碳捕获与封存（CCS）技术也必须尽快实现。

4. G20首次集体支持碳定价

2021年7月12日，英国《金融时报》报道，二十国集团财长首次集体支持碳定价，并称这个曾经有争议的想法是应对气候变化的"一系列广泛手段"之一。

报道称，对二氧化碳排放征税的问题长期以来一直令二十国集团成员存在分歧，尤其是美国一直持反对态度。

二十国集团的财长们当地时间2021年7月10日在威尼斯就全球税收协议以及其他问题举行会谈后说："应对气候变化和生物多样性丧失问题，以及促进环境保护，仍是最紧迫的重点。"财长们说，这些解决办法可能包括"利用碳定价机制以及激励措施"，他们首次在公报中表达对碳定价的支持。

5. 法国议会通过新的气候法案

2021年7月20日，法国国民议会以233票对35票通过法国政府提交的新气候法案。通过该项法案，法国政府希望到2030年将温室气体排放减少40%。该法案包含针对交通，建筑和食品行业的多项节能减排措施。比如，到2025年，法国15万人以上城市必须设立低排放区，限制车辆速度和进入的权力。而在高铁2个半小时可以到达的区域内，飞机航班将被取消或者限制。但是法国各类环保组织依然批评政府的这项新气候法案缺乏进取精神。

6. 韩国：制定《幸福城市碳中和推进战略》

2021年9月30日，韩国制定《幸福城市碳中和推进战略》，提出了到2040年实现碳中和的长期目标、5项实施战略和15项任务。主要内容包括：①节能城市建设：推广零能耗建筑（ZEB），强制执行ZEB认证和制定绿色建筑设计指南；②增加环保交通和基础设施：完善交通需求管理，扩大和引入综合交通服务（MaaS）和汽车共享服务；③绿色能源的引进与推广：增加太阳能、氢燃料电池、地热能等绿色能源和基础设施的供应，加快能源转换；④加强碳排放和能源需求管理：构建城市能源和碳排放的检查、分析和反馈系统，扩大碳汇面积、强化其功能；⑤提高公民碳中和教育和低碳意识。

7. 澳大利亚可再生能源署推出新的零碳能源投资计划

[译文节选]

ARENA的战略与澳大利亚政府的低碳排放技术路线图保持一致。它的资金将用于以下项目：

优化电力转型，进一步降低可再生能源发电成本。

将清洁氢能商业化，用于国内消费和对外出口。

支持铝、钢生产向低碳排放模式转型。

ARENA还将寻找扩大碳捕获和存储（CCS）规模的机会，并降低土壤碳测量技术的成本。

ARENA首席执行官达伦·米勒（Darren Miller）表示："我们正处于澳大利亚和世界关键十年的开端，因为我们正在按照国际承诺进行必要的减排投资。"

"要实现净零排放，我们现在就需要为将来能改变我们能源系统和经济的技术投资。我们的新重点是下一代能源技术，这将使澳大利亚成为碳净零排放领域世界的领导者。"

ARENA支持研究人员和初创公司，以及该国骨干企业。去年，ARENA获得了一笔16.2亿美元的资金，续期10年。

8. 日本发布绿色创新基金框架下的研发和应用计划

2021年9月14日和10月1日，日本经济产业省相继发布绿色创新基金资助下的"燃料氨供应链建设""下一代太阳能电池开发""低成本海上风力发电"项目研发与应用计划。"燃料氨供应链建设"计划将主要资助氨供应成本降低所需技术（新催化剂、绿氨电解合成等）以及利用氨发电的高比例混烧、专烧工艺，资助总额上限688亿日元，旨在实现到2030年氨供应成本降至10日元/Nm^3以及到2050年氨燃料年度用量到达3000万吨；"下一代太阳能电池开发"计划将主要资助下一代太阳能电池研发（高转换效率、高耐久性等）以用于目前无法安装太阳能发电的地方（承载能力小、建筑物墙面等），资助总额上限498亿日元，旨在实现到2030年太阳能发电成本降至14日元/千瓦时；"低成本海上风力发电"计划将资助符合亚洲天气和海洋条件的风力涡轮机和浮体的技术开发，以及实现风力涡轮机、浮体、电缆等一体化设计的示范，资助总额上限1195亿日元，旨在实现到2030年着床式风力发电的发电成本降至8～9日元/千瓦时，浮式海上风力发电成本具有国际竞争力。

9. 英国发布《净零战略》

2021年10月19日，英国政府发布了《净零战略》，阐述了将如何兑现其在2050年实现净零碳排放的承诺。该战略以英国"绿色工业革命十点计划"为基础，制订了全面的计划以降低所有经济部门的排放，同时利用温室气体去除技术减少剩余排放，支持英国向清洁能源和绿色技术转型，逐步实现英国净零排放目标。根据该战略，英国到2030年将撬动900亿英镑私人投资，创造44万个绿色产业岗位。

英国政府表示，在英国首相的《十点计划》基础上，英国《净零战略》制定了一项全面的经济计划，即如何支持英国企业和消费者向清洁能源和绿色技术转型，通过投资英国的可持续清洁能源来降低英国对化石燃料的依赖，降低未来能源价格高企和波动的风险，并加强英国的能源安全。到2035年，英国将完全使用清洁电力。

《净零战略》针对电力部门，燃料供应及氢能部门，工业部门，供热及建筑部门，交通部门，在处理自然资源、废物和含氟气体，温室气体去除，支持零碳转型的跨领域行动等方面，提出主要目标和关键举措。《净零战略》将作为英国在《巴黎协定》下的第二个《长期低温室气体排放发展战略》提交给《联合国气候变化框架公约》。

10. 美国参议院民主党人寻求对来自高污染国家的进口产品征收碳排放税

[译文节选]

美国民主党人同意在他们的3.5万亿美元预算计划中对来自污染国家的进口产品征收碳税。

"这项立法将维护美国在气候危机的领导地位，但我们也不能充'烂好人'，让以中国为代表的其他国家渔翁得利，"民主党参议员森·埃德马利解释说，并补充道，"这个想法收获了大量支持者。"

　　然而，在此之前，一些民主党人，包括主要的总统初选竞争者，都对唐纳德·特朗普将关税作为一种政策工具的行为持批评意见，特别是特朗普尝试以此为武器与中国在经济领域开展竞争的行动。

5

媒体影响力榜单

本榜单仅作为"双碳"领域媒体影响力推荐（2021年度），各网站内容与本书无关。

5.1 电百智库榜单说明

5.1.1 背景说明

自"双碳"目标提出以来，围绕"碳达峰、碳中和"的媒体报道已经成为新闻热点最多、用户关注度最高、流量最大的重要信息。无论是国家发展改革委、国家能源局、生态环境部等官方网站，中央电视台、新华社、人民日报等主流媒体，还是中国科学院、中国工程院、清华大学等学术智库研究机构、院士专家学者的自媒体，均将"双碳"内容作为重点关注对象，从中央的要求、智库的研究、专家的观点等众多角度连续开展跟踪报道与解读。英大传媒投资集团有限公司充分发挥平台优势，组建电百智库团队，依托中国电力百科网持续关注"双碳"领域时事热点动态，全面收集信息，梳理重要资讯，采取分层级、多形态的发布方式，形成"电百早知道"新闻快讯、《"碳达峰、碳中和"要情研报》月度情报专刊、"双碳"重要信息数据库产品线等多种信息情报类产品。

5.1.2 电百智库双碳产品发布情况

至今，"电百早知道"新闻快讯在电百网移动端、用户群、微博等平台发布信息300余条，累计阅读量超过63万余次，服务用户数超过4万人。《"碳达峰、碳中和"要情研报》发布七期，推送重要信息500余条，涵盖政府要闻、行业动态、资本市场、专家观点、海外资讯以及智库研究等六个方面内容。"双碳"重要信息数据库积累数据1000余条，可实现"双碳"数据搜集、检索等功能，实时显示相关词云图，"双碳"热点一目了然（见图5-1~图5-3）。

5.1.3 榜单构成及评选依据

1. 榜单构成

新媒体时代，网络媒体已经成为众多新闻信息的首发地。海量信息

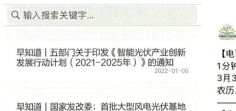

图5-1 "电百早知道"新闻快讯

图5-2 《碳达峰 碳中和要情研报》

图5-3 "双碳"重要信息数据库

中蕴含多种知识资讯，促进了用户收集、创作专业内容。在碳中和碳达峰目标提出的背景下，有众多单位机构、媒介品牌和自媒体都在关注这一领域，提供专业、有价值的资讯信息。根据主流新媒体形式，电百智库将双碳媒介分为网站、微信公众号、视频号三个单元，并评选出独立榜单。

网站是功能性较强的媒介形式。其具有独立性，一般有稳定的运营和有影响力的品牌；内容资源丰富，能承载大量信息资讯，可实现建设数据库、信息检索等功能；布局自由度高，包含图文、音视频等多种媒介呈现形式。

微信公众号是使用最广泛的媒介形式。依托微信大量的用户基数，微信公众号传播优势明显。订阅模式促进信息高效抵达，文章转发有利于口碑传播，强交互氛围提升用户黏性。碎片式的传播内容和再中心化的知识垂直构建使微信公众号成为媒体信息传播的重要方式。

中、短视频传播正值风口，视频号分为以哔哩哔哩为代表的中视频平台和以抖音为代表的短视频平台。哔哩哔哩是年轻人高度聚集、优质内容生产的平台，不断鼓励专业知识内容产出。抖音作为高市场占有率的短视频平台，其短、便、快的特性使视频拥有生产高效、传播高速的特点。

2. 评选依据

基于对信息的大量收集和对媒介的充分观察，电百智库从权威性、关注度、资源量三个维度对发布"双碳"相关信息的媒体进行综合评价。

权威性指媒体主管、主办单位的权威性和相关性，也会对发表内容质量的优劣进行评判。关注度指媒体整体影响力，如媒体品牌的知名度，网站浏览量，公众号或视频的关注量、阅读量等。资源量指媒体信息资源的更新时效性、整体资源数量。

通过综合评判，电百智库选取了内容较权威、对双碳关注较多、传播力较强的媒体，同时，还列出推荐等级及推荐理由。最终推出年度双碳影响力新媒体榜单，评选出网站10家；微信公众号40家，并细分为能源产业、金融市场、政策科研、区域发展四个类别各10家；视频号6家，其中中视频和短视频各3家。

5.2 年度"双碳"影响力网站

网站影响力榜单见表5-1。

表5-1　网站影响力榜单

名称	标识与权威性	简介
中国气候变化信息网	国家应对气候变化领导小组官方网站 权威性：★★★★★ 关注度：★★★★ 资源量：★★★★★	国家应对气候变化领导小组的主要任务是：研究制订国家应对气候变化的重大战略、方针和对策，统一部署应对气候变化工作，研究审议国际合作和谈判对案，协调解决应对气候变化工作中的重大问题；组织贯彻落实国务院有关节能减排工作的方针政策，统一部署节能减排工作，研究审议重大政策建议，协调解决工作中的重大问题
国家应对气候变化战略研究和国际合作中心	我国应对气候变化的国家级战略研究机构和国际合作交流窗口 权威性：★★★★★ 关注度：★★★★ 资源量：★★★★★	国家应对气候变化战略研究和国际合作中心职责包括组织开展应对气候变化政策、法规、战略、规划等方面研究；承担国内履约、统计核算与考核、碳排放权交易管理、国际谈判、对外合作与交流等方面的技术支持工作；开展应对气候变化智库对话、宣传、能力建设和咨询服务；承担清洁发展机制项目管理工作；承办生态环境部交办的其他事项

名称	标识与权威性	简介
中国绿色碳汇基金会	**中国绿色碳汇基金会** CHINA GREEN CARBON FOUNDATION 国家林业和草原局主管，权威基金会网站 权威性：★★★★★ 关注度：★★★★ 资源量：★★★	中国绿色碳汇基金会是中国首家以应对气候变化为目的的全国性公募基金会，于2012年被联合国气候变化框架公约（UNFCCC）秘书处批准为缔约方会议观察员组织，2015年成为世界自然保护联盟（IUCN）成员单位。本基金会为企业、组织和公众成功搭建了一个通过林业措施"储存碳信用、履行社会责任、增加农民收入、改善生态环境"四位一体的公益平台。基金会的宗旨是：应对气候变化，发展碳汇事业，推动绿色发展，建设美丽中国
中国科讯	**中国科讯** 科学家口袋里的科研利器 权威性：★★★★★ 关注度：★★★ 资源量：★★★★	"中国科讯"是中国科学院文献中心精心打造的移动互联网知识服务平台，通过整合各种数字科技文献资源，集成学科领域重要科技进展报道以及其他科技情报产品和知识信息服务，支持用户随时阅读科研文献、获取科技资讯便捷，努力打造"文献移动获取第一平台"
清华大学气候变化与可持续发展研究院	清华大学 气候变化与可持续发展研究院 Institute of Climate Change and Sustainable Development Tsinghua University 权威专家资源，专注气候变化可持续发展的高端智库 权威性：★★★★★ 关注度：★★★★ 资源量：★★★	清华大学气候变化与可持续发展研究院致力于开展战略政策研究，加强国际对话交流，培养优秀领军人才，努力成为可持续发展领域的国际一流高端智库，为推动中国低碳转型和全球气候治理进程贡献智慧。其使命是：为国家应对气候变化提供与可持续发展协同的目标、战略、路径和政策建议的研究支持。为应对全球气候变化与实现可持续发展提供智慧和方案

名称	标识与权威性	简介
全国碳市场能力建设（上海）中心	全国碳市场能力建设（上海）中心 全国碳市场能力建设整合、培训平台 权威性：★★★★★ 关注度：★★ 资源量：★★	全国碳市场能力建设（上海）中心于2016年5月18日创立，持续充分地发挥试点碳市场的积极带头作用，通过多样化的能力建设活动将碳市场方面的丰富经验和多方资源推广到各方。中心具有自己的专家库和精品课程资源，目前已在河南、湖南、广西、山西、甘肃、宁夏等地开展多场培训，并组织相关论坛活动
中国节能协会节能服务产业委员会	EMCA 中国节能协会节能服务产业委员会 ESCO COMMITTEE OF CHINA ENERGY CONSERVATION ASSOCIATION 培育并引领全国节能服务产业发展 权威性：★★★★★ 关注度：★★ 资源量：★★	2003年12月，中国节能协会节能服务产业委员会（EMCA）经国家民政部批准成立。其宗旨为：推广合同能源管理节能机制、扶持节能服务公司快速成长、促进节能服务产业持续发展。EMCA具有评价认证服务，获批准面向会员单位开展节能服务公司评级工作，定期推荐"优秀节能减碳与能效提升技术"，并举办"第五届中德节能低碳技术合作论坛"等相关会议活动
中国低碳网	Low carbon CHINA 中国低碳网 Ditan360.com 我国成立最早、影响力最强、规模最大的低碳经济门户网站 权威性：★★★★ 关注度：★★★★★ 资源量：★★★★★	作为"互联网+低碳"的先行者，中国低碳网一直以全球化视野推动中国低碳事业与产业的协同创新发展，积极配合国家政策方针、实行产业化和专业化运营，为有效地倡导绿色低碳生活、促进全民低碳意识提升、信息公开、产业升级与技术创新起到了积极推动作用。是倡导"绿色、低碳、循环、可持续"生产生活方式、推动低碳产业发展、促进低碳经济投融资、开展低碳领域国际交流的重要平台

名称	标识与权威性	简介
"碳中和"2060	 全面关注双碳信息，实时更新"绿色60"城市排名 权威性：★★★★ 关注度：★★★ 资源量：★★★★★	"碳中和"2060网站立足于为碳达峰碳中和目标提供全方位的概念科普、资料搜索、新闻咨询、文献传递、专家建言等服务，并力争为广大用户呈现科学、专业、全面的"碳达峰、碳中和"百科知识。此网站由知名智库中国人民大学重阳金融研究院推出，是全球首个碳达峰、碳中和智慧监测管理平台的重要补充
落基山研究所	 国际化视野，电力、建筑、城市等多领域深入研究 权威性：★★★★ 关注度：★★★ 资源量：★★	落基山研究所是创立于1982年的专业、独立、以市场为导向的智库。专注于多项中国能源低碳转型的工作，包括重工业转型、电力市场改革，低碳出行和货运解决方案，低碳城市和建筑存量改造，以及推进清洁制氢，为循环经济搭建基础等。其使命为：推动全球能源变革，创造一个清洁、繁荣的零碳共享未来

5.3 年度"双碳"影响力微信公众号

5.3.1 能源产业

能源相关微信公众号影响力榜单如表5-2所示。

表5-2 能源相关微信公众号影响力榜单

名称	标识与权威性	简介
中国节能协会碳中和专业委员会 碳中和专业委员会，宣传信息发布	CNC 中国节能协会碳中和专业委员会 Carbon Neutrality Committee of China Energy Conservation Association 权威性：★★★★★ 关注度：★★★ 资源量：★★★★★	碳中和专委会官方公众号，以节约能源、提高能效、推动资源综合利用和保护环境为己任，以资源节约为中心，紧紧围绕碳达峰碳中和目标工作，积极推进碳排放权交易、用能权交易市场建设，在政府和行业、企业之间发挥桥梁和纽带作用。公众号从政策建议、从业规范、交流合作、能力培训及标准制定等多方面积极参与全国碳排放权交易市场建设工作，助推实现"双碳"目标
碳道 内容划分清晰，含有市场、研究、新闻、金融等板块	CDMFUND 权威性：★★★★★ 关注度：★★★ 资源量：★★★★★	由中国清洁发展机制基金管理中心运营，促进更多社会资源发展绿色低碳事业。清洁基金是国家批准设立的按照社会性基金模式管理的政策性基金。作为国家财政创新应对气候变化的资金机制，基金将按照现代财政制度要求，丰富发展政府与社会资本合作模式，努力提高管理水平，促进更多社会资源发展绿色低碳事业，更好地服务财政改革发展大局
赛西碳索 定期发布《碳达峰碳中和工作简报》	CESI 赛西碳索 权威性：★★★★★ 关注度：★★ 资源量：★★★★	由中国电子技术标准化研究院运营。公众号致力于解读碳达峰碳中和国内外低碳政策、标准，分析产业和技术发展状况，发布最新研究成果和专家观点。中国电子技术标准化研究院（赛西）是工业和信息化部直属事业单位，是最早从事应对气候变化领域政策标准研究与产业服务的综合性研究机构之一

名称	标识与权威性	简介
能见 碳中和第一媒体	 权威性：★★★★ 关注度：★★★★★ 资源量：★★★★★	"能见"微信公众号是国内首家专注于碳中和的自媒体，在电力、风电、光伏、储能、碳交易、能源管理、电力市场、新能源汽车等领域持续发布500多篇原创文章及深度调研报告，分享业内专家真知灼见，累计积累超过10万的垂直领域读者，同时运营综合能源服务、风电、光伏、储能、电力市场等20余个优质微信群，交流频繁
泛能源大数据知识服务 依托权威数据平台， 双碳资讯发布	 权威性：★★★★ 关注度：★★★★ 资源量：★★★★★	是能源专业知识服务系统（PKSSE）相关信息的发布平台。PKSSE是由谢克昌院士领军、中国工程院中国工程科技知识中心（CKCEST）支持建设的国内第一个综合性能源大数据平台。其旨在利用大数据的手段破解能源发展中遇到的问题，打造新的智慧能源。公众号的理念为：汇聚数据海洋，构建数据生态；挖掘数据价值，发现全新知识；创造崭新智慧，提供创新服务
碳中和圈子 碳中和会议组织	 权威性：★★★ 关注度：★★★★ 资源量：★★★★	聚焦工业节能与低碳改造，CCUS技术，数字化智慧低碳管理，温室气体监测，氢能与燃料电池，先进生物质燃料技术，碳汇交易服务等新技术领域；分享行业讯息
碳智库 致力于打造新生代的 低碳综合服务平台	 权威性：★★★ 关注度：★★★ 资源量：★★★★	碳智库官方公众号。碳智库主要专注于低碳环保及互联网相关的价值链业务，以专业低碳服务为主体，通过信息化、新媒体、品牌设计促进业务拓展，实现为个人、企业和品牌赋能，实现绿色低碳发展
碳达峰中和 双碳信息汇总，关注 度较高	 权威性：★★ 关注度：★★★★ 资源量：★★★★★	该公众号每日发布双碳信息，更新及时，资源量较多。公众号粉丝积累多，单篇文章阅读量较高，是影响力较大的公众号。其愿景为：致力于低碳经济，助力中国早日实现碳中和

名称	标识与权威性	简介
和碳视角 打造新生代低碳综合服务平台	Peace Carbon 订阅号 权威性：★★ 关注度：★★★★ 资源量：★★★★	"和碳视角"聚焦绿色低碳发展、碳达峰与碳中和、碳排放权交易、绿色制造、节能环保、绿色金融，紧盯国内最前沿政策动态，及时发布原创政策解读、国家和地方相关政策法规等专业资讯
碳阻迹 中国领先的碳管理软件及咨询服务提供商	CO_2 碳阻迹 Carbonstop 权威性：★★ 关注度：★★★ 资源量：★★	"碳阻迹"官方公众号，即时推送低碳领域行业动态、原创文章、碳交易信息查询工具、碳计算器，介绍碳阻迹公司的碳管理软件、碳核算咨询、碳账户、绿色会议以及碳学堂等相关产品和服务。为企业机构提供碳排放管理的咨询、培训、软件以及碳中和等产品和服务

5.3.2　金融市场

金融相关微信公众号影响力榜单如表5-3所示。

表5-3　金融相关微信公众号影响力榜单

名称	标识与权威性	简介
经济观察报 最具影响力的市场化财经媒体	经济观察报 The Economic Observer 权威性：★★★★★ 关注度：★★★★★ 资源量：★★★★	《经济观察报》官方公众号，《经济观察报》具有纸质版、经济观察网、研究院、电子版、音视频、微博、微信等全媒体矩阵。公众号发布的原创内容丰富，观点独特，对双碳的经济发展研究较多
财经十一人 金融人士、互联网精英都在看	财经十一人 权威性：★★★★ 关注度：★★★★ 资源量：★★★★★	该公众号由《财经》杂志公司产业报道团队创建，是"媒体+智库"双轮驱动的商业新媒体平台。研讨公司成败，探究行业兴衰，推动阳光商业

名称	标识与权威性	简介
中央财经大学绿色金融国际研究院 国内首家以推动绿色金融发展为目标的开放型、国际化的研究院	**IIGF** 中央财经大学 绿色金融国际研究院 权威性：★★★★ 关注度：★★★★ 资源量：★★★★	中央财经大学绿色金融国际研究院官方公众号。研究方向包括绿色金融、气候金融、能源金融及健康金融。中央财经大学绿色金融国际研究院是中国金融学会绿色金融专业委员会的常务理事单位，并与财政部建立了部委共建学术伙伴关系
中研绿色金融研究院 全国首家致力于绿色金融领域研究的专业化、股份制智库平台	**中研绿金院** Sino Research Institute of Green Finance 权威性：★★★★ 关注度：★★★ 资源量：★★★★	中研绿色金融研究院公众号。"中研绿金院"是在南京市江北新区管委会、江苏省金融业联合会和陆家嘴绿色金融发展中心共同倡导下成立的绿色金融领域研究智库平台。聚焦绿色发展智库建设、绿色金融理论体系研究、绿色金融产品和数据服务等方面，致力于打造推动绿色产业和绿色金融发展的"产学研投融宣"一体化平台
英大碳资产 引领能源产业链碳资产管理行业发展	权威性：★★★★ 关注度：★★★ 资源量：★★★	国网英大碳资产管理（上海）有限公司官方公众号。国网英大碳资产管理（上海）有限公司是国网公司系统内唯一的专业碳资产管理公司，在碳审核、碳资产开发、碳交易、低碳研究与培训、碳金融等方面具有丰富的业务经验，致力于为产业链客户提供一站式碳资产管理服务
碳中和技术与绿色金融创新实验室 致力于成为我国碳中和技术与绿色金融的桥梁和纽带	碳中和技术与绿色金融协同创新实验室 权威性：★★★★ 关注度：★★★★ 资源量：★★	碳中和技术与绿色金融协同创新实验室官方公众号。实验室由清华苏州环境创新研究院、清华大学、国家开发银行研究院、中国循环经济协会、北京大学、中国环境报社等单位共同支持，吸收多家研究单位、金融机构和骨干企业作为理事共建。实验室将基于技术视角，推动产业端与消费端实现绿色低碳转型，为技术方和资本方搭建对接平台

名称	标识与权威性	简介
绿色低碳金融产业委员会 中国节能环保综合服务平台	绿色低碳金融产业委员会 权威性：★★★★ 关注度：★★ 资源量：★★★★	绿色低碳金融产业委员会官方公众号。构建由政府机构、行业协会、用能企业、节能环保企业、金融机构组成的集市场整合、技术创新、资金支持、服务保障于一体的中国节能环保综合服务平台
BCG波士顿咨询 设有碳中和系列专题，含54篇专业资讯	BCG 权威性：★★★★ 关注度：★★★ 资源量：★★★	波士顿咨询大中华区的官方账号，可获取领先的商业理念和前沿的管理思想。波士顿咨询公司简称BCG，是一家著名的全球性企业管理咨询公司，在战略管理咨询领域公认为先驱
低碳经济发展促进会 发布协会项目信息，解读产业政策，提供咨询服务	权威性：★★★ 关注度：★★ 资源量：★★★	中国低碳经济发展促进会官方微信公众平台。致力于在低碳经济、应对气候变化领域发挥在企事业单位和政府间的纽带和桥梁作用，着力于低碳经济领域信息化建设、技术创新和科技成果产业化、中国碳标签评价、国际贸易、人才培训、标准制定等工作
Carbon Trust 专注碳中和领域咨询服务	CARBON TRUST 权威性：★★★ 关注度：★★ 资源量：★★	碳信托公司官方公众号。以全球减碳为使命，为合作伙伴带来应对气候变化最前线的经验和知识。碳信托在碳中和领域拥有超过20年的行业经验，致力于为全球众多企业、政府及组织提供专业的低碳服务。同时，还与全球五大洲众多城市开展协同合作，为促进城市实现净零排放而贡献力量

5.3.3　政策科研

政策科研相关微信公众号影响力榜单如表5-4所示。

表5-4　政策科研相关微信公众号影响力榜单

名称	标识与权威性	简介
国家发展改革委 发展改革政策信息发布	权威性：★★★★★ 关注度：★★★★★ 资源量：★★★★★	国家发展改革委新闻宣传、信息公开、服务群众的重要平台，及时发布权威信息，解读重大政策，提供政务服务等
国家能源局 国家能源政策信息发布	权威性：★★★★★ 关注度：★★★★★ 资源量：★★★★★	国家能源局新闻宣传、信息公开、服务行业、服务群众的重要交流平台。及时发布能源权威信息，研究解读能源重大政策，提供政务服务等
生态环境部 生态环境政策信息发布	权威性：★★★★★ 关注度：★★★★ 资源量：★★★	生态环境部新闻发布平台，及时发布权威信息，解读有关政策
瞭望智库 获取有价值的双碳信息	权威性：★★★★★ 关注度：★★★★ 资源量：★★★	瞭望智库官方公众号，瞭望智库是新华社批准成立的、瞭望周刊社旗下的国情国策研究机构，致力打造全球最大智库平台，提供最务实的重大政策趋势分析
中国科学院大气物理研究所 全国首家碳中和基础研究机构	权威性：★★★★★ 关注度：★★★ 资源量：★★★	中国科学院大气物理研究所官方公众号，发布本所科研进展和综合动态。内设碳中和研究中心，是全国第一家从事碳中和基础研究的机构

名称	标识与权威性	简介
中国社会科学院生态文明研究智库 中央批准设立的首家专门从事生态文明研究的法人科研机构	权威性：★★★★★ 关注度：★★★ 资源量：★★★	中国社会科学院生态文明研究智库信息平台。跟踪国际生态文明研究前沿，发布生态文明新闻资讯，分享智库最新成果，探索生态文明研究理论方法，服务国家生态建设决策实践，构建生态文明国际话语体系，推进人类社会绿色转型发展
国家节能宣传平台 发布节能领域动态信息，解读节能政策法规	权威性：★★★★★ 关注度：★★★ 资源量：★★★	国家节能宣传平台是在国家发展改革委指导下，国家节能中心搭建的国家级节能宣传、信息公开、技术推广、服务公众的重要综合性平台，及时发布节能领域动态信息，宣传解读节能政策法规，推广节能新技术新产品和新机制
国家农业科技创新联盟 解决农业全局性重大战略、共性技术难题和区域性农业发展重大关键性技术问题	权威性：★★★★★ 关注度：★★ 资源量：★★★	国家农业科技创新联盟官方公众号。联盟是由农业部主导成立，由中国农业科学院牵头，国家级、省级和地市级三级农（牧）业、农垦科学院、涉农高校和企业等近千家单位共同参与，着力解决农业全局性重大战略、共性技术难题和区域性农业发展重大关键性技术问题，开展农业科技协同创新的合作组织
林业知识服务 为用户提供全面、便捷、智能的多维度林业知识服务	权威性：★★★★ 关注度：★★ 资源量：★★★	林业专业知识服务系统信息发布平台。林业专业知识服务系统是中国工程科技知识中心的林业分中心，由中国林业科学研究院林业科技信息研究所承建的林业科技大数据平台。每周将推荐反映林业前沿和热点的原创文章，为用户提供全面、便捷、智能的多维度林业知识服务
应对气候变化林业草原在行动 介绍中国林业碳汇项目信息以及相关的碳市场、碳汇交易情况	权威性：★★★★ 关注度：★★ 资源量：★★★	公众号由国家林业和草原局生态司指导，主要发布涉及有关林业草原应对气候变化的国际谈判进程和科普知识，相关法规、政策、标准、项目等动态信息，重点介绍中国林业碳汇项目信息以及相关的碳市场、碳汇交易情况

5.3.4 区域发展

碳交易相关微信公众号影响力榜单如表5-5所示。

表5-5 碳交易相关微信公众号影响力榜单

名称	标识与权威性	简介
北京绿色交易所 首批中国自愿减排交易机构	权威性：★★★★ 关注度：★★★★ 资源量：★★★	北京绿色交易所官方公众号。北京绿色交易所是北京市政府指定的北京市碳排放权交易试点交易平台，是全国最具影响力的综合性环境权益交易市场之一。积极推进双碳管理公共平台和绿色金融基础设施建设，服务北京低碳城市发展、服务国家生态文明建设、服务全球应对气候变化
上海环境能源交易所 全国首家环境能源类交易平台	权威性：★★★★ 关注度：★★★ 资源量：★★★★	上海环境能源交易所推出的公众平台，及时、准确地传递低碳和碳市场领域的最新资讯。上海环境能源交易所始终以"创新环境能源交易机制，打造环保服务产业链"为理念，积极探索节能减排与环境领域的权益交易，业务涵盖碳排放权交易、中国核证自愿减排量交易、碳排放远期产品交易、碳金融和碳咨询服务等
广州碳排放权交易所 国家级碳交易试点交易所	权威性：★★★★ 关注度：★★ 资源量：★★★★	广州碳排放权交易所官方公众号。广州碳排放权交易所是国家级碳交易试点交易所和广东省政府唯一指定的碳排放配额有偿发放及交易平台，为企业进行碳排放权交易、排污权交易提供规范的、具有信用保证的服务
深圳排放权交易所 全国首个全国碳市场能力建设中心	权威性：★★★★ 关注度：★★ 资源量：★★★	深圳排放权交易所官方公众号。深圳排放权交易所是以市场机制促进节能减排的综合性环境权益交易机构和低碳金融服务平台，现已成为国内绿色低碳环保领域最具影响力的交易所品牌

名称	标识与权威性	简介
湖北碳排放权交易中心 传递碳市场动态、分享低碳领域经验，分析国内外碳市场走势	 权威性：★★★★ 关注度：★★ 资源量：★★★	湖北碳排放权交易中心推出的专业碳交易及相关低碳服务资讯平台，及时传递碳市场实时动态、分享低碳领域成功经验，分析国内外碳市场走势。湖北碳排放权交易中心业务包括碳排放权交易、能效市场产品交易、碳金融创新产品开发及碳交易投融资服务、碳交易市场咨询和培训等业务
海南省碳达峰碳中和研究会 关注海南省碳达峰碳中和发展	 权威性：★★★★ 关注度：★★ 资源量：★★★	由海南省碳达峰碳中和研究会运营。传播和科普碳达峰碳中和方面的新理念、新政策、新机制、新技术、新工艺、新成果等。为市场培育和储备专业人才，联动供需双方，促进科技成果转换，助力完成"双碳"目标
山西碳中和战略创新研究院 山西省首家聚焦"双碳"领域技术创新研发机构	 权威性：★★★★ 关注度：★★ 资源量：★★★	山西碳中和战略创新研究院官方公众号。研究院依托清华大学及清华大学山西清洁能源研究院科技、人才资源，以生物质高效清洁利用、清洁能源高端装备制造、太阳能、风能、工业节能、储能、综合能源管理等领域的技术开发、成果产业化以及绿色金融在碳达峰、碳中和产业中的作用为主要研究方向
长江中游城市群碳达峰碳中和 以长沙为中心的双碳实践发展资讯	 权威性：★★★★ 关注度：★★ 资源量：★★	由长沙市两型社会建设服务中心运营。践行"双碳"战略、打造长江中游城市群碳达峰碳中和峰会，宣传绿色低碳生活等资讯
东南大学长三角碳中和研究院 全球首家以"碳中和"命名的科研机构	 权威性：★★★★ 关注度：★★ 资源量：★★	由东南大学运营，由东南大学、南京市政府等单位共同组建。研究内容聚焦碳中和领域政策、技术、产品等，致力于开展省域、城市和园区碳达峰、碳中和领域相关政策与规划研究、技术创新和成果转化推广、气候变化高端人才培养、国际合作与对话交流等活动

名称	标识与权威性	简介
四川省碳中和技术创新中心 四川大学碳中和技术研究团队	权威性：★★★★ 关注度：★★ 资源量：★★	由四川大学运营。中心围绕碳中和目标和长江上游生态环境屏障保护重大需求，构建碳中和成群成链创新网络，催生以污染物源头控制及资源化技术创新为引领、经济附加值高、带动作用强的万亿级重要产业集群，为碳中和技术变革提供战略支撑

5.4 年度"双碳"影响力视频号

"双碳"视频号影响力榜单如表5-6所示。

表5-6 "双碳"视频号影响力榜单

名称	标识与权威性	主题	代表作
中视频			
中国科学院格致论道讲坛	格致论道 权威性：★★★★★ 关注度：★★★★★ 资源量：★★★★	中科院全力推出的科学文化讲坛	代表作：千亿市场？转型挑战？"碳中和"将带来哪些重大机遇？
复旦赵斌	权威性：★★★★ 关注度：★★★★ 资源量：★★★	单视频播放量46.4万，读书、读Nature & Science	代表作：碳中和从中国火到全球，Nature坐不住了
"碳论派"	碳论派 权威性：★★★ 关注度：★★★ 资源量：★★★	关注绿色发展，解读双碳话题	代表作：《"碳中和"是啥？》系列、《Mr苟胜专访原国家能源局局长》系列
短视频			
碳达峰碳中和研究院	碳达峰碳中和研究院 权威性：★★★ 关注度：★★★★ 资源量：★★★★	聚焦碳达峰碳中和领域的政策、技术、产品等开展研究	代表作：《清华五道口"碳中和经济"论坛》系列

名称	标识与权威性	主题	代表作
时局大财鲸	 权威性：★★ 关注度：★★★★ 资源量：★★★	碳中和研究者，宏观经济观察者	代表作：《碳中和投资机会》系列
维度系列	 权威性：★★ 关注度：★★★ 资源量：★★★	多维度分析碳中和机会和赛道	代表作：原创合集《碳中和》系列

参考文献

[1] 杨建初，刘亚迪，刘玉莉. 碳达峰、碳中和知识解读[M]. 北京：中信出版集团，2021.

[2] 刘兴华. 实现"双碳"目标赢得世纪大考[EB/OL]. [2021-11-01]. https://news.tongji.edu.cn/info/1007/79106.htm.

[3] 李俊峰. 碳达峰碳中和，中国发展转型的机遇和挑战 | 论坛论道[EB/OL]. [2021-12-24]. https://new.qq.com/omn/20211231/20211231A017W900.html.

[4] 北极星碳管家网. 2022年碳中和路线该怎么走？7部委布置双碳工作重点[EB/OL]. [2022-1-11]. https://news.bjx.com.cn/html/20220111/1198559.shtml.

[5] 李宁. 深化税收政策体系改革 助力实现"双碳"目标[EB/OL]. [2021-10-31]. http://views.ce.cn/view/ent/202110/31/t20211031_37045412.shtml.

[6] 马梅若. "双碳"目标下绿色金融政策体系日趋完善[EB/OL]. [2021-11-03]. https://acin.org.cn/15944.html.

[7] 李娜，杨景胜，陈嘉茹. "双碳"背景下能源行业的机遇和挑战，中国国土资源经济.

[8] 吴琦，金洋，韩旭. "双碳"目标下的能源发展路径，有色冶金节能.

[9] 舒印彪，陈国平，贺静波，张放. 构建以新能源为主体的新型电力系统框架研究[J]. 中国工程科学，2021，23（6）：61-69.

[10] 王强，徐向阳. "双碳"背景下现代煤化工发展路径研究[J]. 现代化工，2021，11：1-8.

[11] 张翔. 煤制氢占比62%！煤炭与氢能，二者如何协同发展？中国煤炭报. [2021-03-23] http://paper.ccoalnews.com/content/202103/20/c142655.html.

[12] 戴家权，彭天铎，韩冰，王利宁，臧红梅. "双碳"目标下中国交通部门低碳转型路径及对石油需求的影响研究[J]. 国际石油经

济，2021，12（29）：1-9.

[13] 邢奕，崔永康，田京雷，苏伟，王伟丽，张熙，刘义，赵秀娟. 钢铁行业碳中和低碳技术路径探索[J/OL]. 工程科学学报. https://doi.org/10.13374/j.issn2095-9389.2021.08.01.0017.

[14] 王一鸣. 碳达峰碳中和目标下中国的绿色低碳转型：战略与路径 [J]. 全球化，2021（6）：15.

[15] 王文，刘锦涛. "碳中和"逻辑下的中国绿色金融发展：现状与未来[J]. 当代金融研究，2021，2.

[16] 陈亚芹，别智，酒淼. 国内外绿色金融产品与金融政策综述[J]. 建设科技，2019，3.

[17] 李德尚玉. 全球绿色金融崛起2022年碳金融、转型金融成新风口 [N]. 21世纪经济报道，2021，12.

[18] 王遥，张广道. "双碳"愿景下的金融转型研究[J]. 环境保护，2021，49（14）.

[19] 高萍. 年终报道｜"双碳"目标下的绿色金融：金融机构竞相发力 碳中和债、绿色信托、绿色信贷多点开花[EB/OL]. https://www.cls.cn/detail/906350，2021-12-31/2022-01-04.

[20] 财新智库. 2021中国ESG发展白皮书[EB/OL]. https://index.caixin.com/upload/2021esgwhitepaperv2.pdf，2021-12-10/2022-01-04.

[21] 国家电力投资集团有限公司，中国国际经济交流中心. 低碳发展蓝皮书：中国碳达峰碳中和进展报告（2021）. 北京：社会科学文献出版社，2021.

合作单位

中国科学院文献情报中心

落基山研究所

绿色网格联盟

科睿唯安

中国人民大学重阳金融研究院

广东石油化工学院

国网能源研究院有限公司

国网上海市电力公司电力科学研究院

国网浙江省电力有限公司电力科学研究院

国网湖南省电力公司经济技术研究院

国网英大长三角金融中心

国网江苏连云港供电公司